基础会计学

于卫兵　主编

立信会计出版社
LIXIN ACCOUNTING PUBLISHING HOUSE

图书在版编目(CIP)数据

基础会计学/于卫兵主编. —上海:立信会计出版社,
2014.4
ISBN 978-7-5429-4182-4

Ⅰ.①基… Ⅱ.①于… Ⅲ.①会计学 Ⅳ.①F230

中国版本图书馆 CIP 数据核字(2014)第 076512 号

策划编辑　　方士华
责任编辑　　方士华
封面设计　　周崇文

基础会计学

出版发行	立信会计出版社			
地　　址	上海市中山西路 2230 号	邮政编码	200235	
电　　话	(021)64411389	传　　真	(021)64411325	
网　　址	www.lixinaph.com	电子邮箱	lxaph@sh163.net	
网上书店	www.shlx.net	电　　话	(021)64411071	
经　　销	各地新华书店			

印　　刷	常熟市梅李印刷有限公司
开　　本	787 毫米×960 毫米　1/16
印　　张	21
字　　数	375 千字
版　　次	2014 年 4 月第 1 版
印　　次	2014 年 4 月第 1 次
印　　数	1-3100
书　　号	ISBN 978-7-5429-4182-4/F
定　　价	39.00 元

如有印订差错,请与本社联系调换

前　言

　　《基础会计学》为会计学专业的基础课程教材，也可以作为其他经济、管理类专业本科教材。

　　本书第一章总论，帮助读者在了解会计的产生与发展、理解会计的概念与特征、掌握会计的对象和职能的基础上，建立起会计核算方法体系是由单式簿记和复式簿记两套核算方法体系构成的概念，明确两种会计核算方法体系既彼此相对独立又相互联系，两者各自发挥自己的独特作用，不能相互取代。

　　第二章至第十一章，是本教材的主体部分，着重介绍复式簿记核算方法体系。按照会计循环的步骤为顺序，分别介绍设置会计科目和账户、复式记账法、填制会计凭证、登记账簿、编制会计报表等复式簿记核算方法。

　　第十二章，专门介绍实务中采用的单式簿记核算方法体系。与复式簿记核算方法体系构成相同，单式簿记核算方法体系也是由设置会计科目（表外科目）、单式记账法、填制会计凭证（表外科目传票）、登记账簿（登记簿）、会计报告等部分组成。

　　本教材主要论述了会计的基本范畴、基本原理和基本技术方法，特别强调以会计的基本理论来指导会计的方法和基本操作技术，力求做到理论联系实际。本教材联系我国企业会计实务，以会计循环为主线，以会计核算的基本方法为主要内容形成的体系，层层展开。在知识内容上，既有一定的理论深度，更重视实践性和可操作性，注重培养学生的动手能力和操作能力。同时，设置了学习目标和要求、练习题等板块，能够激发学生学习兴趣，提高学习效率和实际操作能力。

　　本教材的特点和写作理念是：会计核算方法体系是由单式簿记和复式簿记两套方法体系所组成的，复式记账法虽然是普遍采用的记账方法，但无论如何普遍，都不能完全取代单式记账法，单式簿记核算方法体系在核算表外科目所涉及的经济业务和健全企业内部会计制度方面有其独特的作用，因此，专门增加了一章介绍单式簿记核算方法体系。

　　本书由于卫兵副教授主编,并负责编写第一章、第二章、第三章、第四章、第五章、第十二章;王茁教授编写第六章、第七章;徐璟娜副教授编写第十三章;胡春晖编写第八章、第九章;高芳编写第十章、第十一章。

　　基础会计学的内容相对于会计的其他部分,较为成熟稳定。但尽管如此,受水平所限,书中错误在所难免,恳请读者批评指正并欢迎提出修改建议。

编　者

2014 年 4 月

目　　录

第一章 总 论

【学习目标和要求】

1. 了解会计产生与发展的历史；
2. 理解簿记与会计的关系；
3. 理解会计的定义和特征；
4. 掌握会计的对象和职能；
5. 理解会计核算方法体系。

第一节 会计的产生与发展

会计是为满足人类社会生产实践和经济管理的客观需要而产生和发展的。生产活动是会计产生的前提，如果没有生产活动的出现，会计思想和会计行为也就不会产生，因此，会计是生产活动发展到一定阶段的产物。随着社会生产的不断发展和科学技术水平的不断进步，会计经历了一个由简单到复杂、由低级到高级的漫长的发展演进过程。会计史学家通常把会计的发展划分为五个时代：原始计量与记录时代（旧石器时代中、晚期到奴隶社会）、单式簿记的产生和发展时代（奴隶社会到文艺复兴时期）、复式簿记的产生和发展时代（文艺复兴时期到 19 世纪末 20 世纪初）、会计学的发展时代（19 世纪末 20 世纪初到现代）、人类正进入的电算化理财时代。

一、原始计量与记录时代

人类的原始计量、记录行为产生于旧石器时代的中、晚期，搞清这一点，关系到会计研究的历史起点。在旧石器时代的中晚期，由于生产中剩余物品的出现，原始部落里的经济关系随之复杂，为组织生产活动和合理分配物品，单凭头脑计数及其默记已无法进行下去，仅靠语言和手势的配合也无法达到正确传递信息的目的。这样的客观现实迫使人们不得不在头脑之外的自然界去寻找帮助记事的载体以及进行计量、记录的方法。比如，当原始人将一个剩余的猎物拖进山洞时,就在山洞外的一块大石板上放一个石子;从山洞里拖出一个猎物时,就从大石板上取下一个石子。或者,用大石子代表大猎物,小石子代表小猎物。这样,大石板上的大小石子,就代表着山洞里存放的大小猎物。这就是堆石记事,也就是会计的萌芽。从这里,我们可以得到关于会计的重要的启示,即会计最基本的功能就是记录数据,并且只记录人类社会生产活动中的数据。在旧石器时代中、晚期,所采用的计量记录方法有简单刻记和直观绘图。例如,在法国南部奥瑞纳村考古发现了狼骨刻痕,据研究判断,这些刻痕也许是记录猎物的数目。在法国南部和西班牙西北部的岩洞中发现的洞穴壁画,通常以大型猎物如野牛、熊、马、犀牛等为题材,用木炭、红土或石粉绘制而成,这些壁画向后人传递的原始宗教或原始艺术的信息似乎并不最重要,重要的是它们向我们展示了当时的记录手段和形式。数与数字的产生是会计早期发展的一个重要条件,使用数字计量是早期会计的又一个重要手段,人们曾经运用自己的身体的一部分表示数的概念,如用一只手表示"5",用两只手表示"10"等。

　　中国原始社会会计是在原始社会形态下孕育的。中国原始社会末期,社会生产已具备了农业、畜牧业和手工业,以及生产与交换的社会分工,开始普遍运用细石器作为生产工具,并开始制造金属工具,生产水平达到了为会计产生提供物质基础的程度,人们逐渐形成数量观念,并尝试以实物、绘画、结绳、刻契等方式再现客观的经济活动及其所反映的数量关系,逐渐产生了实物记事、绘画记事、结绳记事、刻契记事等多种原始计量、记录法。我国旧石器时代晚期的峙峪人、山顶洞人曾在骨片和鹿角棒上画过一些简单的线条纹道,估计这些线条纹道很可能是他们进行计量活动时所留下的标记。在西安半坡、临潼姜寨等地出土的原始社会晚期使用的陶体上就发现了许多刻画符号。原始计量记录法的主要形式有实物记事(如狩猎以后,以猎获动物的头骨作为记事材料,通过所存动物的头骨反映猎获的对象和数量)、绘画记事(利用矿石粉等材料在山洞内岩壁上将重大的活动以形象的图形绘制出来或雕刻出来)、结绳记事(事大,大结其绳;事小,小结其绳。即根据事件的性质、规模或所涉及数量的不同,结系出不同的绳结)、刻契记事(在某种物体的边缘上刻契缺口、在某种物体的表面上刻契凹槽痕迹,在某种物体的表面上钻穿孔洞)。

二、单式簿记的产生和发展时代

　　簿记首先产生于单式簿记时期,它是原始计量和记录不断演进的自然结果。一般认为,单式簿记大约产生于约 4 000 年前。当时典型的"簿籍"形式包括:古代巴比伦的黏土板、古埃及的纸莎纸草、古代中国的甲骨、古代希腊和古罗马的羊皮等。可以看出,在这一阶段,古代中国、埃及、巴比伦、希腊和罗马等东、西方文明古国共同度过了这个激动人心的黄金岁月,都对单式簿记的发展作出了不可磨灭的贡献。当然,那时的簿记显然还很原始,人们登记簿籍并不要求对经济事项进行严格分门别类地反映,而仅仅满足于以叙述式的文字来表达经济事项的内容。可以认为,当时的簿记与统计等其他学科难以严格地区分开来。直至后来,希腊人改变了这种习惯,他们按收入项目和支出项目进行大类核算,才稍稍有了类似后来"会计要素"、"会计科目"这样的意味。总之,从约4 000多年前单式簿记的诞生,到15世纪复式簿记出现的这漫长的历史过程中,单式簿记的发展是十分缓慢的。

在单式簿记阶段,会计发展以官厅会计为主,民间会计为辅。在古埃及,主管财计的官吏主要有宰相、国库官员、出纳官以及记录官;官厅会计具备财产清查和收支报告,采用叙述性的记录方式,日常的会计记录与一定时期所做的会计报告从形式上是一致的;民间会计采用"收入-支出=结余"公式来计算盈亏,已从盘点清查法迈向了三柱结算法,神殿会计记录酷似现在的"流水账"。在古希腊,出现了公开财政,实现了三柱结算法向四柱结算法的跨越,政府实施官吏经济责任审计,采用"上期结存+本期收入-本期支出=本期结存"这一平衡公式进行结算。在古罗马,民间会计盛行,主要表现为对公民及其财产进行普查,所有公民通过会计账簿的设置来反映自己的财产情况,出现了"代理人簿记",银行账簿体系除了设置日记账和现金出纳账外,又增加了"顾客总账"。据史料考证,在奴隶制和封建制时代的官厅会计核算中,人们最早是按照国家财政项目进行分类分项核算的;以序时记录为特征的流水账是世界各地最早设置和运用的账簿,各国大都经历了"三账"(即原始凭证、明细分类账、总分类账)的设置时期,"三账"的设置为复式簿记奠定了基础;到中世纪,凭证已成为记账人员登记账户不可缺少的依据;公元10世纪左右,在意大利出现了一种"平衡账",即左边列资产,右边列负债、资本和利润。在单式簿记缓慢而艰难地向前发展的过程中,商业和贸易在地中海沿岸得到了急速的发展。这种发展的需要,将单式簿记迅速地推进到了复式簿记的时代。

单式簿记在我国也有着悠久的历史。据有关史籍记载,我国古代王朝,都委任专职官员,掌管朝廷中的钱粮赋税等收支和管理大权,并编制"日成"、"月要"和"岁会"等报告文书。传统的中国单式簿记可追溯到商、周时期,代表着当时世界的先进水平。"会计"一词最早出现于西周时代,记载于《周礼》一书中,清代焦循在《孟子正义》一书中,对西周会计解释为"零星算之为计,总合算之为会",而会计的最初发展阶段即为簿记。宋代,经济发展较快,创建了"四柱结算法",即把财政收支分为:元管、新收、已支、现在四个部分,用来计算财产的增减变化情况,而且,在这一时期就把账簿叫做簿记。明朝初年,把"四柱结算法"概括为"四柱清册"记账法,所谓"四柱",是指旧管、新收、开除、实在,通过"旧管(期初结存)＋新收(本期收入)－开除(本期付出)＝实在(期末结存)"这一平衡公式进行结账,奠定了我国收付记账法。明末清初,随着商业和手工业的发展,在"四柱清册"的基础上出现了"龙门账",即把全部账目划分为"进"(收入)、"缴"(支出)、"存"(资产)、"该"(资本及负债)四大类,它们之间存在着平衡公式:"进一缴＝存一该",编制"进缴表"和"存该表",两表的计算结果(即盈亏)应相等,因此,称之为"合龙门"。到了清朝,又产生了"天地合账",即每笔账都需要在账簿中记录两笔,以反映同一账项的来龙去脉。登记账簿时垂直书写,分上下两格,上格记收,称为"天方",下格记付,称为"地方",上下两格所记数额应当相等,称之为"天地合"。以上的四柱结算法、龙门账、天地合账反映了我国历史上各个时期传统中式簿记的特点。

从奴隶社会的繁盛时期到 15 世纪末,单式簿记应运而生并得到了发展。一般将这一时期的会计称为古代会计。单式簿记的方法体系由会计核算项目、账簿设置、记录方法、会计凭证、结算方法以及会计报告等具体方法组成。单式簿记的主要目的并不是为了计量,而是为了进行控制,从一定程度上讲,内部控制是所有古代簿记制度的主要特征。

三、复式簿记的产生和发展时代

13～15 世纪,资本主义经济关系出现萌芽,尤其是随着金融业、商业、手工业的发展,单式簿记的局限性日渐突出,改进单式簿记势在必行,于是产生了著名的"佛罗伦萨式簿记"、"热那亚式簿记"及"威尼斯式簿记"。15 世纪中叶,由于文艺复兴运动的推动,簿记已由单式簿记发展阶段进入复式簿记发展阶段。1494 年,意大利数学家卢卡·帕乔利所著的《算术·几何及比例概要》(也称《数学大全》)一书,最早对复式簿记进行了系统的描述。该书对于复式簿记在欧洲的广泛传播起了很大作用,500 多年来的历史证明,它对于簿记学乃至会计学发展的指导性作用是经久不衰的。会计史学家评价它是"为师者的会计教本,为商者的操作手册"。这是会计发展史上的第一个里程碑。这一时期,簿记的目的在于向业主提供有关资产、负债情况的信息,簿记不仅反映企业经营业务,也反映业主个人的业务,即会计主体假设尚未确立,会计上还缺乏统一稳定的货币计量单位。借助于文艺复兴,复式簿记产生于地中海沿岸的威尼斯、佛罗伦萨等地,因此,15 世纪的意大利是复式簿记的领路人,进入 17 世纪,世界商业中心移至荷兰,荷兰成为复式簿记发展的旗手,借助工业革命的东风,19 世纪的英国又跃居复式簿记发展的前列。18 世纪末和 19 世纪初的产业革命,提高了生产社会化程度,社会政治、经济环境发生重大变化,簿记发展进入完善阶段,簿记立法受到各国的普遍重视,簿记理论不断丰富和发展,出现了"二账系"、"一账系"、"三账系"学说,形成了以德、法为代表的"大陆式簿记"与以英国为代表的"英式簿记"。由于股份有限公司的产权与经营权的分离以及企业信贷业务的开展,社会上出现了以查账为职业的特许会计师,再加上这一时期成本计算、会计报表分析和审计等新的内容相继出台,簿记逐渐成长为会计。1854 年,世界上第一个会计师协会——英国爱丁堡会计师公会成立,这是会计发展史上的第二个里程碑。总之,在复式簿记的整个历史阶段,意大利、荷兰和英国依次成为各个时期的代表。直至 19 世纪后期,美国将簿记学进一步发展成为会计学,复式簿记时代结束了。

在复式簿记时代,由于大量簿记学书籍的出版发行,使簿记的传播不再像单式簿记那样靠师徒相授,而主要是依靠书本来传播,这就使簿记学知识传播的速度加快、幅度加深,得以将复式簿记的方法从欧洲迅速传向世界。还有一点容易被人们所忽视:复式簿记的诞生日并不是单式簿记的灭亡时。在复式簿记时代的最初阶段,是单、复式簿记的并存时期,因为在复式簿记的科学性受到普遍青睐的同时,仍有一些规模不大的企业偏爱着单式簿记的简单易用。

四、会计学的发展时代

18 世纪末开始的产业革命,以英、美为代表的资本主义经济迅速发展,经济活动日趋复杂,对簿记或会计的要求越来越高。从而导致了会计实务、方法及理论的显著发展,促进了从簿记向会计的变革。主要表现在:

(1) 产业革命中大量采用机器设备,现代意义的工厂制度建立,企业由原来主要追求短期利益逐渐转向长期经营,从而使长期资产的价值得以重视,企业开始放弃原来那种不考虑机器等长期资产的磨损与效用期间,而待报废时全部冲销的做法,产生了折旧的思想,进而形成了折旧会计。

(2) 伴随大机器的采用和生产规模的扩大,工业制造过程亦日趋复杂,间接费用在总成本中的比重增大,为了正确计算各期的收益,要求正确计算各工序及产品成本,从而促进了成本会计的形成。19 世纪末至 20 世纪五六十年代,是工业成本会计产生并迅速发展的时期。主要解决了三个问题:①通过间接费用的分摊,使营业收入与费用做到了更好的配比;②将成本记录纳入会计账目中去,成本计算不再依靠统计数据,而是依靠会计核算程序一体化完成,使损益计算更为完善;③通过设定标准成本,可以找出异常成本差异并进而分析原因、采取措施,促进会计信息向有利于内部管理的方向细化。

(3) 进入 20 世纪,公司制成为西方国家的主要企业组织形式,因所有权与经营权的分离,与企业利害相关的利益集团相应产生,对会计提出真实、公允地记录和报告企业经营者对受托资产的使用保护情况、经营业绩和财务状况等的要求,从而促成了会计规范——公认会计原则的制定与公布执行。同时,导致了对会计起监督作用的职业——"特许"或"注册"会计师的出现。

19世纪末20世纪初的工业资本主义的经济背景是促进簿记演变为会计的社会经济基础。这段时期,在会计理论总结方面,英国走在了前面。英国于1854年公布了《公司条款法案》,规定了账户制度和资产负债表样式;同年成立了爱丁堡会计师公会。1887年,对英国成本会计做出贡献的埃米尔·卡克和J·M·费尔斯合作,在伦敦出版了《工厂会计》一书。1897年,英国会计界创立了《会计杂志》。1903年,英国著名会计学家狄克西在伦敦出版了《高等会计学》;1903—1908年在爱丁堡出版了里斯尔的《会计学全书》;1908年在伦敦出版了毕克斯雷的《会计学》。这三大名著,标志着英式会计的逐步建立,同时也为近代西方会计学的发展奠定了基础。因此,有会计学家称,英国人是把簿记推进到会计学阶段的领路人和现代会计理论以及会计师事业的奠基者。因此,进入20世纪初,会计不再单纯是簿记,簿记已经演变为会计,并且簿记成为会计中的一个重要部分,并随着会计理论与实务的不断发展而日趋完善。

第一次世界大战后,美国崛起,成为会计理论及实务中心。20世纪30年代后标准成本被纳入会计系统,会计理论研究由以商业为重点过渡到以工商企业为重点,为使会计核算工作规范化,西方各国先后研究和制定了会计准则,英国在20世纪30年代开始了会计准则制定与研究的尝试。在经历了1929年股市崩溃和大萧条之后,从20世纪30年代起,美国开始了公认会计原则的研究和制定,由最初的个人定义会计原则,发展为由会计团体和专门的机构制定会计原则,制定机构依次经历了会计程序委员会、会计原则委员会和财务会计原则委员会的变迁。20世纪40年代后,在新技术革命的推动下,现代市场经济迅速朝系统化、信息化与科学化方向发展,为会计与电子计算机的结合和管理会计的形成奠定了基础,管理会计的诞生是现代会计开端的标志,也是会计发展史上的第三个里程碑。1973年成立的国际会计准则委员会致力于国际间的会计协调。20世纪最后10年,现代经济开始朝信息化、知识化、全球化方向发展,会计理论、方法、思想面临新的发展。在经济全球化的浪潮下,会计国际化成为热点,各国在制定会计准则过程中不可避免地要参考国际会计准则,欧盟更是要求其成员国从2005年开始遵循国际会计准则。进入21世纪后,随着国际经济金融环境日趋复杂,2001年,国际会计准则委员会改组为国际会计准则理事会,之后发布了一系列的国际财务报告准则。

在我国,清朝后期,西方复式簿记开始传入。1905年,学者蔡锡勇所著《连环账谱》一书,首次介绍了西式复式簿记的方法。之后,谢霖和孟森先生所著的

《银行簿记学》一书系统地介绍了西式复式簿记在银行业的运用,1908年,大清银行首次采用借贷复式簿记。民国以后,西式复式簿记的传播、研究和实践在中国开始推广开来,并对以单式记账为主的中式簿记进行改良,推动了我国近代会计的发展,成为我国近代会计史上的第一次变革。新中国成立以后,西式复式簿记与以复式簿记为原理的收付记账法并用,在实践中又探索出增减记账等方法。国家在财政部设置了主管全国会计事务的机构,先后制定出多种统一会计制度,强化了对会计工作的组织与指导。1985年,我国颁布了《中华人民共和国会计法》,标志着我国会计工作进入法治阶段。1992年又颁布了《企业会计准则》,加快了我国会计工作与国际惯例的接轨。从1995年至2004年底,还颁布了16个具体会计准则,并且2001年颁布了统一的《企业会计制度》,会计规范体系得到逐步完善。在2006年,我国发布了《企业会计准则——基本准则》和38项具体准则,我国会计准则基本上实现了与国际会计准则的趋同。

五、人类正在进入的电算化理财时代

电算化操作是指以电子计算机为会计数据处理手段,人们将凭证上的有关数据准确地输入到计算机中,由电子计算机按照人们预先编好的程序,自动完成对会计数据的处理过程。电子计算机是一种先进快速的计算与数据处理工具,通常是由运算器、存储器、输入装置、输出装置和控制器五个部分构成硬件系统。运算器在控制器的控制下把从存储器送来的数据进行算术运算或逻辑运算,然后将运算结果送回存储器。存储器分为内存储器和外存储器两部分,内存储器与运算器和控制器直接联系,一切数据的输入、输出、加工、传送都须经过它,外存储器可以起到辅助内存储器存放大量数据的作用。输入和输出装置是计算机输入和输出数据的装置。控制器是控制器、存储器、输入输出装置运行的部件,它是计算机的核心。这五个部分相互配合,自动运行,从而使会计数据的处理速度快,精度高,大大简化了人工参与的工作量,提高了工作效率。

电算化操作技术是会计数据处理的高级阶段,使会计数据处理过程实现了现代化。但会计电算化操作在我国起步较晚,1957年,我国研制出第一台计算机,20世纪70年代,我国少数企业逐渐实行单项会计核算电气化,一直到80年代中期,会计电算化发展都比较缓慢。1983年,国务院成立了电子信息系统推广应用领导小组,开始在全国范围内推广应用计算机。1984年开始进行人员培训,并总结实践经验和进行电算化的理论研究工作。1988年以后,财政部先后颁布了许多电算化工作的有关法规,使电算化工作进入了有组织、有计划迅速发展的时期,出现了一批开发商品化会计软件的公司,会计软件的开发向通用化、规范化、专业化、商品化方向发展,同时,会计电算化理论研究也取得成就。现阶

段,企事业单位实现了会计电算化管理,其意义主要表现在以下几个方面。

1. 提高了工作效率,节省了人力资源

在电算化的情况下,会计人员只需在对原始凭证审核后将有关数据输入到计算机中,其余大量的会计数据加工处理,如过账、编制报表以及账务核对工作等,均可由计算机自动、迅速地处理,这大大减轻了会计人员的劳动强度,提高了工作效率,节省了人力资源。同时,它克服了手工操作过程中极易出错的问题,提供的会计信息质量大大提高。

2. 提高了企业决策能力和竞争能力

实现会计电算化的企业,通常通过计算机和应用软件处理、存储会计数据,可以及时得到各种系统的会计信息,同时,随着网络技术的发展,企业能及时查询、参考各种产业经济信息,了解企业与行业先进水平存在的差距,进而及时调整经营决策,在竞争中处于有利地位。

3. 促进了会计理论研究和软件产业不断发展

会计数据处理技术水平的高低,不仅是衡量会计工作现代化程度的一个标志,而且与会计理论的研究发展具有十分密切的关系。因为现有的会计理论是在手工处理的基础上发展起来的,当电算化技术取代手工之后,会计的某些方法、理论就会发生新的变化,新的会计理论必然出现。同时,商业会计软件公司会针对用户在实践过程中遇到的新问题不断开发新的会计软件,促进了会计软件产业的进一步发展。

第二节　会计的概念与特征

一、簿记与会计

"簿记"是日本人在明治维新时从欧美会计中 bookkeeping 一词直译过来的,book 具有账册或账簿的含义,keep 含有保存、保留、保密、管理等意思,bookkeeping 的组合为"簿记"。我国从日本引进时亦沿用了"簿记"这种译法,其实,我国在宋代早已把账簿叫做"簿记"了。"簿记"本来也是我国固有的名词,最早见于宋代。19 世纪末,日本明治维新,学习欧美会计,将英文的 bookkeeping 译作簿记,将 accounting 译成会计。这两个词的含义是有区别的。簿记按英美的习惯用法,是指记账技术。

关于簿记有广义和狭义之说,中外大部分学者比较认同簿记的狭义说法,依据有:一是《大英百科全书》中的解释,"簿记是会计学中关于记载(或曰核算)方法的一个分支";二是郭道扬教授的观点,簿记是会计工作中关于对经济事项的

核算部分,无论是对于单式簿记,还是对于复式簿记,均以簿记作为包含它们的统一名称,把有关核算方法、技术,以及从理论上对簿记核算原理的解说,称之为会计学的前身或会计学建设的先导部分——"簿记原理"或曰"簿记学"。本教材也赞同这一观点,即认为簿记是指会计核算的部分,或者是会计的基础部分,因此,本教材所讲的会计知识实际上就是簿记原理与方法,即基础会计学。簿记还有广义之说,依据有:一是马克思《资本论》中"过程控制和观念总结"的经典论述,"资本作为它的循环中的统一体,作为处在过程中的价值,无论是在生产领域还是在流通领域的两个阶段,首先只是以计算货币的形态,观念地存在于商品生产者或资本主义商品生产者的头脑中"。然而,"这种运动是包含商品的定价或计价(估价)在内的簿记来确定和控制的"。这是马克思论述的簿记。德语中的簿记与会计共用一词,所以马克思关于簿记的说法应用范围更广,等同于会计。二是中国人民大学1952年出版的《簿记核算原理》一书,这本书是苏联专家马卡洛夫所著,由于俄文中只有"簿记"一词,而没有"会计"这个字,所以译成"簿记核算",实际上就是会计的意思。三是《辞海》"簿记"条,认为:①簿记是"会计工作中关于填写凭证、登记账簿和结账等工作的统称";②"有时亦用作'会计',或'会计核算'的同义语"。

二、会计的概念

从会计的产生、发展过程中,我们可以看到,会计是适应生产的发展而产生的,并且随着社会经济政治环境的发展,社会各方面对会计信息质量的要求的提高,会计理论也随着不断完善。但是,关于会计的本质或概念,理论界一直没有一致的结论。目前,主要有三种观点:第一种观点认为会计是一种管理活动(即管理活动论);第二种观点认为会计是提供信息的信息系统(即信息系统论);第三种观点认为会计是一种控制系统(即控制系统论)。除此之外,还有其他的观点,如管理工具论、方法论、艺术论、受托责任论等。本教材以第一种观点为指导,认为会计是确认、计量、处理和传递经济实体的有助于会计信息使用者进行经济决策的财务信息的管理活动。它是以货币为主要计量单位,运用专门方法对经济组织的经济活动,进行全面、连续、系统地核算和监督的活动。

三、会计的意义和特征

簿记是会计工作中关于对经济事项的核算部分。会计核算是经济管理的重要组成部分,随着社会生产的发展和管理要求的不断提高,会计的地位和作用,其所记录、计算和考核的内容、范围,以及要达到的目的和要求,都在不断地发展和变化着。不同的会计主体,其会计核算工作的具体内容是不同的,但其意义和作用是基本相同的,概括起来主要有以下几点。

(一)全面、连续、系统地反映各会计主体的经济活动和财务收支,从而提供系统的会计信息

不同的会计信息使用者,对信息的需求和用途是各不相同的。会计核算的功能是记录、计算和披露信息,即运用专门的方法,对经济活动进行全面、连续、系统地记录、计算、分析和比较,及时地为有关部门提供进行管理所必需的数据资料和信息。比如,为投资者提供资金使用状况和支付报酬等信息资料;为债权人提供资金运转情况、短期偿债能力和支付能力的资料;为内部管理者和员工提供盈利能力、资源耗用和配置的信息资料;为财政、工商、税务、银行等部门提供实施管理和监督的信息资料,等等。

(二)监督各会计主体贯彻执行财经政策、法令、制度以及会计准则

监督是在反映各项经济活动的同时进行的,反映是监督的基础,在记录各项经济业务的过程中,依据有关的财经法规和制度,对经济活动的合法性、合规性实行必要的监督,对于违反财经法规、制度的行为,应予以制止和揭露。

(三)充分利用会计信息资料,参与经营决策

提供的会计信息应为经营决策服务,在制定各项决策时,由于最熟悉会计信息的经济价值,会计人员应该积极参与决策的制定,充分利用所掌握的会计信息资料,依据有关政策、法令、制度,对各项经济活动进行可行性分析,为企业管理者提供最优的方案,使会计工作在对未来经济活动的指导中发挥越来越重要的作用。

会计核算作为经济管理的组成部分,与其他管理活动比较,有以下显著特征。

(一)以货币为主要计量单位进行反映

从量的方面反映经济业务,可以采用三种量度,即实物量度、货币量度和劳动量度。而货币量度是主要的计量单位,实物量度和劳动量度是辅助的计量单位。会计对经济活动的管理主要是价值管理,必须利用各种价值形式,综合计算各种生产要素的耗用、产品销售收入的取得和利润的实现、分配等,因此,用货币量度对经济活动进行综合地、统一地全面核算,是会计的一个重要特点。

(二)有一套特有的专门方法

会计在长期的实践中形成了一套较完整的专门方法,即会计核算方法,主要有设置账户、记账方法、填制和审核凭证、登记账簿、财产清查、编制会计报表等方法。

(三)在对外提供信息时有一套规范的通用语言

为了保证对外提供的会计信息的质量,会计必须使用人们共同认可的专业

术语和公式来描述经济活动,使用清晰易懂的规范统一的表格提供会计信息,从而形成一套规范的商业通用语言。

（四）反映具有全面性、连续性、系统性的特点

全面性是指凡是对于发生或完成的可以用货币反映的内容必须毫无遗漏地进行记录;连续性是指对于发生的经济业务按时间先后连续地、不能中断地进行记录;系统性是指对于发生的经济业务必须分门别类、相互联系地进行记录。只有全面、连续、系统地反映和管理经济活动,才能提供有用的系统的会计信息,才能更好地为决策服务。

第三节　会计的对象与职能

一、经济活动

会计主要是利用货币计量,对社会再生产过程中发生的能用货币表现的经济活动进行反映。对社会再生产过程的管理主要以价值为中心,会计不是反映社会再生产过程中的全部经济活动,而是其中能用货币表现的经济活动。

能够以货币表现的经济活动就是资金运动。资金是钱,但不仅仅是钱。因为企业里的一切——如房屋、机器、库存的材料、银行里的存款、保险柜里的现金均可用资金量化,所以资金的范围远远大于钱。钱只是资金的重要组成部分,企业的钱主要是指货币资金,即银行里的存款、保险柜里的现金。

在一个企业里,资金的分布形态就是资金用到什么地方或者资金的占用形态,如建造或租赁的厂房、机器设备、办公用具用品、原材料、库存的产品等。

对于一个生产型的企业来说,其生产经营活动是这样的,用现金或银行存款购买原材料,用原材料生产出产品,将产品卖出,收回现金或银行存款。现金和银行存款都是货币资金,从货币资金到货币资金,是一个资金循环过程,资金就是在这个循环过程中增值的。在这个循环过程中,资金经历四种占用形态。

1. 货币资金形态

在一个企业里,除了在银行有存款之外,在保险柜里也要存放一些现金。企业在银行里的存款和存放在保险柜里的现金以及汇往外地没有花掉的汇款,在会计理论上,都属于资金占用形态,我们称这些占用形态为货币资金占用形态。

2. 储备资金形态

企业以生产经营为目的,要生产就要投入,购买生产所需的原材料等必需物资,为生产作充分准备。当公司用现金或银行存款购买了原材料并存放在原材料仓库里时,货币资金就转化到原材料等物资上,我们称原材料等物资占用的

资金为储备资金形态。

3. 生产资金形态

企业将原材料等物资,从仓库发出到生产车间进行产品的生产。这样,储备资金就转化为车间正在生产的产品上,我们称车间占用的资金为生产资金形态。

4. 成品资金形态

产品在车间生产加工完毕,要转入产成品仓库。这样,生产资金就转化到仓库的产成品上,我们称产成品占用的资金为成品资金形态。

将产品卖掉,收回现金或银行存款,这样,成品资金又转化为货币资金。企业的资金就是这样循环和增值的。

企业的资金随着其经营活动,时时刻刻在循环、在运动,对企业的资金形式进行总结,也可以总结出如下的三种变化的形式:资金进入企业;资金在企业内部相互转化;资金退出企业。

二、会计的一般对象和具体对象

再生产过程中发生的,能够用货币表现的经济活动,就构成了会计的一般对象。由于国民经济各个部门的职能不同,资金运动有不同的表现形式,但作为会计的一般对象却是相同的。

工业企业的生产经营活动分为供应、生产、销售三个过程,企业的资金形态变化顺次由货币资金转化为储备资金,再转化为生产资金、成品资金,最后又转化为货币资金。这种资金运动的过程构成了工业生产企业会计的对象。生产过程中,企业发生活劳动和物化劳动的消耗,储备资金和一部分货币资金转化为生产资金,产品完工之后,生产资金又转化为成品资金。销售过程中,企业取得销售收入,成品资金又转化为货币资金,实现的纯收入经过分配之后,一部分以上交税金和支付利润等形式退出企业,一部分留归企业重新投入生产,继续进行循环周转。这种资金运动的过程构成了工业生产企业会计的对象。

商品流通企业的经营过程主要包括商品购进、商品销售和商品储存过程,其资金形态变化依次为货币资金、商品资金、货币资金。在商品购进过程中,企业购进商品要发生买价支出和购进储存过程中的商品流通费支出。在商品销售阶段,企业一方面以经营收入的形式收回资金,另一方面为销售商品垫支销售费。企业的经营成果也要按规定在国家、企业、个人之间进行分配,分配之后一部分货币资金退出企业,一部分留归企业重新投入进行循环周转。这种资金运动的过程构成了商品流通企业会计的一般对象。

政府的财政部门、行政事业单位主要是执行国家预算任务的预算单位,这些部门和单位的资金运动活动一般是指国家预算资金活动。因此,政府及事业单位会计的一般对象,就是预算资金活动的过程和结果,即预算资金运动过程。

作为会计的一般对象,即能以货币表现的经济活动比较抽象,为了实现会计目标,必须对经济活动进行系统分类地反映,使会计的一般对象具体化。任何一个部门、企业或单位为了完成一定的任务,都必然会占用一定的资金,我们将这些占用资金的项目称为资产;全部资产的资金来源主要有两个:一是债权人投入的资金,称为负债;二是所有者投入的资金,称为所有者权益。在经济活动中因销售商品、产品、提供劳务等会取得货币资金,称为收入;为获得收入必然会发生相关的耗费,即费用;收入与费用之间的差额,是获得的最终成果,即利润。因此,会计的具体对象就是资产、负债、所有者权益、收入、费用、利润,即会计要素。会计要素是会计对象的具体化,是会计一般对象按其特征的分类。

三、会计的基本职能

会计的基本职能是指会计在经济管理中所具有的功能。马克思在《资本论》中有精辟的论述:"过程越是按照社会的规模进行,越是失去纯粹的个人性质,作为对过程的控制和观念总结的簿记就越是重要。"通常把"控制"理解为监督,把"观念总结"理解为反映,即会计的基本职能是反映与监督。经济越发展,会计越重要。

（一）会计的反映职能

反映职能是指会计通过对会计事项的确认、计量、记录和报告,从数量方面反映某一会计主体的经济活动。反映职能是会计的最基本职能。对某一特定单位已经发生或完成的经济活动进行事后反映,是会计反映职能的最基本部分,在此基础上,利用事后反映的资料,可以预测和计划未来,进行事前反映;同时,通过对事后反映的内容进行分析,可以进一步揭示经济活动的内在联系,了解和把握经济活动变化的内在原因,进行深层次的反映。因此,预测、计划、分析等也都是会计反映职能的构成部分。

会计反映职能具有以下特点:

（1）会计主要是利用货币计量,综合地反映会计主体的经济活动,为有关各方提供多方面、多层次的会计信息。

（2）会计反映不仅记录和计算过去已发生或完成的经济活动,还可以预测未来的经济活动,为经营决策提供依据。

（3）会计反映具有完整性、连续性、系统性的特点,能全面、系统地反映会计主体的财务状况和经营成果。

（二）会计的监督职能

会计的监督职能是指依据国家财经方针、政策、制度、法规等,对会计主体的能用货币表现的经济活动的合法性、合理性和效益性进行控制,使生产经营活动达到预期目标。会计监督与司法监督、行政监督和社会监督不同,它具有以下特点:

(1) 会计监督主要利用各种价值指标进行货币监督。会计反映通过对会计事项的确认、计量、记录和报告,能够提供综合反映企业资产、负债、所有者权益、收入、费用、利润等各种价值指标,会计监督就是在这些价值指标的基础上实施的一种监督。

(2) 会计监督贯穿于会计工作的全过程,包括事前监督、事中监督、事后监督。事前监督是指会计以金额预算形式对企业全部经济活动所做的说明,如经营预算、财务预算、资本支出预算等。事中监督就是对成本进行的"日常控制",它依据事先所做出的规划,在事中进行指导、督促和限制,及时发现偏差,采取措施加以解决。事后监督是指产品生产过程结束后,对生产经营活动及产品成本执行情况进行分析和评价,一方面根据业绩对责任成本中心进行奖惩,另一方面总结经验,为下一期制定标准和新的目标提供资料,主要包括事后的会计分析、业绩考核、业绩评价。

(3) 会计监督以国家现行政策、法规以及企业本身制订的各种经营决策、计划和预算为依据。

综上所述,会计通过反映职能为经营管理提供信息,通过监督职能对经济活动进行管理,监督职能是通过反映职能提供的价值指标来实现的,没有会计反映,会计监督就失去存在的基础,没有会计监督,会计反映就失去存在的意义。因此,两者是紧密结合相辅相成的。

第四节　会计核算方法体系

会计核算的基本方法是指对会计对象进行完整地、连续地、系统地反映所应用的方法,主要有设置账户、记账方法、填制和审核凭证、登记账簿、编制会计报告等。会计核算方法体系主要有复式簿记和单式簿记两套方法体系组成,复式簿记方法体系应用广泛,几乎在所有的会计主体中采用,具有一整套科学规范的方法体系,形成了通用的商业语言,本书自第二章至第十一章重点介绍复式簿记方法体系;单式簿记方法体系曾经经历了辉煌的历史阶段,但是复式簿记的诞生并不意味着单式簿记的消亡,单式簿记方法体系仍在一定的范围内采用,本书在第十二章中详细介绍其应用。

一、复式簿记方法体系

(一) 设置账户
设置账户是对会计对象的具体内容进行分类系统地反映的一种专门方法。

会计对象的具体内容复杂繁多,必须通过对会计主体的资产、负债、所有者权益、收入、费用和利润进行具体的分类,在账簿中开立账户,分类地、连续地记录各项经济业务,这样才能提供各种有用的会计信息。账户是根据会计科目来设置的,设计有一定的格式,是记录或反映经济业务的载体。一个账户表示会计对象的一个方面,以便取得不同的会计信息。

（二）复式记账

复式记账是指对每一项经济业务都要以相等的金额在两个或两个以上的账户中相互联系地进行登记的一种方法。与单式记账相比,复式记账是一种科学完整的记账方法,它可以通过账户的对应关系,反映出每项经济业务的来龙去脉;还可以通过账户的平衡关系,利用试算平衡公式来检查账簿记录的正确与否。

（三）填制和审核凭证

会计凭证是记录经济业务,明确经济责任的书面证明,是登记账簿的依据。会计的最基本职能是反映,这主要是通过登记账簿来完成的,而记账需要有依据,为了保证账簿记录的真实、可靠,必须根据实际发生的业务来填制会计凭证,然后经过会计部门和有关部门的审核,只有审核无误的会计凭证,才可以作为记账的依据。填制和审核会计凭证,不仅是会计反映的基本方法,也是实行会计监督的一种方法,通过对会计凭证进行审核,可以检查经济业务的合法性和合理性。

（四）登记账簿

登记账簿是根据审核无误的会计凭证,并利用账户和复式记账的方法,将所发生的经济业务,连续地、分类地登记到相互联系的账簿中去,从而提供完整而又系统的会计信息。账簿资料是编制会计报表的主要依据。

（五）成本计算

成本计算是指在生产经营过程中的各个阶段,按照一定对象归集和分配发生的各种费用支出,以确定该对象的总成本和单位成本的一种专门方法。生产过程同时也是消耗过程,成本计算可以确定材料采购成本、产品生产成本、产品销售成本以及在建工程成本等,可以核算和监督发生的各项费用是否合理、合法,以便于不断地降低成本,增加企业的盈利。

（六）财产清查

财产清查是指通过盘点实物、核对账目等方法,以确定各项财产物资、货币资金、往来款项等的实存数,并将实存数与账存数进行比较,以保证账实相符的一种专门方法。由于种种原因,财产清查中常常会产生账实不符的情况,对此应进一步查明原因,保证账簿记录和会计报表提供的会计信息的正确性和客观性,明确经济责任,有利于加强岗位责任制,也有利于挖掘财产物资的潜力,加速资金周转。

(七)编制会计报告

编制会计报告是根据账簿资料及其他有关资料,用书面报告的形式,定期地反映某个特定单位的财务状况、经营成果以及成本费用情况。会计报告主要是根据账簿记录定期编制的总括反映企业、行政事业等单位一定时期财务状况、经营成果和现金流量的书面文件。编制会计报告能向各种报表使用者提供相关的会计信息,不仅是企业内部分析考核成本计划和预算执行情况及制定下期生产经营决策的重要依据,也是企业的投资者、债权人以及潜在的投资者和债权人了解企业财务状况、盈利能力和偿债能力,制定相应决策的重要依据,同时也是国家宏观经济管理部门制定经济决策的重要的参考资料。

以上七种专门的方法,各种方法不是彼此孤立的,而是相互联系、密切配合,构成了一个完整的方法体系。经济业务发生后,有关人员需要填制或取得原始凭证,经过审核后,利用复式记账方法,编制记账凭证;根据记账凭证,通过在账簿中设置账户,把经济业务连续地、分类地登记到有关账簿中;为了计量资产和计算盈亏,还需根据账簿记录进行成本计算;为了确保会计信息的真实性和客观性,还须进行财产清查以确保账实相符;在账实相符的情况下,根据账簿资料编制会计报表。可以看出,在实际工作中,复式簿记的七种专门方法是紧密联系、互相配合的,它们之间的关系如图 1-1 所示。

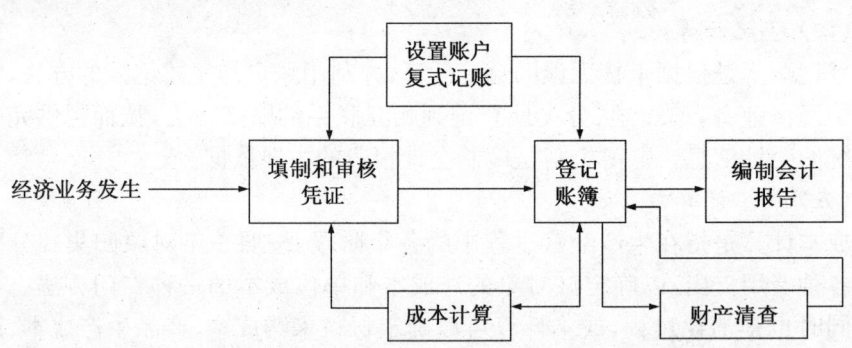

图 1-1　复式簿记方法体系关系图

在一个会计期间内,所发生的经济业务,都要通过填制和审核凭证、登记账簿和编制会计报表这三个基本环节进行处理,将大量的经济业务转换为系统的会计信息。这种会计处理程序在各个会计期间周而复始地进行,因此,将这种对经济业务从发生取得和填制凭证,到登记账簿,最后报出会计报表为止周而复始的变化过程,称为会计工作流程,也叫会计循环或簿记循环。

会计工作流程实际上是指进行会计核算的工作程序,无论何种类型的会计主体,复式簿记会计循环的步骤基本上是一致的,即大体上都经历以下环节(见图1-2):

(1) 经济业务发生后填制或取得原始凭证。

(2) 编制记账凭证,即编制会计分录。

(3) 登记账簿。

(4) 对账、调账与结账。

(5) 编制试算平衡表。

(6) 编制会计报表。

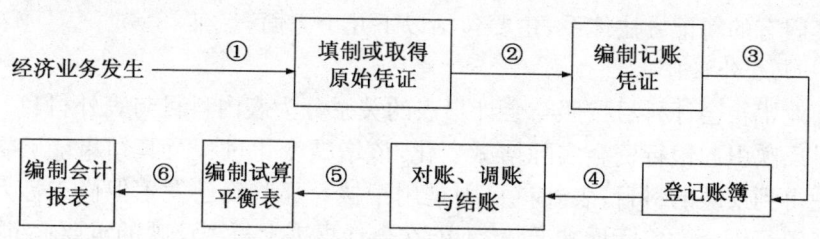

图1-2　会计循环图

可见,会计循环是通过编制会计凭证,登记账簿,并根据账簿资料编制会计报表来完成的。为了连续、全面、系统地反映企业单位的经济活动,为了合理科学地组织会计核算工作,特别是为了提高会计核算工作的质量和效率,各企业单位除了通过会计循环来完成会计核算工作外,还必须根据企业的具体情况,如规模大小、业务繁简程度等,来确定记账凭证的汇总方式,即确定登记总账的依据和方法,从而简化登记总账的工作量。不同的企业单位,所确定的登记总账的依据和方法不同,从而使账务处理程序有所不同。

账务处理程序是指会计凭证、账簿、会计报表和记账程序有机结合的方法和步骤,它与会计循环既有区别,又有联系,不同企业单位的会计循环的总体步骤基本上是相同的,且在各个会计期间周期性地重复,是不可选择的,而不同企业所采用的账务处理程序是可选择的,不同的账务处理程序其登记总账的依据和方法不同。同时,两者是通过会计核算紧密联系在一起的,会计循环是会计核算的工作程序,账务处理程序是会计核算的组织形式,也可以说账务处理程序是会计循环的组织形式。根据登记总账的方法和依据不同,会计循环分为以下几种:

(1) 记账凭证账务处理程序。

(2) 科目汇总表账务处理程序。

(3) 多栏式日记账账务处理程序。

(4) 汇总记账凭证账务处理程序。

（5）日记总账账务处理程序。

（6）普通日记账账务处理程序。

二、单式簿记方法体系

在复式簿记法被广泛应用的今天，单式簿记法除了在银行业仍有采用之外，在其他企事业单位已经较少运用。目前商业银行同时采用复式簿记和单式簿记两种方法，复式簿记方法应用于表内科目所反映的经济业务；单式簿记方法则应用于表外科目所涉及的经济事项。尽管单式簿记所反映和控制的经济事项的规模较小，但是它在银行复式簿记所不能触及的领域中发挥了重要的作用，并形成了一套固有的簿记方法体系，主要包括以下几个方面。

（一）表外科目

商业银行会计科目按照与会计报表的关系分为表内科目与表外科目。表内科目是反映引起银行资金实际增减变化，该增减变化过程及其结果能够在会计报表中得到反映的科目；表外科目则是用于核算那些确已发生但尚未涉及或较少涉及银行资金的实际增减变化，不能在会计报表上得到反映的重要业务事项。

（二）单式记账法

商业银行的表外科目采用单式收付记账法，即对每一项经济业务所引起的变化只在一个账户中进行登记，以"收入"和"付出"为记账符号。当业务发生时记"收入"方，当业务进行注销或减少时记"付出"方，余额表示尚未注销或结清的有关业务事项，且如有余额，则始终反映在"收入"方。

（三）表外科目传票和登记簿

表外科目所使用的记账凭证和账簿不同于表内科目，银行设置专门格式的单式"表外科目收入传票"和"表外科目付出传票"，当表外科目涉及的经济事项发生时，通常填制"表外科目收入传票"，当其减少或需要注销时，则填制"表外科目付出传票"，登记簿一般设置为设有"收入"、"付出"、"余额"三栏式，并依据表外科目传票登账。

（四）会计报告

从表外科目所涉及的会计事项来看，目前商业银行将或有事项、承诺及担保类事项的信息按照现行企业会计准则的要求披露在会计报表附注中，而对于其他各类表外科目所涉及的重要信息未作披露，有些商业银行则采用以账代表的做法。

人们对于单式记账法的应用长期以来存在着误解，认为单式记账法下各个科目之间不存在直接的联系，没有相互账户平衡关系，不能全面、系统地反映经济业务的来龙去脉，不便检查账簿记录的正确性和完整性，因此，其应被复式记账法所取代。这种将单式记账法的缺点与复式记账法的优点进行比较得出结论当然是错误的,这种错误认识是导致目前单式记账法没有在众多的企事业单位采用的原因之一。正确的认识应当是,单式记账法与复式记账法是两种不同的记账方法,两者各有其不可替代的作用,因为每个会计主体的所发生的经济事项有两类,一类是经济事项发生后引起了该主体资金的增减变动,并导致其财务状况、经营成果和现金流量等发生变化,该类经济事项的核算应采用复式记账法,并在会计报表中进行反映和控制;另一类是经济事项发生后未引起或较少涉及该主体资金的实际变动,但却引起了主体承担了相应的责任,该类事项需要采用单式记账法,在相应的登记簿中记录反映和控制。监督或控制是核算或反映的继续,在实施会计监督职能时,尽管复式簿记法发挥了其重要的作用,但是无论复式簿记法的使用多么普遍,并不能排除单式簿记法发挥作用,单式簿记法因不受资金平衡的制约,可以根据经营管理的需要灵活地开设相应的登记簿,对经济事项的责任发生和终结等在记录反映的基础上进行有效的控制,对于健全和完善内部会计控制制度起着不可替代的作用。

练 习 题

一、单项选择题

1. 会计核算是以(　　)为主要计量单位的。
   A. 货币量度　　　B. 实物量度　　　C. 劳动量度　　　D. 以上都不是

2. 会计的基本职能是(　　)。
   A. 核算和管理　　B. 控制和监督　　C. 核算和监督　　D. 核算和分析

3. 会计的一般对象可以概括为(　　)。
   A. 经济活动　　　　　　　　　　B. 在生产过程中的资金运动
   C. 生产活动　　　　　　　　　　D. 管理活动

4. 下列业务不属于会计核算范围的是(　　)。
   A. 用银行存款购买材料　　　　　B. 生产产品领用材料
   C. 企业自制材料入库　　　　　　D. 与其他企业签订购料合同

5. 对会计对象的具体内容所作的最基本的分类是(　　)。
   A. 会计科目　　　B. 会计要素　　　C. 会计账户　　　D. 会计等式

6. 西方会计史中,第一部比较系统介绍簿记的书的作者是(　　)。
   A. 意大利人　　　B. 美国人　　　　C. 英国人　　　　D. 法国人

7. 下列各项中,属于会计核算方法之一的是(　　)。
   A. 会计分析　　　B. 会计检查　　　C. 复式记账法　　D. 会计控制

8. 在我国,制定会计准则和会计制度的机构是(　　)。
   A. 国家税务总局　B. 财政部　　　　C. 主管部门　　　D. 企业自身

9. 会计信息论者认为（　　）。

　　A. 会计是一种技术　　　　　　　B. 会计是一项管理活动

　　C. 会计是一门艺术　　　　　　　D. 会计是一个信息系统

10. 我国在（　　）时期把主管会计的官职称为"司会"。

　　A. 西周　　　　B. 商朝　　　　C. 秦朝　　　　D. 春秋战国

二、多项选择题

1. 会计反映具有（　　）。

　　A. 连续性　　　　B. 系统性　　　　C. 全面性　　　　D. 计划性

2. 会计的特点主要表现为（　　）。

　　A. 以货币为主要计量单位　　　　B. 对经济活动进行完整、系统、连续的记录

　　C. 以价值管理为基本内容　　　　D. 以项目管理为对象

3. 下列项目中，属于会计核算方法的有（　　）。

　　A. 财产清查　　　B. 设置账户　　　C. 复式记账　　　D. 登记账簿

4. 会计报告的目标就是企业会计应当向会计信息使用者（　　）。

　　A. 提供会计信息　　　　　　　　B. 报告账目

　　C. 反映企业管理层受托责任履行情况　D. 报告会计工作情况

5. 会计对象的具体内容包括（　　）。

　　A. 资产、负债　　　B. 所有者权益　　C. 收入、费用　　D. 利润

6. 下列各项中，属于会计核算方法的有（　　）。

　　A. 设置账户　　　B. 会计分析　　　C. 财产清查　　　D. 编制会计报表

7. 会计的基本特征有（　　）。

　　A. 对企业未来进行预测　　　　　B. 以原始凭证为依据

　　C. 以货币作为主要计量单位　　　D. 连续、系统、全面、综合反映和监督

8. 会计信息使用者有（　　）。

　　A. 企业投资者　　　　　　　　　B. 企业债权人

　　C. 企业管理当局　　　　　　　　D. 与企业有利益关系的团体和个人

9. 会计核算方法体系主要包括（　　）。

　　A. 单式簿记方法体系　　　　　　B. 复式簿记方法体系

　　C. 会计检查　　　　　　　　　　D. 会计控制

10. 单式簿记方法体系主要包括（　　）。

　　A. 表内科目　　　B. 登记簿　　　C. 表外科目　　　D. 会计报告

三、判断题

1. 货币量度是唯一的计量单位。　　　　　　　　　　　　　　（　　）

2. 会计方法概括地讲就是记账、算账和报账的方法。　　　　　（　　）

3. 企业的会计对象就是企业的资金运动。　　　　　　　　　　（　　）

4. 会计核算是企业的经济活动而非企业投资者的经济活动。　　（　　）

5. 会计和簿记是一回事。　　　　　　　　　　　　　　　　　（　　）

6. 1494 年,卢卡·帕乔利所著《算术、几何及比例概要》一书的问世,标志着借贷记账法的诞生。　　　　　　　　　　　　　　　　　　　　　　　　　　　　　　（　　）

7. 会计核算就是对经济活动的事后反映。　　　　　　　　　　　　　　　　（　　）

8. 编制会计报表是会计核算方法之一。　　　　　　　　　　　　　　　　　（　　）

9. 会计核算的各种专门方法在会计核算过程中应单独运用,互不相干。　　　（　　）

10. 复式簿记的诞生标志着单式簿记的消亡。　　　　　　　　　　　　　　（　　）

四、思考题

1. 会计产生和发展过程通常分为哪几个时代?

2. 从会计产生和发展的历史过程,谈谈簿记如何演变为会计。

3. 会计的基本职能是什么?

4. 如何理解会计的一般对象和具体对象?

5. 复式簿记核算有哪些专门方法? 它们之间关系如何?

6. 什么是会计循环? 其基本步骤如何?

7. 单式簿记方法体系由哪些具体的方法组成? 如何理解单式簿记在会计实务中的作用?

第二章　会计要素与会计科目

【学习目标和要求】

1. 理解会计科目的设置原则和方法；
2. 掌握会计要素的概念及分类；
4. 掌握账户的结构。

第一节　会　计　要　素

会计要素是以会计基本前提为基础,对会计对象的基本分类,是会计核算和监督对象的具体化,是会计用于反映会计主体财务状况、确定经营成果的基本单位。会计要素又称为财务报表要素,按照内容分为两大类,即反映企业财务状况和反映企业经营成果的会计要素。

一、反映企业财务状况的会计要素

反映企业财务状况的会计要素分为资产、负债、所有者权益,它们都是静态的会计要素,属于资产负债表要素。

（一）资产

资产是指企业过去的交易或事项形成的、由企业拥有或者控制的、预期会给企业带来经济利益的资源。

1. 资产的特征

（1）能够直接或间接给企业带来经济利益。资产预期会给企业带来经济利益,是指资产直接或间接导致现金和现金等价物流入企业的潜力。这种潜力可以来自企业日常的生产活动,也可以是非日常活动;带来的经济利益可以是现金或现金等价物,或者是可以转化为现金或者现金等价物流入的形式,或者是可以减少现金或者现金等价物流出的形式。

资产预期能否会为企业带来经济利益是资产的重要特征。例如,企业采购的原材料、购置的固定资产等可以用于生产经营过程,制造商品或者提供劳务,对外出售后收回货款,货款即为企业所获得的经济利益。如果某一项目预期不能给企业带来经济利益,那么就不能将其确认为企业的资产。前期已经确认为资产的项目,如果不能再为企业带来经济利益的,也不能再确认为企业的资产。

【例2-1】　某企业在年末的盘点存货中发现存货毁损100万元,企业以该存货管理责任不清为由,将毁损的存货记入"待处理财产损溢"科目,并在资产负债表中作为流动资产予以反映。这种做法是不正确的,因为"待处理财产损溢"科目预期不能为企业带来经济利益,不符合资产的定义,不应再在资产负债表中确认为一项资产。

（2）为企业拥有或控制。资产作为一项资源,应当由企业拥有或者控制,具体是指企业享有某项资源的所有权,或者虽然不享有某项资源的所有权,但该资源能被企业所控制。

企业享有资产的所有权,通常表明企业能够排他性地从资产中获取经济利益。通常在判断资产是否存在时,所有权是考虑的首要因素。在有些情况下,资产虽然不为企业所拥有,即企业并不享有其所有权,但企业控制了这些资产,同样表明企业能够从资产中获取经济利益,符合会计上对资产的定义。如果企业既不拥有也不控制资产所能带来的经济利益,就不能将其作为企业的资产予以确认。

【例2-2】　某企业以融资租赁方式租入一项固定资产,尽管企业并不拥有其所有权,但是如果租赁合同规定的租赁期相当长,接近于该资产的使用寿命,企业控制了该资产的使用及其所能带来的经济利益,应当将其作为企业的资产予以确认。

（3）在过去的交易或事项中形成。企业过去的交易或事项包括购买、生产、建造行为或其他交易或事项。预期在未来发生的交易或事项不形成资产。企业之间签订了购销商品的合同,但是购销业务还未实施,商品未被发运或交付,对购货企业来说,就不能把将来按合同购入的商品作为自身的资产。一般来说,过去的交易或事项都有原始单据证明它的发生或完成,会计人员可以根据原始单据记录资产的变化。

2. 资产的分类

资产按流动性分类,可分为流动资产和非流动资产。资产的流动性是指预期资产转化为现金的能力。转化过程中所需时间越短,流动性就越强。例如,现金本身无需转化,是流动性最强的流动资产。企业收回应收账款需要一段时间,而且回收的过程中还可能会发生坏账,因此,其流动性就低于现金。资产满足下列条件之一应当归类为流动资产:

（1）预计在一个正常营业周期中变现、出售或耗用。

（2）主要为交易目的而持有。

（3）预计在资产负债表日起 1 年内（含 1 年）变现。

（4）在资产负债表日起 1 年内，交换其他资产或清偿负债的能力不受限制的现金或现金等价物。

通常情况下，流动资产主要包括库存现金及各种存款、交易性金融资产、应收及预付款项、存货等。非流动资产是指除流动资产之外的所有资产项目，包括长期投资、投资性房地产、固定资产、无形资产、商誉和其他资产。

长期投资是指不准备在 1 年内变现的投资，包括股票投资、债券投资和其他投资。长期投资的主要目的是控制受资企业的决策或为将来筹集资金。

投资性房地产是指为赚取租金或资本增值，或两者兼有而持有的，能够单独计量和出售的房地产。

固定资产是指为生产产品、提供劳务、出租或经营管理而持有的，使用寿命超过 1 年的有形资产。例如，房屋及建筑物、机器、机械、运输设备以及其他与生产、经营有关的设备、器具、工具等，不包括投资性房地产以及作为存货的有形资产。

无形资产是指为生产商品、提供劳务、出租或为管理目的而持有的、没有实物形态的可辨认非货币性长期资产，包括专利权、非专利技术、商标权、著作权、土地使用权等。

商誉是指预期为企业获取超额利润的不可辨认的资产，包括自创商誉和外购商誉。它的存在可能源于企业与各方面的良好关系、卓越的管理能力、独有的产品或优越的地理位置等。

其他资产是指除以上各项以外的资产，如长期待摊费用，它是指企业已经支出，但摊销期在 1 年以上（不含 1 年）的各项费用，包括固定资产大修理支出、租入固定资产的改良支出等。

（二）负债

负债是指过去的交易、事项形成的、预期会导致经济利益流出企业的现时义务。

1. 负债的特征

（1）负债是企业承担的现时义务。负债必须是企业承担的现时义务，它是负债的一个基本特征。其中，现时义务是指企业在现行条件下已承担的义务。未来发生的交易或者事项形成的义务，不属于现时义务，不应当确认为负债。

这里所指的义务可以是法定义务，也可以是推定义务。其中法定义务是指具有约束力的合同或者法律法规规定的义务，通常在法律意义上需要强制执行。例如，企业购买原材料形成应付账款，企业向银行贷入款项形成借款，企业按照税法规定应当缴纳的税款等,均属于企业承担的法定义务,需要依法予以偿还。推定义务是指根据企业多年来的习惯做法、公开的承诺或者公开宣布的政策而导致企业将承担的责任,这些责任也使有关各方形成了企业将履行义务解脱责任的合理预期。例如,某企业多年来制定有一项销售政策,对于售出商品提供一定期限内的售后保修服务,预期将为售出商品提供的保修服务就属于推定义务,应当将其确认为一项负债。

(2) 负债预期会导致经济利益流出企业。只有企业在履行义务时会导致经济利益流出企业,才符合负债的定义,如果不会导致企业经济利益流出的,就不符合负债的定义。清偿债务导致经济利益流出企业的形式有多种,企业为了清偿债务往往需要在将来转移资产或者提供劳务。比如,用现金偿还或者实物资产清偿,或者通过提供劳务来偿还,或同时转移资产和提供劳务偿还。也有可能将债务转为所有者权益。这些偿还债务的方式,都会减少企业的经济利益。

2. 负债的分类

负债按照其流动性,即按偿还期限的长短,可以分为流动负债和非流动负债。负债满足下列条件之一的,应当归类为流动负债:

(1) 预计在一个正常营业周期中偿还。

(2) 主要为交易目的而持有。

(3) 在资产负债表日起1年内到期应予以清偿。

(4) 企业无权自主地将清偿推迟延期至资产负债表日后1年以上。

通常情况下,流动负债主要包括短期借款、应付票据、应付账款、预收账款、应付职工薪酬、应付股利、应交税费、应付利润、其他应付款、预提费用和1年内到期的长期借款等。流动负债以外的负债应当归类为非流动负债,主要包括长期借款、应付债券、长期应付款等。

(三) 所有者权益

所有者权益是指企业资产扣除负债后,由所有者享有的剩余权益。公司的所有者权益又称为股东权益。所有者权益是所有者对企业资产的剩余所有权,它是企业资产中扣除债权人权益后应由所有者享有的部分,既可反映所有者投入资本的保值增值情况,又体现了保护债权人权益的理念。

1. 所有者权益的特征

(1) 所有者权益不需要定期偿还。除非发生减值、清算或分派现金股利,企业不需要偿还所有者权益。

(2) 所有者权益无优先清偿权。企业清算时,只有在清偿所有的负债后,所有者权益才返还给所有者。

(3) 所有者凭借所有者权益能够参与企业利润的分配。与债权人只有要求还本付息、不能参与企业利润分配不同,所有者有参与企业利润分配的权利。

2. 所有者权益的构成

所有者权益的来源包括所有者投入的资本、直接计入所有者权益的利得和损失、留存收益等,通常由股本(或实收资本)、资本公积(含股本溢价或资本溢价、其他资本公积)、盈余公积和未分配利润构成。

投入资本既包括构成企业注册资本或者股本部分的金额,也包括投入资本超过注册资本或者股本部分的金额,即资本溢价或者股本溢价,这部分投入资本计入资本公积。直接计入所有者权益的利得和损失,是指不应计入当期损益、会导致所有者权益发生增减变动的、与所有者投入资本或者向所有者分配利润无关的利得或损失。其中,利得是指由企业非日常活动形成的、会导致所有者权益增加的、与所有者投入资本无关的经济利益的流入。损失是指由企业非日常活动所发生的、会导致所有者权益减少的、与向所有者分配利润无关的经济利益的流出。直接计入所有者权益的利得和损失主要包括可供出售金融资产的公允价值变动额、现金流量套期中套期工具公允价值变动额等。留存收益是企业历年实现的净利润留存于企业的部分,主要包括累计计提的盈余公积和未分配利润。

二、反映企业经营成果的会计要素

(一) 收入

收入是指企业在日常活动中形成的、会导致所有者权益增加的、与所有者投入资本无关的经济利益的总流入。

1. 收入的特征

(1) 收入是企业在日常活动中产生的。日常活动是指企业为完成其经营目标所从事的经常性活动以及与之相关的活动,如工业企业生产销售商品、商业企业销售商品、服务行业提供劳务,等等。有些活动并非企业经常发生,如工业企业销售材料,但其与日常活动有关,因此,所取得的收入也属于收入。来源于企业日常活动之外的收益,如出售固定资产收益就不属于收入。明确界定日常活动是为了将收入与利得相区分,因为企业非日常活动所形成的经济利益的流入不能确认为收入,而应计入利得。

(2) 收入是与所有者投入资本无关的经济利益的总流入。收入会导致经济利益的流入,从而导致资产的增加、或负债的减少,或两者兼而有之,如销售商品收取现金则表现为资产的增加,以商品或劳务抵偿债务会表现负债的减少,以商品或劳务抵偿债务的同时,收取部分现金,则两者兼而有之。但是在实务中,经济利益的流入有时是所有者投入资本的增加所导致的,所有者投入资本的增加不应当确认为收入,应当将其直接确认为所有者权益。

（3）收入会导致所有者权益的增加。企业获取收入后,收入与相关的成本费用配比后再计算企业的损益。企业获得的净利润会增加所有者权益,如果企业发生亏损,也会减少企业的所有者权益。不会导致所有者权益增加的经济利益的流入不符合收入的定义,不应确认为收入。例如,企业向银行借入款项,尽管导致了企业经济利益的流入,但该流入并不导致所有者权益的增加,反而使企业承担了一项现时义务,因而应确认为一项负债。

（4）收入只包括本企业经济利益的流入。收入不包括为第三方或客户代收的款项。例如,企业销售货物收取的增值税、代收代缴的税金、代收的利息等,这些代收款项不属于企业的经济利益,因此,不能作为本企业的收入确认。

2. 收入的分类

收入按照日常活动的主次地位,分为主营业务收入和其他业务收入。

主营业务收入是与实现企业经营目标直接相关的日常活动所带来的收入。例如,商业企业的商品销售收入、生产企业的产品销售收入、运输企业的运费收入等。

其他业务收入是主营业务之外附属的或兼营的日常活动而产生的收入。例如,商业或生产企业的运输收入、生产企业的销售材料的收入等。

（二）费用

费用是指企业在日常活动中发生的、会导致所有者权益减少的、与向所有者分配利润无关的经济利益的总流出。

1. 费用的特征

（1）费用是企业在日常活动中产生的。费用必须是在企业日常活动中所形成的,因日常活动所产生的费用通常包括销售成本、职工薪酬、折旧费、无形资产摊销费等。将费用界定为日常活动所形成的,目的是为了将其与损失相区别,企业非日常活动所形成的经济利益的流出不能确认为费用,而应当计入损失。

（2）费用是与向所有者分配利润无关的经济利益的总流出。费用的发生会导致经济利益的流出,从而导致资产的减少或负债的增加。其表现形式包括现金或者现金等价物的流出,存货、固定资产和无形资产等的流出或消耗等。但是在实务中,企业向所有者分配利润也会导致经济利益流出企业,而该经济利益的流出显然属于所有者权益的抵减项目,不应确认为费用,应当将其排除在费用的定义之外。

（3）费用会导致所有者权益的减少。企业发生费用后,收入与相关的费用配比后再计算企业的损益。企业获得的净利润会增加所有者权益,如果企业发生亏损,也会减少企业的所有者权益。不会导致所有者权益减少的经济利益的流出不符合费用的定义,不应确认为费用。例如,某企业用银行存款购买了一台

100万元的设备,该购买行为尽管使企业经济利益流出了100万元,但并不会导致企业所有者权益的减少,它使企业增加了另外一项资产(固定资产),在这种情况下,就不应该将经济利益的流出确认为费用。

2. 费用的内容

费用包括营业成本、营业税金和期间费用。

(1) 营业成本。企业因销售商品、提供劳务或者让渡资产使用权等日常活动而发生的实际成本。例如,商业企业的商品销售成本、生产企业的产品销售成本、服务行业由于提供劳务发生的劳务成本等。

(2) 营业税金。企业日常活动应负担的税金及附加,包括营业税、消费税、城市维护建设税、资源税、土地增值税和教育费附加等。

(3) 期间费用。期间费用是指企业在一定时期内发生的不能计入生产经营成本,而直接计入当期损益的各项费用,包括销售费用、管理费用、进货费用和财务费用。

销售费用是指企业在销售商品过程中发生的费用,包括企业销售商品过程中发生的运输费、装卸费、包装费、保险费、展览费和广告费,以及为销售本企业商品而专设的销售机构的职工薪酬、业务费等经营费用。商品流通企业在购买商品过程中所发生的进货费用。

管理费用是指企业为组织和管理生产所发生的费用,包括企业的董事会和行政管理部门在企业的经营管理中发生的,或者应当由企业统一负担的公司经费、工会经费、待业保险费、劳动保险费、业务招待费、房产税、车船税、城镇土地使用税、印花税、技术转让费、矿产资源补偿费、无形资产摊销、职工教育经费、研究与开发费、排污费、存货盘亏或盘盈等。

财务费用是指企业为筹集生产经营所需资金等而发生的费用,包括应当作为期间费用的利息支出、汇兑损失以及相关的手续费等。

(三) 利润

利润是指企业在一定会计期间的经营成果。包括收入减去费用后的净额,直接计入当期利润的利得和损失等。利润分为营业利润、利润总额、净利润三个层次。

营业利润是企业主营业务和其他业务所获得的成果,它是营业收入减去营业成本和营业税金及附加,再减去销售费用、管理费用和财务费用后的结果。

利润总额是企业一定会计期间内各项经济活动在扣除所得税费用之前的综合经营成果,利润总额由营业利润、补贴收入、投资收益和营业外收支净额构成。

直接计入当期利润的利得和损失,一般计入投资收益、营业外收入和支出等项目。

净利润是企业一定会计期间内最终的经营成果,是利润总额扣除所得税费用后的余额。

第二节 会计科目

一、会计科目的意义

会计科目是对会计对象具体内容即会计要素进行分类核算的项目。

任何一项经济业务发生,都会引起会计要素的具体内容发生数量、金额的增减变动。但是,经济业务是错综复杂的,其所引起的会计要素中各项目变化的内容各不相同。例如,用银行存款购买原材料,资产总量未变,但资产的构成内容发生变化,这就需要设置"原材料"、"银行存款"科目,对两项不同的资产进行分类核算。构成资产要素的项目很多,根据资产要素的特征以及经济管理的要求,还可以设置"库存现金"、"应收账款"、"固定资产"、"无形资产"等科目。而为了反映和监督负债和所有者权益要素的增减变动,可以设置"短期借款"、"应付账款"、"应付职工薪酬"、"应交税费"、"应付股利"、"长期借款"、"实收资本"、"资本公积"等科目;为了反映和监督收入、费用、利润要素的增减变化,可以设置"主营业务收入"、"其他业务收入"、"营业税金及附加"、"管理费用"、"本年利润"、"利润分配"等科目。

因此,为了全面、连续、系统地反映和监督企业的财务状况和经营成果,必须对会计对象的具体内容即会计要素进行具体细分,设置会计科目,确定每一科目核算的范围,只有这样,才能为与企业利益有关系的各方提供各种会计信息。设置会计科目是设置账户、处理账务所必须遵循的规则和依据,是正确组织会计核算的重要条件。

二、设置会计科目的原则

会计科目必须根据会计准则和国家统一会计制度的规定设置和使用。企业应当在满足会计核算要求、不影响会计指标汇总以及对外提供统一会计报表的前提下,根据实际情况自行增加、减少或合并某些会计科目。会计科目设置的合理与否,决定着会计信息的完整性、系统性、科学性,对于提高会计信息质量和会计工作效率有着重要意义。设置会计科目一般应遵循以下原则。

(一)必须结合会计对象的特点

根据不同会计主体经济业务的特点,本着全面反映会计对象内容的目的来设置会计科目。除了需要设置反映各行各业共同性业务的科目外,还应设置反映本行业企业特点业务的科目。例如,工业企业是制造产品的企业,根据其业务特点,应设置反映生产耗费、成本计算的会计科目,如"生产成本"、"制造费用"、"库存商品"等科目。

（二）必须符合经济管理的要求

在设置会计科目时既要满足国家宏观经济管理的要求,又要满足投资者、债权人等的要求,还要满足企业加强内部经营管理的要求。因此,在设置会计科目时既要满足对外报告信息的要求,又要考虑企业内部经营管理的需要。总分类科目(一级科目)能够提供某一具体会计要素项目的总括的核算指标,能基本上满足企业外部各方对会计信息的需要,企业应根据财政部统一制定的会计科目来设置。明细分类科目(二级科目和三级科目)能够提供某一要素项目的详细的核算指标,主要是为企业内部管理提供信息,企业应在一级科目下根据企业内部管理的需要来自行设置明细分类科目。例如,"原材料"科目下按照材料类别分设二级科目和明细科目。

（三）必须保持相对稳定性

随着市场经济的发展和一些单位业务的发展,企业需要不断增设一些新的会计科目。但是,为便于在不同时期分析比较会计核算指标和在一定范围内汇总或合并核算指标,会计科目的设置应保持相对稳定性,不能经常变动其名称和核算范围,以确保核算指标的可比性和一致性。

（四）必须明确界定会计科目的核算内容,并适当分类

在设置会计科目时,应明确规定每一个科目特定的核算范围或内容,不至于使不同特点的核算内容混同计入同一科目。会计科目的名称应与其核算内容相符,并且简明扼要、含义清楚,通俗易懂。

二、会计科目的分类

会计科目有多种分类方法,以下介绍两种在复式簿记方法体系下的分类方法。

（一）按其所反映的经济内容来分类

会计科目可以分为六类:资产类、负债类、共同类、所有者权益类、成本类和损益类。

(1)资产类的科目又分为:反映流动资产的"库存现金"、"银行存款"、"应收账款"、"原材料"、"库存商品"等科目;反映非流动资产的"长期股权投资"、"投资性房地产"、"固定资产"、"在建工程"、"无形资产"等科目。

(2)负债类的科目又分为:反映流动负债的"短期借款"、"应付账款"、"应付职工薪酬"、"应交利息"、"应付股利"等科目;反映长期负债的"长期借款"、"应付

债券"、"长期应付款"、"专项应付款"等科目。

（3）共同类的科目有："衍生工具"、"套期工具"、"被套期项目"。

（4）所有者权益类的科目又分为：反映资本类的"实收资本"科目；反映公积金类的"资本公积"、"盈余公积"科目；反映未分配利润类的"本年利润"、"利润分配"科目。

（5）成本类的科目有："生产成本"、"制造费用"、"劳务成本"、"研发支出"。

（6）损益类的科目又可分为：反映收入成果的"主营业务收入"、"其他业务收入"、"投资收益"、"营业外收入"科目；反映费用类的"主营业务成本"、"其他业务成本"、"营业税金及附加"、"销售费用"、"管理费用"、"财务费用"等科目。我国《企业会计准则》规定的基本会计科目如表 2-1 所示。

表 2-1

会计科目表（部分）

顺序号	编号	会计科目名称	顺序号	编号	会计科目名称
		一、资产类	47	2202	应付账款
1	1001	库存现金	48	2203	预收账款
2	1002	银行存款	49	2211	应付职工薪酬
3	1012	其他货币资金	50	2221	应交税费
4	1101	交易性金融资产	51	2231	应交利息
5	1121	应收票据	52	2232	应付股利
6	1122	应收账款	53	2241	其他应付款
7	1123	预付账款	54	2314	代理业务负债
8	1131	应收股利	55	2401	递延收益
9	1132	应收利息	56	2501	长期借款
10	1221	其他应收款	57	2502	应付债券
11	1231	坏账准备	58	2701	长期应付款
12	1321	代理业务资产	59	2702	未确认融资费用
13	1401	材料采购	60	2711	专项应付款
14	1402	在途物资	61	2801	预计负债
15	1403	原材料	62	2901	递延所得税负债
16	1404	材料成本差异			三、共同类
17	1405	库存商品	63	3101	衍生工具

（续表）

顺序号	编号	会计科目名称	顺序号	编号	会计科目名称
18	1406	发出商品	64	3201	套期工具
19	1407	商品进销差价	65	3202	被套期工具
20	1408	委托加工物资			四、所有者权益类
21	1411	周转材料	66	4001	实收资本
22	1471	存货跌价准备	67	4002	资本公积
23	1501	持有至到期投资	68	4003	盈余公积
24	1502	持有至到期投资减值准备	69	4103	本年利润
25	1503	可供出售金融资产	70	4104	利润分配
26	1511	长期股权投资	71	4201	库存股
27	1512	长期股权投资减值准备			五、成本类
28	1521	投资性房地产	72	5001	生产成本
29	1531	长期应收款	73	5101	制造费用
30	1532	未实现融资收益	74	5201	劳务成本
31	1601	固定资产	75	5301	研发支出
32	1602	累计折旧			六、损益类
33	1603	固定资产减值准备	76	6001	主营业务收入
34	1604	在建工程	77	6051	其他业务收入
35	1605	工程物资	78	6101	公允价值变动损益
36	1606	固定资产清理	79	6111	投资收益
37	1701	无形资产	80	6301	营业外收入
38	1702	累计摊销	81	6401	主营业务成本
39	1703	无形资产减值准备	82	6402	其他业务成本
40	1711	商誉	83	6403	营业税金及附加
41	1801	长期待摊费用	84	6601	销售费用
42	1811	递延所得税资产	85	6602	管理费用
43	1901	待处理财产损益	86	6603	财务费用
		二、负债类	87	6701	资产减值损失
44	2001	短期借款	88	6711	营业外支出
45	2101	交易性金融负债	89	6801	所得税费用
46	2201	应付票据	90	6901	以前年度损益调整

（二）按其提供核算指标的详细程度来分类

会计科目按其提供核算指标的详细程度来分类，可分为三个级次：一级科目、二级科目和三级科目。三个级次的会计科目如表2-2所示。

（1）一级科目又称总分类科目或总账科目。它是对会计对象的内容进行总括分类的科目，反映总括性的核算指标。如"固定资产"、"库存现金"、"应收账款"、"实收资本"等科目。

（2）二级科目，又称子目。它是对总分类科目进一步分类的科目，其所反映的核算指标的详细程度介于一级科目与三级科目之间。企业可以根据实际需要自行设置。

（3）三级科目，又称细目。它是对二级科目进一步分类的科目。二级科目和三级科目统称为明细分类科目。如在"生产成本"总分类科目下面，按生产车间设置二级科目，二级科目下面按产品的品种设置三级科目。

表2-2

三个级次的会计科目

总分类科目（一级科目）	子目（二级科目）	细目（三级科目）
生产成本	××车间	×产品 ×产品
	××车间	×产品 ×产品
原材料	原料及主要材料	圆钢 角钢 方钢
	辅助材料	油漆 涂料

会计科目按提供指标的详细程度分类，既可以满足企业对外报告的需要，又能满足企业加强内部管理的需要。当然，并不是所有的总分类科目都应设置明细分类科目，设置与否应视企业管理的需要。例如，不发生涉外业务的企业，"库存现金"、"银行存款"等科目就不需要设置明细科目。

（三）按其与会计报表的关系来分类

会计科目按照与会计报表的关系分为表内科目与表外科目。表内科目是反映引起企业资金实际增减变化，该增减变化过程及其结果能够在会计报表中得到反映的科目，如表2-1中的会计科目都是表内科目；表外科目则用于核算那些确已发生但尚未涉及或较少涉及企业资金的实际增减变化，不能在会计报表上得到反映的重要业务事项。

会计事务中,表外科目在银行业中使用较多,表外科目核算的内容虽然比较简单,但是所涉及的业务种类较多,按其反映的经济业务的性质划分,目前银行业设置的表外科目主要有以下几种:①重要空白凭证类,用来核算由银行印制、有专门用途的、尚未填写签章的各类空白凭证,如汇票、支票、存单、存折等,这些重要空白凭证需要指定专人负责保管,在印制、运送、领用、注销等手续上有严格的规定;②有价单证类,用来核算银行收到及签发的有固定票面价值的单证,如定额本票、定额存单、已贴现票据和债券等;③代保管有价值品类,用来核算接受客户委托代为保管或委托其他单位保管的有价证券及其他有价值品;④应收款类,主要核算银行各项应收未收款或接受客户委托代收的各种款项;⑤各种担保类及承诺类,主要用于核算银行为客户办理的各类担保及承诺业务。关于表外科目的设置和应用在第十二章中介绍。

第三节　账　户

一、设置账户的必要性

(一)账户的概念及其与会计科目的关系

账户是按照会计科目名称开设的,是对会计对象的具体内容进行分类核算和监督的工具。它具有一定的格式和结构,是记账的载体。

账户与会计科目两者既有联系又有区别。它们的联系在于,会计科目是账户的名称,是设置账户的依据。账户是会计科目的具体运用。账户所核算的经济业务的内容与会计科目所反映的核算指标是一致的。因此,两者必须结合使用才能完成会计核算和记账的任务。它们的区别在于:①用途不同。科目是对会计要素内容分类的项目,账户是用来分类、连续、记录经济业务所引起的资金运动状况和变化结果的;②会计科目只有名称,而账户除了具备名称之外,还具有一定的格式和结构;③科目由同一会计制度规定,而账户除规定以外,可由企业根据管理的要求自行开设。

(二)设置账户的必要性

会计最早是通过设置账户来记录的。会计中设置的账户,经历了由多到少,由简单到复杂的发展过程。最初的账户是以债权或债务人名称设置的,后来又发展到设置商品账户、资本账户和费用及收益等非人名账户,形成了比较完整的账户体系。现代会计账户是根据会计科目来设置的。比如,"银行存款"这一会计科目,根据它来设置的账页,就是银行存款账户,可以全面、连续、系统地记载某一会计主体这类资产的增减变化及其结果。所以,为了反映会计要素的增减变化及其结果,有必要通过设置账户来全面、连续、系统地予以记录。

二、账户的结构

所谓账户结构是指在账户中如何记录经济业务以反映各会计要素项目的增减变动及其结果。

（一）账户的基本结构

不同性质的账户,由于反映的经济业务特点和内容不同,其账户的具体结构不同,但是,就账户总体而言,经济业务发生引起的各会计要素的变动,从数量上看,不外乎增加和减少两种情况,因此,账户一般可以分为两方,一方登记增加额,一方登记减少额。

账户的格式多样,但不管采用哪一种形式,一般都应包括以下基本内容:

（1）账户的名称（即会计科目）。

（2）日期和摘要（即记录经济业务的日期和内容）。

（3）凭证字号（即记账所依据的凭证种类及编号）。

（4）增加和减少的金额及余额。

通常,账户的基本结构分为两方,一方登记增加数,另一方登记减少数。至于哪一方登记增加数,哪一方登记减少数,则取决于所采用的记账方法和所记录的经济业务的内容。借贷记账法下账户的基本结构是三栏式,如表 2-3 所示。

表 2-3

账户名称（会计科目）

年		凭证		摘要	借方	贷方	借或贷	余额
月	日	月	日					

为了方便教学,通常采用简化的"T"型账户（或叫"丁"字账户）结构的形式,如表 2-4 所示。

表 2-4

账户名称（会计科目）

左方（借方）	右方（贷方）

（二）账户记录内容及其相互关系

1. 发生额

发生额是指经济业务发生后,在账户中记录的增加额或减少额,会计上称为本期发生额。本期发生额反映本会计期间内会计要素的增减变动情况,又分为本期增加发生额和本期减少发生额。在借贷记账法下,本期发生额分为本期借方发生额和本期贷方发生额。每个账户的本期增加额和本期减少额应分别记入上列账户的左右两方。如果左方记增加,右方应记减少;如果右方记增加,左方应记减少。借贷方的内容要依据账户所要反映的会计对象的具体内容,即账户的性质而定。

2. 余额

余额是指本期增加发生额与本期减少发生额相抵后的余额。余额分为期初余额和期末余额,本期的期末余额就是下期的期初余额,一般来说,期末余额的方向与记录增加额的方向相同。

账户记录的发生额、余额之间有着内在的联系,可以用公式表示:

$$期末余额＝期初余额＋本期增加发生额－本期减少发生额$$

练 习 题

一、单项选择题

1. 经济业务发生仅涉及资产这一会计要素时,只引起该要素中某些项目发生(　　　)。
　　A. 同增变动　　　　B. 同减变动　　　　C. 一增一减变动　　　　D. 一增二减变动

2. 会计科目与账户的关系是(　　　)。
　　A. 两者完全一样　　　　　　　　B. 会计科目是账户的名称
　　C. 不相关　　　　　　　　　　　D. 两者都表示结构

3. "制造费用"属于(　　　)科目。
　　A. 资产类　　　　　B. 负债类　　　　　C. 所有者权益类　　　　D. 成本类

4. "应交税费"属于(　　　)科目。
　　A. 资产类　　　　　B. 负债类　　　　　C. 所有者权益类　　　　D. 损益类

5. 下列会计要素中,属于静态要素的是(　　　)。
　　A. 负债　　　　　　B. 收入　　　　　　C. 费用　　　　　　　　D. 利润

6. 下列项目中,属于流动负债的有(　　　)。
　　A. 预付账款　　　　B. 应收账款　　　　C. 应付利息　　　　　　D. 应付债券

7. 下列资产中,属于企业的长期资产的是(　　　)。
　　A. 无形资产　　　　B. 应收票据　　　　C. 原材料　　　　　　　D. 预收账款

8. 会计科目是(　　　)。

　　A. 会计要素的名称　　B. 报表的项目　　C. 账簿的名称　　　　D. 账户的名称

9. 企业的会计科目必须反映（　　）的特点。

　　A. 会计对象　　　　　B. 会计职能　　　C. 会计本质　　　　D. 会计定义

10. 设置会计科目要保持（　　）。

　　A. 永久性　　　　　B. 相对稳定性　　C. 适用性　　　　　D. 固定性

11. 账户的余额一般与（　　）在一方。

　　A. 增加额　　　　　B. 金额　　　　　C. 减少额　　　　　D. 发生额

12. 下列各项中，反映企业利润形成情况的账户是（　　）。

　　A. 本年利润　　　　B. 营业外收入　　C. 利润分配　　　　D. 公积金

13. 下列各项中，反映企业成本费用的账户是（　　）。

　　A. 材料采购　　　　B. 材料　　　　　C. 实收资本　　　　D. 固定资产

14. 下列各项中，反映企业所有者权益的账户是（　　）。

　　A. 利润分配　　　　B. 借款　　　　　C. 累计折旧　　　　D. 营业收入

15. 账户结构一般分为（　　）。

　　A. 左右两方　　　　　　　　　　　B. 上下两部分

　　C. 发生额、余额两部分　　　　　　D. 前后两部分

二、多项选择题

1. 账户的基本结构一般包括（　　）。

　　A. 账户的名称　　　B. 日期和摘要　　C. 增减金额　　　　D. 凭证号数

2. 下列各项中，能同时引起资产和负债发生增减变化的有（　　）。

　　A. 投资者投入资本　　　　　　　　B. 向银行借入款项

　　C. 购买材料未付款　　　　　　　　D. 把现金存入银行

3. 企业计算本账户期末余额，要依据以下有关项目中（　　）的内容才能计算出来。

　　A. 本期增加发生额　　　　　　　　B. 本期增减净额

　　C. 本期期初余额　　　　　　　　　D. 本期减少发生额

4. 设置会计科目一般应当符合（　　）的基本原则。

　　A. 必须结合簿记对象的特点

　　B. 必须符合经济管理的要求

　　C. 保持相对的稳定性

　　D. 必须明确界定会计科目的核算内容，并适当分类和编号

5. 下列各项中，属于存货类的会计科目的有（　　）

　　A. 材料采购　　　　B. 库存商品　　　C. 委托加工物资　　D. 长期待摊费用

6. 下列关于会计要素之间关系的说法中，正确的有（　　）。

　　A. 费用的发生，会引起资产的减少，或引起负债的增加

　　B. 收入的取得，会引起资产的减少，或引起负债的增加

　　C. 收入的取得，会引起资产的增加，或引起负债的减少

　　D. 所有者权益的增加可能引起资产的增加，或引起费用的增加

7. 下列关于资产的特征说法中,正确的有(　　　)。

    A. 必须为企业拥有或控制　　　　　　B. 必须能用货币计量其价值

    C. 必须是用来转卖的财产　　　　　　D. 必须是有形的财产物资

8. 下列项目属于资产要素的有(　　　)。

    A. 原材料　　　　　B. 预付账款　　　　C. 预收账款　　　　D. 长期待摊费用

9. 期间费用包括(　　　)。

    A. 制造费用　　　　B. 管理费用　　　　C. 财务费用　　　　D. 销售费用

10. 利润是企业在一定期间的经营成果,由(　　　)等构成。

    A. 主营业务收入　　B. 营业利润　　　　C. 投资净收益　　　　D. 营业外收支净额

三、判断题

1. 资产、负债与所有者权益的平衡关系反映企业资金运动的静态状况。如果考虑收入、费用等动态要素,则会计恒等式的平衡关系必然被打破。 (　　　)

2. 收入往往表现为货币资金流入。因此,所有货币资金的流入都是收入。 (　　　)

3. 所有经济业务的发生,都会引起会计等式两边发生变化,但不会破坏会计恒等式。 (　　　)

4. 应收账款、预收账款、其他应收款均为资产。 (　　　)

5. 债权人权益和所有者权益是对企业净资产的所有权。 (　　　)

6. 确定了收入要素和费用要素的金额也就确定了利润要素的金额。 (　　　)

7. 只要是企业拥有或控制的资源就可以确认为资产。 (　　　)

8. 所有的账户都是依据会计科目开设的。 (　　　)

9. 每一会计科目都要有明确的含义、核算范围。 (　　　)

10. 经济业务的各种变动在数量上只有增加和减少两种情况。 (　　　)

四、业务题

目的:熟悉与掌握会计要素和会计等式。

资料:宏达百货公司某年1月1日财务状况如下:

(1) 库存皮包 45 600 元。

(2) 国家投入资本 150 000 元。

(3) 欠百盛批发公司货款 48 000 元。

(4) 现有固定资产 65 000 元。

(5) 库存服装 46 600 元。

(6) 库存现金 985 元。

(7) 向银行借入款项 100 000 元。

(8) 华光商场所欠货款 30 800 元。

(9) 库存材料物资 1 295 元。

(10) 库存其他各种商品 27 400 元。

(11) 银行存款户结存数 50 620 元。

(12) 利民百货商场所欠货款 29 700 元。

要求：

（1）分别列示资产类、负债类和所有者权益类项目。

（2）分别列示资产、负债及所有者权益的总额，并对计算结果加以解释。

五、思考题

1. 什么是会计要素？试述会计要素的内容。

2. 会计对象、会计要素、会计科目、会计账户之间有什么关系？

3. 设置会计科目应遵循哪些原则？会计科目应如何分类？

4. 账户的基本结构是什么？期初余额、期末余额、本期增加发生额、本期减少发生额四项金额之间的关系如何？

第三章　会计等式与复式记账

【学习目标和要求】

1. 理解会计主体的概念；
2. 掌握会计等式及其应用；
3. 了解复式记账法的种类；
4. 了解借贷记账法的产生和发展；
5. 理解单式记账法的作用；
6. 掌握借贷记账法的记账符号、记账规则和账户结构；
7. 掌握编制会计分录和试算平衡表的方法。

第一节　会计等式

一、会计主体

会计主体是指会计所核算和监督的特定单位或者组织，它界定了从事会计工作和提供会计信息的空间范围。会计核算的对象是特定单位的生产经营活动，生产经营活动又是由各项具体的经济业务所构成，而每项经济业务又都是与其他单位的经济业务相联系。由于社会经济关系的错综复杂，企业本身的经济活动也总是与其他企业或单位的经济活动相联系。因此，对于会计人员来说，首先就需要确定会计核算的范围，明确哪些经济活动应当予以确认、计量和报告，哪些不应包括在其核算的范围内，也就是要确定会计主体。

会计主体与法律主体(法人)并非是对等的概念，一般来说，法律主体往往是会计主体，而会计主体不一定是法律主体。例如，一个企业作为一个法律主体，应当建立会计核算体系，独立地反映其财务状况、经营成果和现金流量，因此，它是一个会计主体；又如，在企业集团的情况下，一个母公司拥有若干个子公司，企业集团在母公司的统一领导下开展经营活动，为了全面反映这个企业集团的财务状况、经营成果和现金流量，就有必要将这个企业集团作为一个会计主体，通过编制合并会计报表,反映企业集团整体的财务状况、经营成果和现金流量。企业集团是一个会计主体,而不是一个法律主体。有时,为了内部管理的需要,也对企业内部的部门进行单独地核算,并编制内部会计报表,企业内部划出的单独核算单位也可以视为一个会计主体,如一个生产车间、分厂、分公司等也可作为一个会计主体。

二、会计恒等式

任何企业为了从事各种活动,都必须拥有一定数量的经济资源,即资产。这些资产在经济活动中表现为各种不同的占用形式,如房屋、设备、原材料、货币资金等。这些资产都是企业从不同的渠道取得的,而资产的来源渠道不外乎两个——债权人或投资者提供。这种提供是有偿的,提供者拥有对这部分资产的要求权,这在会计上称为"权益"。债权人拥有的权益称为负债,所有者拥有的要求权称为所有者权益。资产和权益是经济资源这一同一体的两个不同的侧面,客观上必然存在着相等的关系,可用公式表示如下:

$$资产=权益$$

或:

$$资产=负债+所有者权益$$

会计上通常称上述等式为会计恒等式。"资产=负债+所有者权益",是会计期初的会计等式,从表面上看,它只反映了会计要素中资产、负债、所有者权益三个静态要素的关系,但实际上还概括了收入、费用、利润三个动态要素的变化。在会计期间内,企业由于开展经营活动而取得收入,收入的取得表现为资产的增加或负债的减少;同时企业为了获得收入需要支付费用,费用的发生表现为资产的减少或负债的增加。收入是权益的增加因素,费用是权益的减少因素。所以,企业在未结账前,会计恒等式便转化为:

$$资产=负债+所有者权益+(收入-费用)$$

收入与费用的差额就是利润(或亏损),所以,上述等式又可表示为:

$$资产=负债+所有者权益+利润(-亏损)$$

会计期末,企业按规定程序对实现的利润进行分配(或弥补亏损)后,增加(或减少)了所有者权益。因此,企业结账后,会计恒等式又恢复到会计期初的形式,即:

$$资产=负债+所有者权益$$

在正常情况下,此时企业的资产应比会计期初的资产有所增加。这一会计恒等式,反映了企业在某一日期的财务状况,它是设置账户、复式记账和编制会计报表等会计核算方法的理论依据,在会计核算中地位非常重要。

三、经济业务事项及其对会计等式的影响

任何企业在生产经营过程中,不断地发生各种经济业务,这些需要进行核算的经济业务,称为会计事项。作为会计事项必须同时具备以下两个特点:①能用货币计量。不能以货币计量的经济活动不是会计事项,如对职工进行考勤。②能引起资金的增减变动。不会引起资金的增减变化的经济活动不是会计事项,如与供应单位签订合同的经济业务,由于合同尚未执行没有引起资金的增减变化,所以签订合同的经济业务不是会计事项。由此,会计事项的发生,能引起资金的增减变化,必然会对有关的会计要素产生影响。但是,无论发生什么样的会计事项,都不会破坏上述会计等式的平衡关系。

【例 3-1】 假设某企业 12 月 31 日资产权益各要素的期末余额如表 3-1 所示。

表 3-1

资产权益各要素的期末余额

单位:元

资产项目	金额	权益项目	金额
库存现金	12 000	短期借款	50 000
银行存款	100 000	应付账款	40000
应收账款	40 000	应付职工薪酬	10 000
原材料	50 000	长期借款	100 000
库存商品	20 000	实收资本	250 000
固定资产	288 000	资本公积	60 000
总计	510 000	总计	510 000

该企业次年 1 月份发生了下列经济业务:

(1) 4 日,收到甲投资者投入现金 50 000 元。

(2) 10 日,发行债券 100 000 元,期限为 3 年,款已收讫存入银行。

(3) 12 日,以现金 40 000 元发放工资。

(4) 15 日,由于经营范围缩小,批准乙投资企业收回投资 20 000 元,用银行存款支付。

(5) 17 日,企业将现金 2 000 元存入银行。

(6) 20 日,企业用短期借款 3 000 元偿还前欠货款。

（7）23 日,经批准,将盈余公积金 40 000 元转增资本金。

（8）27 日,企业按规定将 60 000 元债券转换成股本。

（9）30 日,计算应交所得税 10 000 元。

上述经济业务的发生对各要素项目的影响如表 3-2 所示。

表 3-2

经济业务的发生对各要素项目的影响

单位:元

期初	资产(51 000)=	负债(200 000)+	所有者权益(310 000)
业务 1	+库存现金 50 000		+实收资本 50 000
业务 2	+银行存款 100 000	+应付债券 100 000	
业务 3	-库存现金 40 000	-应付职工薪酬 40 000	
业务 4	-银行存款 20 000		-实收资本 20 000
业务 5	-库存现金 2 000		
	+银行存款 2 000		
业务 6		+短期借款 3 000	
		-应付账款 3 000	
业务 7			+实收资本 40 000
			-盈余公积 40 000
业务 8		-应付债券 60 000	+股本 60 000
业务 9		+应交税费 10 000	-本年利润 10 000
期末	资产 600 000=	负债 210 000+	所有者权益 390 000

上述第一笔业务的发生,使企业的库存现金(资产)增加 50 000 元,同时,实收资本(所有者权益)增加 50 000 元,等式两边同时增加 50 000 元,等式仍然成立;第二笔业务的发生,使企业银行存款(资产)增加 100 000 元,同时应付债券(负债)增加 100 000 元,等式两边同时增加 100 000 元,等式仍然成立……第八笔业务的发生,使企业的应付债券(负债)减少 60 000 元,同时,股本(所有者权益)增加 60 000 元,等式右边一项权益(债权人权益)减少,另一项权益(所有者权益)增加,增减金额相等,权益总额不变,等式仍然成立;第九笔业务的发生,使企业应交税费(负债)增加 10 000 元,同时,利润(所有者权益)减少 10 000 元,等式右边一项权益(债权人权益)增加,另一项权益(所有者权益)减少,增减金额相等,权益总额不变,等式仍然成立。期末,资产总额为 600 000 元,负债总额为 210 000 元,所有者权益总额为 390 000 元,等式成立。

企业的经济业务是千变万化的,而从其引起各要素项目增减变动情况来看,不外乎有四种类型。

1. 资产和权益同时增加,双方增加金额相等

这类业务又有两种:

(1) 资产和所有者权益同时增加,增加金额相等(如业务 1)。

(2) 资产和负债同时增加,增加金额相等(如业务 2)。

2. 资产和权益同时减少,双方减少金额相等

这类业务也有两种:

(1) 资产和负债同时减少,减少金额相等(如业务 3)。

(2) 资产和所有者权益同时减少,减少金额相等(如业务 4)。

3. 资产项目内部此增彼减,增减金额相等

业务 5 就是该类业务。

4. 权益项目内部此增彼减,增减金额相等

这类业务有四种:

(1) 一项负债增加,另一项负债减少(如业务 6)。

(2) 一项所有者权益增加,另一项所有者权益减少(如业务 7)。

(3) 一项负债减少,一项所有者权益增加(如业务 8)。

(4) 一项负债增加,一项所有者权益减少(如业务 9)。

各种类型经济业务的发生都不会破坏会计等式。按照这一会计等式建立的会计核算方法体系,可以全面地、连续地、系统地反映各个会计要素之间的规律性联系,为会计信息使用者提供各种会计信息。

第二节　复式记账法

一、记账方法概述

所谓记账方法,就是根据一定的原理、记账符号、记账规则,采用一定的计量单位,利用文字和数字记录经济业务活动的一种专门方法。会计科目和账户的设置,只是对经济业务事项预先做出了具体的分类,提供了核算和监督的载体。为了具体地把经济业务事项所引起的资金增减变动情况及其结果,既完整、准确又相互联系、简明扼要地反映到账户之中,就必须解决记账方法的问题。记账方法分为单式记账法和复式记账法两种。

二、单式记账法

单式记账法是指对发生的经济业务只在一个账户中进行登记的记账方法。例如,以现金 1 000 元购入材料,只在"库存现金"账户中登记减少现金 1 000 元;

销售产品一批 5 000 元货款尚未收到,则只在"应收账款"账户中登记应收账款增加 5 000 元。单式记账方法目前在银行等金融业应用较多,主要用于表外科目所涉及的经济事项的核算与监督。

单式记账法曾是人类历史上一种比较科学的记账方法,它在反映和监督奴隶制经济和封建制经济中发挥过重要作用。但是,随着资本主义经济关系的产生和发展,单式记账法逐渐显露出它的不足:①账户设置不完整,没有完整的账户体系,一般只设置货币资金和结算性质的账户,因此,不能全面反映企业所发生的经济业务的全部情况;②由于只设置少数几个账户,所以许多经济业务发生以后无法在相关账户中相互联系地反映出来,而反映的经济业务只是一个侧面或一个方面,不能反映经济业务的来龙去脉;③由于对于所发生的经济业务只片面地记录,每笔经济业务都无法从会计账簿记录中进行试算平衡,因此,在一定时期内所发生的经济业务无法根据会计记录进行总体平衡验算。但是,复式记账方法的产生并不意味着复式记账法能够全面取代单式记账法,单式记账方法对于健全企业内部会计控制以及复式记账法所不能触及的核算内容方面仍然能够发挥其重要的作用。单式记账法的应用在第十二章中介绍。

三、复式记账法

(一)复式记账法的概念

复式记账法是对发生的每一项经济业务,都以相等的金额,在相互联系的两个或两个以上的账户中进行记录的记账方法。这种记账方法可以系统地反映经济活动的过程和结果。如前所述,以现金 1 000 元购入材料,在复式记账法下,一方面在"库存现金"账户中登记减少 1 000 元,另一方面在"原材料"账户中登记增加 1 000 元,这就说明现金减少的原因是用于购买了原材料;销售产品一批 5 000 元货款尚未收到,一方面在"应收账款"账户中登记增加 5 000 元,另一方面在"营业收入"账户中登记增加 5 000 元,说明应收账款的增加是由于销售产品的货款收入尚未收到形成的债权。这样记录的结果才能全面系统地反映经济业务的发生过程及结果,满足会计信息使用者对会计信息的需要。

(二)复式记账法的特点

与单式记账法相比,复式记账法具有以下特点。

1. 需要设有完整的账户体系

复式记账法需要对企业所发生的每一笔经济业务,在相互联系的两个或两个以上的账户中进行全面反映,因此,必须设置一整套科学完整的账户体系,用以反映全部的经济业务。企业既要设置所有资产类账户,又要设置各种权益类账户;既要设置各种收入类账户,同时还要设置各种成本费用类账户和各种利润类账户。所有账户形成一个科学的体系,用来对企业各项经济业务进行综合反映。

2. 对应账户之间的关系体现了各项经济业务的来龙去脉

复式记账法对于任何一笔经济业务的记录,都要以同等金额、在两个或两个以上账户中相互联系登记。这种方法不仅可以全面,清晰地反映出经济业务的全过程和经济活动的结果,还能够据以对账户记录进行试算平衡,以检查账户记录的正确性。这种方法如实地反映了资金运动的过程和结果,从经济业务相互联系的两个方面反映了来龙去脉,账户之间具有严格的对应关系和数字的勾稽关系。

3. 有利于对全面经济业务进行试算平衡

因为对每一笔经济业务都要以相等的金额,在相互联系的两个或两个以上的账户中进行登记,因此,当某一会计期结束时,对所有会计记录是否正确的检验就非常方便,因为每一笔经济业务都是平衡的,一定时期内全部经济业务的记录也必然是平衡的。

(三)复式记账法的基本内容

复式记账法根据记账符号的不同,可以分为借贷记账法、收付记账法和增减记账法三种。目前,世界各国普遍使用的是借贷记账法。我国在 1993 年会计制度改革以前,没有在全国统一会计记账方法,有些地区使用收付记账法,有些使用增减记账法,也有使用借贷记账法的。1993 年会计制度改革后,要求境内所有企业采用统一的借贷记账法。作为一种记账方法,都要有一定的要素。复式记账的要素主要是:记账符号、账户的设置和结构、记账规则和试算平衡。

1. 记账符号

记账符号是指明记账方向的标号。从我国会计发展史上看,使用过的记账符号包括:"借、贷"、"增、减"、"收、付"等。记账符号作为表示变量方向的纯粹标记,通常无法具备文字的直接意义,而仅仅是历史的习惯通用。

2. 账户的设置及结构

为了反映经济业务事项所引起的财务状况和经营成果的变化及其结果,需要设置全面反映财务状况和经营成果的科学的账户体系,同时,将账户体系进行分类,并为每一类账户确定其记账结构,以分别反映资金的增减变化过程及结果。

3. 记账规则

把登记账户的规律性用某种形式规定下来,就是记账规则,也叫记账公式,它是记账规律性的具体体现。将这一规律进行总结概括就是记账规则,以其作为约束记账者进行会计记录时必须遵循的法则,如借贷记账法的记账规则是"有借必有贷,借贷必相等"。

4. 试算平衡公式

试算平衡是检验记账结果正确与否的方法。试算平衡是利用资产与权益的平衡关系,依据记账规则进行记账,使账户记录自然形成的一种平衡关系。利用这种平衡关系对账户记录及其结果进行检验,如果不平衡,则说明账户记录一定有记录或计算错误。

第三节　借贷记账法

一、借贷记账法的产生和发展

借贷记账法是以"借"、"贷"作为记账符号,运用复式记账原理来反映会计要素增减变化及其结果的一种复式记账法。

借贷记账法起源于公元 13 世纪的意大利。当时佛罗伦萨的银行簿记,是目前世界上保留下来的最早的西式复式簿记,账户仅按人名设置,反映债权、债务的清算。分录账采用垂直式账页,分为上下两个记账位置,上方为"借主",表示客户欠银行的款项,即银行的债权应收款。例如,银行给客户甲发放 2000 杜卡特的贷款,这一贷款业务,银行在客户甲账户上的"借主"的位置上记录 2000 杜卡特,当客户甲偿还这笔对贷款时,银行则在"贷主"位置上进行登记,表示贷款的收回。账户的下方为"贷主",用来记录银行的债务。例如,客户乙存入银行 600 杜卡特的存款,这一业务,银行在客户乙账户上的"贷主"位置上记录 600 杜卡特,表示银行的债务,当客户乙取款时,银行则在账户的"借主"位置上记录,表示债务已经支付。这时的"借主"、"贷主"是指银行在业务发生时所处的地位,从银行的角度,"借"是指借出款项(债权增加),"贷"是指收入款项(债务增加),而且无论是存款事项还是贷款事项,银行对每一笔业务都只作人欠、欠人的单方面记录,即当时所采用的还是单式记账法。

当银行代客户转账的业务发生之后,会计记录便过渡为复式记账法。例如,客户甲从客户乙处购进 800 杜卡特的商品,委托银行代为转账。对于这笔转账业务,银行一方面要在客户甲账户的"借主"位置上登记 800 杜卡特,表明银行的债权增加 800 杜卡特,另一方面又必须在客户乙账户的"贷主"位置上登记 800 杜卡特,表明银行所欠乙的债务增加 800 杜卡特,可见这是采用复式记账法所做的记录。

13 世纪末至 14 世纪初,随着商业的发展,交易关系日趋复杂,佛罗伦萨簿记开始从人名账户的设置,扩大到物名账户的设置,到了 15 世纪初,威尼斯簿记又进一步推进了复式簿记的发展,全面设置账户,使账户体系初步建立,并建立了借贷平衡关系,以此检查账簿记录的正确性,使"有借必有贷,借贷必相等"的记账规则得以建立。

19世纪,由于资本主义国家入侵中国,借贷记账法也随之传入我国。我国最早使用借贷记账法的企业,是那些帝国主义强行在中国开办的工厂、商行和银行,以及根据不平等条约沦为帝国主义控制的我国海关、铁路和邮政部门。借贷记账法正式传入我国是在1905年,而中国自办企业当中,对借贷记账法的运用是在1908年创办大清银行之时。1993年之后,借贷记账法就成为我国统一的记账方法。

二、借贷记账法的基本内容

借贷记账法之所以科学,是因为其具有科学明确的记账符号、健全的账户体系及合理的账户结构、科学的记账规则和试算平衡方法等。

(一)以"借"和"贷"作为记账符号

作为记账符号的"借"和"贷",对账户来说,它们是账户的两个部位。如果用"T"型账户表示,分别代表左方和右方。只有规定了记账符号,才能保证账户记录有条不紊、不错不乱,保证会计恒等式的平衡关系。"借"和"贷"从字面看,其最初的含义同债权、债务有关。在借贷记账法中,当"借"和"贷"转化为记账符号后,它们失去了原有的字面含义,成为一个纯粹的记账符号。"借"和"贷"与具体的账户相结合,可以表示不同的意义:

(1)代表账户中两个固定的部位。一切账户,均需设两个部位记录会计要素数量上的增减变化,其中,左方一律称作借方,右方一律称为贷方。

(2)与不同类型的账户相结合,分别表示增加或减少。"借"和"贷"本身不等于增或减,只有当其与具体类型的账户相结合以后,才可以表示增加或减少。如对资产类账户来说,借表示增加,贷表示减少;对负债类账户而言,正好相反,贷表示增加,借表示减少。

(3)表示余额的方向。通常,资产、负债和所有者权益类账户期末都会有余额。其中,资产类账户的正常余额在借方,负债、所有者权益账户的正常余额在贷方。

(二)账户的结构

借贷记账法账户的基本结构是:每一个账户都分为"借方"和"贷方",一般来说,规定账户的左方为"借方",账户的右方为"贷方"。对每一个账户来说,如果规定借方用来登记增加额,则贷方就用来登记减少额;反之亦然。对于不同性质的账户,"借"、"贷"的涵义是不同的。

1. 资产类账户

由于资产在会计等式和资产负债表中列示在左边,因此,按照会计惯例,资产类账户借方记录资产的增加额,贷方记录资产的减少额,如有余额应该在账户的借方。用"T"型账户表示,如表3-3所示。

表3-3

借方		资产类账户		贷方
期初余额	×××			
(1) 本期增加额	×××		(1) 本期减少额	×××
(2) 本期增加额	×××		(2) 本期减少额	×××
……			……	
本期借方发生额	×××		本期贷方发生额	×××
期末余额	×××			

$$\begin{matrix} \text{资产类账户期末} \\ \text{余额(借方)} \end{matrix} = \begin{matrix} \text{期初余额} \\ \text{(借方)} \end{matrix} + \begin{matrix} \text{本期增加额合计} \\ \text{(借方发生额)} \end{matrix} - \begin{matrix} \text{本期减少额合计} \\ \text{(贷方发生额)} \end{matrix}$$

2. 负债及所有者权益类账户

由于负债及所有者权益列示在会计等式和资产负债表的右方,因此,负债及所有者权益类账户的结构与资产类账户正好相反,其贷方记录负债及所有者权益的增加额,借方记录负债及所有者权益的减少额,期末余额一般是在贷方。用"T"型账户表示,如表3-4所示。

表3-4

借方		负债及所有者权益类账户		贷方
			期初余额	×××
(1) 本期减少额	×××		(1) 本期增加额	×××
(2) 本期减少额	×××		(2) 本期增加额	×××
……			……	
本期借方发生额	×××		本期贷方发生额	×××
			期末余额	×××

$$\begin{matrix} \text{负债及所有者权益类} \\ \text{账户期末余额(贷方)} \end{matrix} = \begin{matrix} \text{期初余额} \\ \text{(贷方)} \end{matrix} + \begin{matrix} \text{本期增加额合计} \\ \text{(贷方发生额)} \end{matrix} - \begin{matrix} \text{本期减少额合计} \\ \text{(借方发生额)} \end{matrix}$$

3. 收入类账户

企业在生产经营过程中取得的收入是各种资产耗费的补偿来源,以收抵支后的利润,在分配之前,增加了企业的所有者权益,收入成果实质上也是一种所有者权益增加的来源。因此,收入类账户的结构与所有者权益类账户的结构相同。即贷方登记收入成果的增加额,借方登记收入成果的减少额(或转销额),收入账户期末一般没有余额;成果账户期末如有余额,一般在贷方,表示企业实现的利润额。用"T"型账户表示,如表3-5所示。

表3-5

借方	收入类账户		贷方
(1) 本期减少额(或转销额) ×××		(1) 本期增加额 ×××	
(2) 本期减少额(或转销额) ×××		(2) 本期增加额 ×××	
……		……	
本期借方发生额 ×××		本期贷方发生额 ×××	

4. 成本费用类账户

企业在生产经营过程中发生的成本费用,本质上是一种资产的耗费形态,所以成本费用类账户的性质和结构与资产类账户基本相同。即借方登记成本费用的增加额,贷方登记成本费用的减少额(或转销额),期末一般没有余额,若有余额,一般在借方,表示资产的运用。用"T"型账户表示,如表3-6所示。

表3-6

借方	成本费用类账户		贷方
(1) 本期增加额 ×××		(1) 本期减少额 ×××	
(2) 本期增加额 ×××		(2) 本期减少额 ×××	
……		……	
本期借方发生额 ×××		本期贷方发生额 ×××	

综上所述,各类账户所反映的经济内容不同,账户的借方和贷方记录增加额和减少额的方式也不同。但是,任何一个账户的结构都必须分为借、贷两方,这是所有账户的基本结构。现将一切账户的借方和贷方所反映的经济内容,以及"借"、"贷"符号的含义,如表3-7所示。

表3-7

账户的综合运用

账户的性质	账户的借方	账户的贷方	账户的余额
资产类账户	增加	减少	借方
负债及所有者权益类账户	减少	增加	贷方
收入类账户	减少或转销	增加	一般无余额
费用类账户	增加	减少	一般无余额

（三）以"有借必有贷，借贷必相等"为记账规则

记账规则是记账时应遵循的规律，是根据会计对象运动的规律性加以确定的。借贷记账法的记账规则就是："有借必有贷，借贷必相等"。"有借必有贷"反映了账户之间借贷的对应关系，"借贷必相等"体现了借贷双方数字上的勾稽关系。这一记账规则适于任何经济业务。如果是复杂的经济业务，需要涉及几个账户时，借贷方的金额也必须相等。

借贷记账法的记账规则实际上就是根据复式记账原理，对企业所发生的任何一笔经济业务，都要以相等的金额，相反的方向，同时在两个或两个以上相互联系的账户中进行登记。也就是说，每笔业务记入一个账户的借方，同时要记入另一个或几个账户的贷方，记入一个或几个账户的贷方，同时要记入另一个账户的借方，并且记入借贷双方的金额是相等的。

【例 3 - 2】 大华公司 200 000 元开设一家利民服务中心，专门从事各种便民服务。该中心于 201×年 12 月 1 日成立并开始营业，现以服务中心 12 月份发生的经济业务为例，说明借贷记账法的记账规则。

（1）服务中心 201×年 12 月 1 日获得大华公司 200 000 元，当即存入该中心的开户银行：

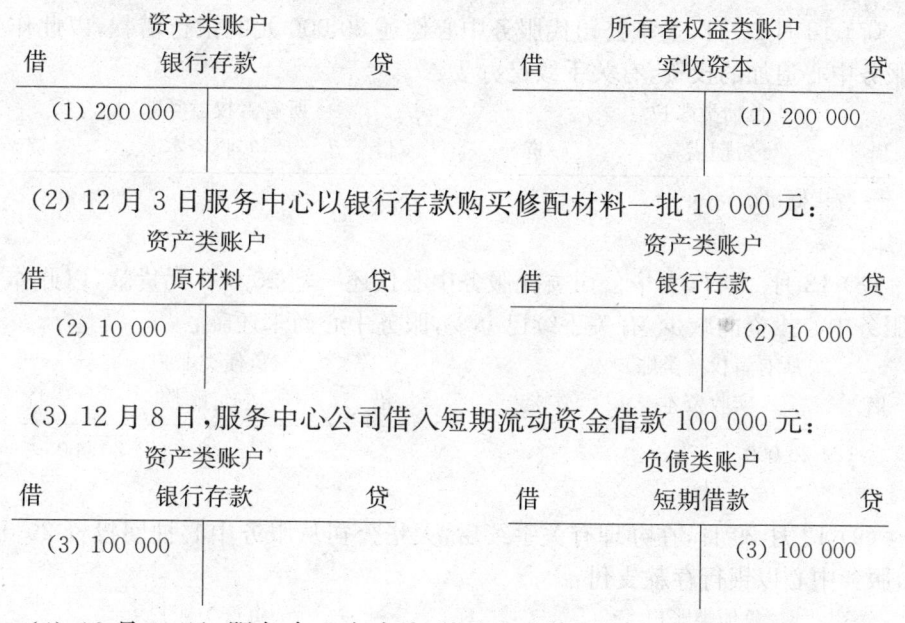

（2）12 月 3 日服务中心以银行存款购买修配材料一批 10 000 元：

（3）12 月 8 日，服务中心公司借入短期流动资金借款 100 000 元：

（4）12 月 10 日，服务中心向大海公司购进修配材料一批，价值 20 000 元，款项尚未支付：

	资产类账户			负债类账户	
借	原材料	贷	借	应付账款	贷
(4) 20 000				(4) 20 000	

　　(5) 12 月 15 日,服务中心以银行存款 8 000 元偿还 12 月 10 日所欠大海公司部分货款:

	负债类账户			资产类账户	
借	应付账款	贷	借	银行存款	贷
(5) 8 000				(5) 8 000	

　　(6) 12 月 25 日,服务中心开出票据一张交给大海公司,约定 3 个月后归还所欠其余 12000 元货款,并一并支付利息:

	负债类账户			负债类账户	
借	应付账款	贷	借	应付票据	贷
(6) 12 000				(6) 12 000	

　　(7) 12 月 27 日,大华公司代服务中心偿还 80 000 元的银行借款,以此作为对服务中心追加的投资,有关手续已办妥:

	负债类账户			所有者权益类账户	
借	短期借款	贷	借	实收资本	贷
(7) 80 000				(7) 80 000	

　　(8) 12 月 28 日,大华公司委托服务中心代还一笔 20 000 元货款,以此作为对服务中心投资的减少,有关手续已办妥,服务中心尚未还款:

	所有者权益类账户			负债类账户	
借	实收资本	贷	借	应付账款	贷
(8) 20 000				(8) 20 000	

　　(9) 12 月 29 日,在办理有关手续后,大华公司从服务中心抽回投资 20 000元,服务中心以银行存款支付:

	负债类账户			资产类账户	
借	应付账款	贷	借	银行存款	贷
(9) 20 000				(9) 20 000	

（10）12 月 30 日，大华公司将其对服务中心投资 60 000 元，转让给东方公司，有关手续已办妥：

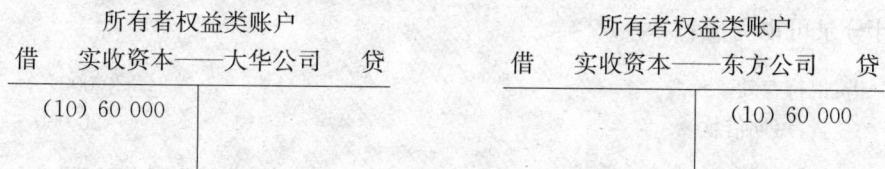

（11）本月份服务中心在营运中，支付房屋租金 3600 元，员工工资 11 200 元，水电费 740 元以及其他杂项费用 460 元，共计 16 000 元，耗用维修材料14 000 元：

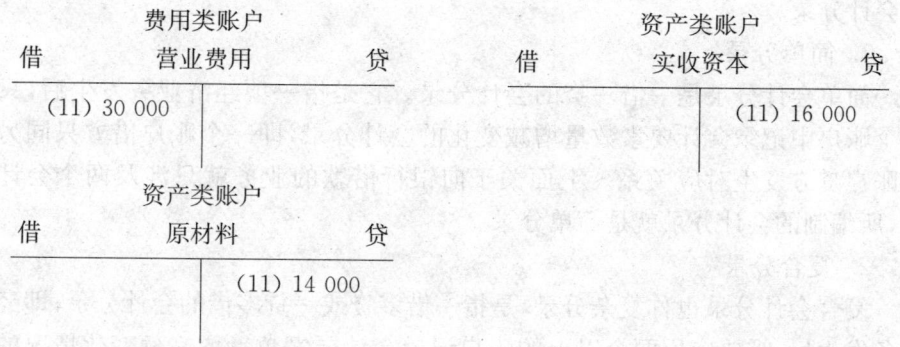

（12）本月份服务中心收入 40 000 元，收到现金 28 000 元，已存入银行，余款尚未收到：

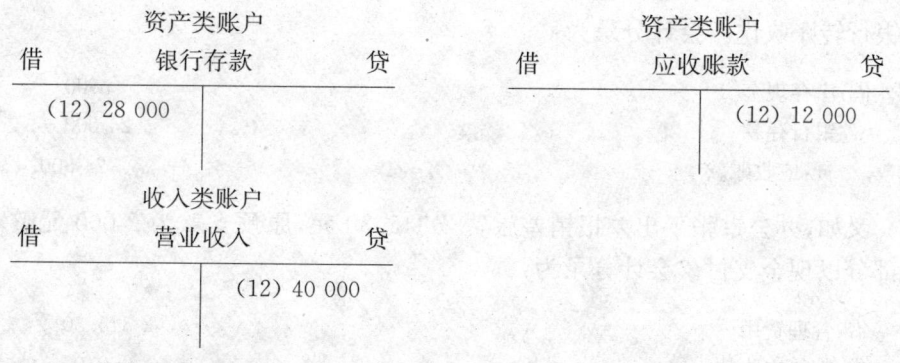

（四）会计分录和账户的对应关系

为了保证账户对应关系的正确性，登记账户前应先根据经济业务所涉及会计科目的借贷方向和金额，编制会计分录，然后据以登记入账。

会计分录就是确定每项经济业务应借应贷账户的名称及其金额的记录。这种分录主要包括三个要素：会计科目、记账符号和金额。在实际工作中，会计分录工作是通过编制记账凭证完成的，它是将具体经济业务记入有关账户之前必须进行的一项重要内容,是会计核算方法的一种。

例如,向银行借入 1 个月期的款项 20 000 元,存入银行。这一经济业务的会计分录可以写成:

借:银行存款　　　　　　　　　　　　　　　　　　20 000
　贷:短期借款　　　　　　　　　　　　　　　　　　　20 000

其中,"借"和"贷"为记账符号,"银行存款"和"短期借款"为会计账户名称。会计分录的书写要求是,借在上、贷在下;借、贷之间错开一个字的空间;金额后面不要写"元"。按照会计分录的复杂程度,可将其分为两种:简单会计分录和复合会计分录。

1. 简单分录

简单会计分录是一借一贷的会计分录。它是指一项经济业务发生后,只在两个账户中记录会计要素数量增减变化的会计分录,即一个账户借方只同另一个账户贷方发生对应关系。上面关于向银行借款的业务就只涉及两个会计科目,所编制的会计分录就是简单分录。

2. 复合分录

复合会计分录也称复杂分录,是指一借多贷或一贷多借的会计分录,即经济业务发生后,需要应用两个以上的账户记录会计要素数量增减额变化情况的会计分录。

例如,A 企业收到 B 企业前欠的货款 24 800 元,其中收到现金 800 元,其余以银行转账收讫。会计分录为:

借:库存现金　　　　　　　　　　　　　　　　　　　800
　银行存款　　　　　　　　　　　　　　　　　　24 000
　贷:应收账款　　　　　　　　　　　　　　　　　　24 800

又如,办公室张平出差报销差旅费 2 345.30 元,原预支款为 2 000 元整,差额部分以现金支付。会计分录为:

借:管理费用　　　　　　　　　　　　　　　　　2 345.30
　贷:其他应收款　　　　　　　　　　　　　　　　2 000.00
　　库存现金　　　　　　　　　　　　　　　　　　345.30

简单会计分录与复合会计分录的关系为:一个复合会计分录可以分解为几个简单会计分录。利用复合会计分录能够集中反映整个经济业务的全貌,简化记账工作,提高工作的效率。

上例中的一借两贷可以拆分为两个简单分录:

借:管理费用 2 000
 贷:其他应收款 2 000
借:管理费用 345.30
 贷:库存现金 345.30

  在需要编制不同记账凭证时,一个完整的业务也要分开从而填制不同的记账凭证。如前例中的 A 企业,编制一张转账凭证,一张付款凭证。为了保证账户对应关系清楚,一般是一个账户借方同几个账户贷方对应,或相反,一个账户贷方同几个账户借方对应。尽量不要编制多借多贷的会计分录,否则会发生账户对应关系不清的问题。

  例如,通过银行转账支付本月管理部门用的水电费 1 500 元;李某报销出差费用 2 500 元,原借款 2 500 元,差额部分现金补回。这实际上是两笔独立的业务,应该分开独立处理为:

  第一笔业务:

借:管理费用 1 500
 贷:银行存款 1 500

  第二笔业务:

借:库存现金 500
 管理费用 2 000
 贷:其他应收款 2 500

  如果将上述两笔业务的会计分录合成一笔,编制以下的复合会计分录,就会造成会计科目之间的对应关系不明:

借:管理费用 3 500
 库存现金 500
 贷:银行存款 1 500
  其他应收款 2 500

  因此,为了保持账户的对应关系,一般不能把不同类型的经济业务合并在一起编制多借多贷的会计分录,但在有些情况下为了反映一笔业务的全貌,也可以编制多借多贷的会计分录。

  初学者编制会计分录时,可以按照下列步骤进行:①判断发生的经济业务引起了哪些会计要素发生了变化,确定能表达变化的会计要素的会计科目;②确定所涉及的会计科目的分类;③确定这些科目在所处理的会计业务中的变化方向,即是增加的还是减少的;④确定科目的借贷方向及金额。

采用借贷记账法,在每一项经济业务发生时,都以相等的金额在两个或两个以上账户中相互联系地进行记录,从而在有关账户之间就形成了应借、应贷的关系。账户之间的应借、应贷的相互关系,称为账户的对应关系。存在着对应关系的账户,称为对应账户。

【例3-3】　现将〖例3-2〗所举服务中心12月份经济业务的会计分录分析如下:

(1) 服务中心201×年12月1日获得大华公司200 000元,当即存入该中心的开户银行。

分析:这一经济业务,使服务中心的"银行存款"和"实收资本"同时增加了200 000元,其会计分录为:

借:银行存款　　　　　　　　　　　　　　　　　　　　　　　200 000
　贷:实收资本　　　　　　　　　　　　　　　　　　　　　　　　200 000

(2) 12月3日服务中心以银行存款购买修配材料一批10 000元。

分析:这一经济业务,一方面使服务中心的"原材料"增加了10 000元,另一方面使"银行存款"减少了10 000元。其会计分录为:

借:原材料　　　　　　　　　　　　　　　　　　　　　　　　10 000
　贷:银行存款　　　　　　　　　　　　　　　　　　　　　　　　10 000

(3) 12月8日,服务中心公司借入短期流动资金借款100 000元。

分析:这一经济业务,使服务中心的"银行存款"和"短期借款"同时增加了100 000元。其会计分录为:

借:银行存款　　　　　　　　　　　　　　　　　　　　　　　100 000
　贷:短期借款　　　　　　　　　　　　　　　　　　　　　　　　100 000

(4) 12月10日,服务中心向大海公司购进修配材料一批,价值20 000元,款项尚未支付。

分析:这一经济业务,一方面使服务中心的"原材料"增加了20 000元,另一方面使"应付账款"增加了20 000元。其会计分录为:

借:原材料　　　　　　　　　　　　　　　　　　　　　　　　20 000
　贷:应付账款　　　　　　　　　　　　　　　　　　　　　　　　20 000

(5) 12月15日,服务中心以银行存款8 000元偿还12月10日所欠大海公司部分货款。

分析:这一经济业务,使服务中心的"应付账款"和"银行存款"同时减少了8 000元。其会计分录为:

借:应付账款 8 000
　贷:银行存款 8 000

(6) 12 月 25 日,服务中心开出票据一张交给大海公司,约定 3 个月后归还所欠其余 12 000 元货款,并一并支付利息。

分析:这一经济业务,一方面使服务中心的"应付票据"增加了 12 000 元,另一方面使"应付账款"减少了 12 000 元。其会计分录为:

借:应付账款 12 000
　贷:应付票据 12 000

(7) 12 月 27 日,大华公司代服务中心偿还 80 000 元的银行借款,以此作为对服务中心追加的投资,有关手续已办妥。

分析:这一经济业务,一方面使服务中心的"短期借款"减少了 80 000 元,另一方面使"实收资本"增加了 80 000 元。其会计分录为:

借:短期借款 80 000
　贷:实收资本 80 000

(8) 12 月 28 日,大华公司委托服务中心代还一笔 20 000 元货款,以此作为对服务中心投资的减少,有关手续已办妥,服务中心尚未还款。

分析:这一经济业务,一方面使服务中心的"实收资本"减少了 20 000 元,另一方面使"应付账款"增加了 20 000 元。其会计分录为:

借:实收资本 20 000
　贷:应付账款 20 000

(9) 12 月 29 日,在办理有关手续后,大华公司从服务中心抽回投资 20 000元,服务中心以银行存款支付。

分析:这一经济业务,使服务中心的"应付账款"和"银行存款"同时减少了 20 000 元。其会计分录为:

借:应付账款 20 000
　贷:银行存款 20 000

(10) 12 月 30 日,大华公司将其对服务中心投资 60 000 元,转让给东方公司,有关手续已办妥。

分析:这一经济业务,一方面使大华公司作为投资人在服务中心的所有者权益"实收资本——大华公司"减少了 60 000 元,另一方面使东方公司作为投资人在服务中心的所有者权益"实收资本——东方公司"增加了 60 000 元。其会计分录为:

借:实收资本——大华公司　　　　　　　　　　　　　　　　60 000
　　贷:实收资本——东方公司　　　　　　　　　　　　　　　60 000

　　(11) 本月份服务中心在营运中,支付房屋租金 3 600 元,员工工资 11 200 元,水电费 740 元以及其他杂项费用 460 元,共计 16 000 元,耗用维修材料 14 000元。

　　分析:这一经济业务,使服务中心的"销售费用"增加了 30 000 元,也使"银行存款"减少了 16 000 元,"原材料"减少了 14 000 元。其会计分录为:

借:销售费用　　　　　　　　　　　　　　　　　　　30 000
　　贷:银行存款　　　　　　　　　　　　　　　　　　16 000
　　　　原材料　　　　　　　　　　　　　　　　　　14 000

　　(12) 本月份服务中心收入 40 000 元,收到现金 28 000 元,已存入银行,余款尚未收到。

　　分析:这一经济业务,使服务中心的"银行存款"增加了 28 000 元,"应收账款"增加了 12 000 元,"主营业务收入"增加了 40 000 元。其会计分录为:

借:银行存款　　　　　　　　　　　　　　　　　　　28 000
　　应收账款　　　　　　　　　　　　　　　　　　　12 000
　　贷:主营业务收入　　　　　　　　　　　　　　　　40 000

　　(五) 试算平衡

　　作为检验一定时期内会计记录正确性的基本方法,借贷记账法所采用的试算平衡方法(Trial Balance)分为总账余额试算平衡法和总账本期发生额试算平衡法。

　　1. 总账余额试算平衡法

　　根据会计等式"资产＝负债＋所有者权益＋收入－费用",由于资产和未结清的费用账户通常存在借方余额,负债、所有者权益和未结清的收入账户通常存在贷方余额,所以期末所有账户的借方余额合计应该等于所有账户的贷方余额合计:

全部账户的期末借方余额＝全部账户的期末贷方余额

　　2. 总账发生额试算平衡法

　　由于借贷记账法的记账规则是"有借必有贷,借贷必相等",因此,每笔会计分录的借方发生额等于贷方发生额,从而全部会计分录的借方发生额合计等于贷方发生额合计:

全部账户的借方发生额合计＝全部账户贷方发生额合计

　　试算平衡在实际工作中,一般通过编制试算平衡表来完成,如表3-8所示。在一定会计期间进行试算平衡,有利于检查会计记录正确与否,以保证后续会计工作程序得以顺利进行。但是,并不是所有在记账过程中发生的错误,都能通过试算平衡方法检查出来。也就是说,通过试算平衡来检查账簿记录是否正确并不是绝对的。如果在检查后,借贷双方发生额及余额不平衡,可以肯定账户的记录和计算有错误;但有时即使借贷双方发生额及余额平衡,也并不能说明账户的记录没有错误。因为有些错误并不影响借贷双方的平衡。比如,某项经济业务在有关账户中全部漏记或重记,或者错记账户和借贷方向等,就不能通过试算平衡来发现。所以,只根据试算平衡的结果,并不足以说明账簿记录没有错误,还必须结合其他方法进行检查。

表3-8

试算平衡表

年　月　日

会计科目	期初余额		本期发生额		期末余额	
	借方	贷方	借方	贷方	借方	贷方
合计						

　　【例3-4】　仍以〖例3-2〗中服务中心的业务为例,说明试算平衡表的编制。由于服务中心是在201×年12月1日成立的,所以12月初各账户的期初余额均为0。根据12月份发生的经济业务所编制的会计分录登记入账的过程如下:

借方	银行存款	贷方
(1)200 000		(2)10 000
(3)100 000		(5)8 000
(12)28 000		(9)20 000
		(11)16 000
借方发生额: 328 000		贷方发生额:54 000
期末余额:274 000		

借方	原材料	贷方
(2)10 000		(11)14 000
(4)20 000		
借方发生额:30 000		贷方发生额:14 000
期末余额:16 000		

借方	应收账款	贷方
(12)12 000		
借方发生额:12 000	贷方发生额:—	
期末余额:12 000		

借方	短期借款	贷方
(7)80 000	(3)100 000	
借方发生额:80 000	贷方发生额:100 000	
	期末余额:20 000	

借方	应付账款	贷方
(5)8 000	(4)20 000	
(6)12 000	(8)20 000	
(9)20 000		
借方发生额:40 000	贷方发生额:40 000	
	期末余额:0	

借方	应付票据	贷方
	(6)12 000	
借方发生额:—	贷方发生额:12 000	
	期末余额:12 000	

借方	实收资本	贷方
(8) 20 000	(1)200 000	
(10)60 000	(7) 80 000	
	(10)60 000	
借方发生额:80 000	贷方发生额:340 000	
	期末余额:260 000	

借方	销售费用	贷方
(11)30 000		
借方发生额:30 000	贷方发生额:—	
期末余额:30 000		

借方	主营业务收入	贷方
	(12)40 000	
借方发生额:—	贷方发生额:40 000	
期末余额:40 000		

根据账户记录编制试算平衡表,如表 3-9 所示。

表 3-9

总分类账户试算平衡表

20××年 12 月 31 日　　　　　　　　　单位:元

会计科目	期初余额		本期发生额		期末余额	
	借方	贷方	借方	贷方	借方	贷方
银行存款	0		328 000	54 000	274 000	
应收账款	0		12 000	—	12 000	
原材料	0		30 000	14 000	16 000	
短期借款		0	80 000	100 000		20 000
应付账款		0	40 000	40 000		0
应付票据		0	0	12 000		12 000

（续表）

会计科目	期初余额		本期发生额		期末余额	
	借方	贷方	借方	贷方	借方	贷方
实收资本		0	80 000	340 000		260 000
营业收入		0	0	40 000		40 000
营业费用	0		30 000	0	30 000	
合　　计	0	0	600 000	600 000	332 000	332 000

练 习 题

一、单项选择题

1. 复式记账法对每项经济业务都以相等的金额,在(　　)中进行登记。
   A. 一个账户　　　　　　　　　B. 两个账户
   C. 全部账户　　　　　　　　　D. 两个或两个以上的账户

2. 负债及所有者权益类账户的期末余额一般在(　　)。
   A. 借方　　　　B. 借方和贷方　　　C. 贷方　　　　D. 借方或贷方

3. 收益类账户的结构与所有者权益类账户的结构(　　)。
   A. 完全一致　　　B. 相反　　　C. 基本上相同　　　D. 无关

4. 收益类账户期末(　　)。
   A. 一般没有余额　　　　　　　B. 为借方余额
   C. 为贷方余额　　　　　　　　D. 为借贷方均有余额

5. 下列会计分录中,属于简单分录的是(　　)的会计分录。
   A. 一借一贷　　　B. 一借多贷　　　C. 一贷多借　　　D. 多借多贷

6. 存在着对应关系的账户,称为(　　)。
   A. 联系账户　　　B. 平衡账户　　　C. 恒等账户　　　D. 对应账户

7. 账户发生额试算平衡法是根据(　　)确定的。
   A. 借贷记账法的记账规则　　　B. 经济业务的内容
   C. "资产=负债+所有者权益"的恒等式　　D. 经济业务的类型

8. 账户余额一般与(　　)在同一方向。
   A. 增加额　　　B. 减少额　　　C. 借方发生额　　　D. 贷方发生额

9. 通过复式记账可以了解每一项经济业务的(　　)。
   A. 合理性　　　B. 合法性　　　C. 来龙去脉　　　D. 经济业务类型

10. 下列各项错误中,能够通过试算平衡查找的是(　　)。
    A. 重记经济业务　　　　　　　B. 漏记经济业务
    C. 借贷方向相反　　　　　　　D. 借贷金额不等

二、多项选择题

1. 复式记账法的优点包括(　　)。

　　A. 进行试算平衡　　　　　　　　B. 了解经济业务的来龙去脉

　　C. 简化账簿登记工作　　　　　　D. 检查账户记录的正确性

2. "借"字表示(　　)。

　　A. 资产的增加　　B. 负债的减少　　C. 收益的转销　　D. 费用成本的增加

3. "贷"字表示(　　)。

　　A. 资产的增加。　　B. 负债的增加　　C. 所有者权益的增加　　D. 收益的增加

4. 借贷记账法下的试算平衡公式有(　　)。

　　A. 借方科目金额＝贷方科目金额

　　B. 借方期末余额＝借方期初余额＋本期借方发生额－本期贷方发生额

　　C. 全部账户借方发生额合计＝全部账户贷方发生额合计

　　D. 全部账户借方余额合计＝全部账户贷方余额合计

5. 下列各项错误中,(　　)不能通过试算平衡发现。

　　A. 某项经济业务未入账

　　B. 应借应贷的账户中借贷方向颠倒

　　C. 借贷双方同时多记了经济业务的金额

　　D. 借贷双方中一方多记金额,一方少记金额

6. 通过账户对应关系可以(　　)。

　　A. 检查经济业务处理的合理、合法性　　B. 了解经济业务的内容

　　C. 进行试算平衡　　　　　　　　　　D. 登记账簿

7. 每一笔会计分录都包括(　　)。

　　A. 会计科目　　B. 记账方向　　C. 金额　　　　D. 对应关系

8. 一般记账方法由(　　)组成。

　　A. 记账符号　　　　　　　　　B. 会计科目和账户的设置

　　C. 记账规则　　　　　　　　　D. 试算平衡

9. 下列各项中,(　　)符合借贷记账法记账规则。

　　A. 一项资产增加,一项资产减少

　　B. 一项负债增加,一项负债减少

　　C. 一项资本增加,一项负债减少

　　D. 一项负债增加,一项资产减少

10. 下列各项中,(　　)符合借贷记账法的记账规则。

　　A. 一项所有者权益增加,一项负债减少

　　B. 一项所有者权益增加,一项所有者权益减少

　　C. 一项资产增加,一项所有者权益减少

　　D. 一项负债增加,一项资产增加

三、判断题

1. 复式记账法下,账户记录的结果可以反映每一项经济业务的来龙去脉。　　(　　)

2. 单式记账法下账户之间没有对应关系。（　）

3. 借、贷两字不仅是记账符号，其本身的含义也应考虑，"借"只能表示债权增加，"贷"只能表示债务增加。（　）

4. 借贷记账法账户的基本结构是：每一个账户的左边均为借方，右边均为贷方。（　）

5. 一个账户的借方如果用来记录增加额，其贷方一定用来记录减少额。（　）

6. 资产类账户的贷方用来记录资产的增加额，借方用来记录资产的减少额。（　）

7. 负债及所有者权益账户的结构应与资产类账户的结构一致。（　）

8. 一般地说，各类账户的期末余额与记录增加额的一方在同一方向。（　）

9. 借贷记账法要求：如果在一个账户中记借方，在另一或几个账户中也一定记借方。（　）

10. 通过试算平衡检查账簿记录后，若左右平衡就可以肯定记账没有错误。（　）

四、业务题

1. 目的：理解与掌握借贷记账法。

资料：某公司 20××年 1 月份发生下列业务：

(1) 投资者追加投资 150 000 元，存入银行。

(2) 以银行存款 50 000 元偿还银行借款。

(3) 购进设备 30 000 元。

(4) 向银行借款 100 000 元，偿还前欠货款。

(5) 收回前欠的货款 30 000 元，存入银行。

(6) 从银行提取现金 1 000 元。

(7) 某职工借款 1 200 元作为暂借差旅费。

(8) 销售产品 70 000 元，货款存入银行。

(9) 以银行存款 8 000 元支付水电费。

(10) 以银行存款 30 000 元购买材料。

要求：

(1) 根据上述经济业务解释借贷记账法的记账规则。

(2) 根据上述经济业务编制会计分录。

(3) 以"T"型账户开设账户，进行登账。

(4) 编制本月总分类账发生额试算表。

2. 目的：熟悉借贷记账法下账户的结构

资料：大全维修中心 7 月份部分账户资料如表 3-10 所示。

表 3-10

大全维修中心 7 月份部分账户资料

账户名称	期初余额	本期借方发生额	本期贷方发生额	期末余额
库存现金	580	450		550
银行存款	5 000	3 000		4 000

（续表）

账户名称	期初余额	本期借方发生额	本期贷方发生额	期末余额
应付账款	1 560		740	1 340
实收资本	5 000		2 000	7 000
原材料	1 870	1 600		560
其他应收款		5 370	3 745	2 600
应收账款	1 600		1 500	1 400
周转材料	1 000	1 250	750	

要求：根据各类账户的结构，计算并填写上列表格的空格。

3. 目的：练习借贷记账法下账户的结构和试算平衡。

资料：舒心公司某年 2 月份各账户的有关资料如表 3-11 所示。

表 3-11

舒心公司某年 2 月份各账户的有关资料

会计科目	期初余额		本期发生额		期末余额	
	借方	贷方	借方	贷方	借方	贷方
资产：						
库存现金	475		2 180		480	
银行存款	1 345			4 230		
应收账款				9 200		
原材料	2 500		860		2 050	
周转材料			2 500	—	5 200	
负债：						
短期借款			1 000	—		—
应付账款		4 350	3 700			2 000
所有者权益：						
实收资本		10 000	—			10 000
合　计						

要求：根据上列资料，将正确的数字填入适当的空格内。

五、思考题

1. 经济业务发生引起的会计要素变化的类型与借贷记账法的记账符号和记账规则的使

用,存在什么样的关联?

    2. 试算平衡法的基本作用是什么? 哪些会计处理的错误无法通过这种方法发现?

    3. 能否编制多借多贷的会计分录?

    4. 比较说明单式记账法和复式记账法的内容及优缺点。

    5. 什么是会计分录? 会计分录的实务含义是什么?

    6. 试说明借贷记账法下的账户结构。

第四章　会计凭证

【学习目标和要求】

1. 了解会计凭证的作用；
2. 了解会计凭证的传递与保管；
3. 理解会计凭证的种类；
4. 理解会计凭证填制的要求；
5. 掌握记账凭证的填制；
6. 掌握科目汇总表和汇总记账凭证的编制。

第一节　会计凭证概述

一、会计凭证的意义

会计凭证就是记录经济业务的发生和完成情况，明确经济责任的一种书面证明，是记账的依据。

经济业务的完成，必然会引起财产增减、款项结算、货币资金收付的发生，为了在会计核算中全面、系统地反映和考核这些情况，就必须根据每一项经济业务的具体特点和当时的完成情况，填制在法律上具有证明效力的书面文件上。如果没有适当的书面证明，就无法在会计核算的账簿中进行反映。这种书面证明就是会计凭证，当然，所有会计凭证都要由会计部门审核无误后才能作为经济业务和记账的依据。

填制和审核会计凭证是会计核算工作的起点，是会计核算方法的一个重要内容，也是会计信息加工处理的技术方法和表现形式，它对于会计核算任务的完成有着重要的作用。

1. 会计凭证是审核经济业务的重要工具

通过对会计凭证的事前审核和事后检查，可以确定企业所进行的各项经济业务活动是否真实、正确、合法、合规、合理，是否具有最好的经济效益。由于企业的一切经济业务都必须填制会计凭证，因而通过会计凭证就可以查明各项经济业务是否符合国家的有关制度、法令、准则、通则等的规定，可以查明有无弄虚作假、铺张浪费、贪污盗窃等行为，从而防止违法乱纪、损害公共利益行为的发生，发挥会计的监督作用。

2. 会计凭证是记账的依据

任何一笔经济业务的发生，都必须填制会计凭证。会计凭证上记录着经济业务活动发生的时间、内容。通过认真填制和严格审核，保证经济业务如实反映在会计凭证上，并为账簿记录提供真实、可靠的依据，使账簿记录与真实情况相符，这样就保证了会计核算资料的真实性与准确性。

3. 会计凭证是明确和加强经济责任制的依据

每一笔经济业务的发生都要由经办部门或人员办理凭证手续，在会计凭证中反映了经济业务的内容、单位名称、发生时间以及有关人员的签字盖章等，从而使各经办单位及人员的责任得以明确，加强他们的责任感。在发生差错和纠纷时，就可以借助于会计凭证进行正确地裁决。同时，在审核会计凭证的过程中，还可以及时发现会计主体经营管理中存在的不足，从而使经营管理得到进一步的改进。

二、会计凭证的种类

会计凭证按其填制的程序和用途，可以分为原始凭证和记账凭证两大类。

(一) 原始凭证

原始凭证又称单据，是指在经济业务发生或完成时直接取得或填制的，用来记录、证明该项经济业务的发生和完成情况，明确经济责任的，具有法律效力的书面证明。它是进行会计核算的原始资料和合法依据。任何经济业务发生时都需要填制或取得原始凭证。常用的原始凭证有现金收据、发货票、支票存根、银行进账单、差旅费报销单、产品入库单、领料单、借款单等。根据不同的管理目的，可对原始凭证进行如下分类。

1. 原始凭证是按其来源不同分类，可以分为自制原始凭证和外来原始凭证两类

自制原始凭证是由本单位内部经办业务的部门或人员在办理经济业务时所填制的凭证。如材料、商品入库时，由仓库保管人员填制的收料单（见表 4-1）、产品入库单（见表 4-2）；领料部门填制的领料单（见表 4-3）等。

自制原始凭证

表 4-1

收 料 单

年　月　日

供货单位：				发票			号	
编号	材料名称	规格	应收数	实收数	单位	单价	金额

会计主管：　　　　　复核：　　　　　记账：　　　　　　　　　　　制单：

表 4-2

产品入库单

编　　号

交库单位　　　　　　　　　年　月　日　　　　　产品仓库

编号	产品名称	规格	单位	交付数量	检验结果		实收数量	单价	金额
					合格	不合格			

记账：　　　　　检验：　　　　　　　仓库：　　　　　经手：

表 4-3

领 料 单

领料部门　　　　　　　　　　　　　　　　　　凭证编号
用途　　　　　　　　　　年　月　日　　　　　收料仓库

材料编号	规格及名称	计量单位	数量		价格	
备注				合计		

记账：　　　　　发料：　　　　　审批：　　　　　领料：

外来原始凭证是本单位同外单位和个人发生经济业务往来关系时，从对方单位取得的原始凭证。如购货时取得的发票(见表 4-4 和表 4-5)，出差人员报销的车票、飞机票，对外支付款项时取得的收据(见表 4-6)等。

外来原始凭证

表4－4

增值税专用发票

发票联

开票日期： 年 月 日 No

购货单位	名称		纳税人登记号	
	地址电话		开户银行记账号	

商品或劳务名称	计量单位	数量	单价	金额	税率	税额
合计						
价税合计（大写）						

购货单位	名称		纳税人登记号	
	地址电话		开户银行记账号	

收款人： 开票单位（未盖章无效）

表4－5

发 票

购货单位： 年 月 日 No.

货号及名称	规格	数量	单位	单价	金额
金额（大写）					

单位盖章 主管 复核 制单 结算方式

地址 账号

表4-6

收　据

交款单位：　　　　　　　　　　年　月　日　　　　　　　结算方式：

项目	内容	金额
合计人民币（大写）		￥

收款单位(印章)　　　　　　　　　　　　　　　　　　收款人签章

2. 原始凭证按其填制手续分类，可以分为一次凭证和累计凭证两类

一次凭证是指反映一项经济业务或若干项同类经济业务，一次性完成填制手续的原始凭证。外来原始凭证和大多数自制原始凭证都是一次凭证，它的填制手续是一次性完成的。如收货单、领料单、差旅费结算单(见表4-7)等。

累计凭证是指在一定时期内，为连续地反映同类而又不断重复发生的业务，而在一张凭证中连续地、累计记载该项业务的原始凭证。这种凭证的填制手续是多次完成的，它主要适用于经常重复发生的同类经济业务。如限额领料单(见表4-8)等。

一次凭证

表4-7　　　　　　　　　　　　差旅费结算单

部门		姓名		职务	
出差事由			出差地点		
出发日期					
返回日期					
报销项目： 飞机票 火车票 长途汽车票 市内交通费 长途电话费 住宿费 伙食补贴费 其他 合计			出差时预借金额： 报销金额： 退还(或补付)金额： 附单据　　张 审核意见：		
合计人民币（大写）					

部门主管：　　　　　　　报销人：　　　　　　　　报销日期：

累计凭证

表 4 - 8   限额领料单

领料部门：　　　　　　　　　　　　　　　　　　　　发料仓库：

用　途：　　　　　　　　　　年　月　日　　　　　　编　号：

材料编号	材料名称	规格	计量单价	计划单价	领用限额	全月实领	
						数量	金额
领用日期	请领数量			领料人签章	发料人签章	限额结余	

供应部门负责人：　　　　　　领料部门负责人：　　　　　　仓库负责人：

3. 原始凭证按其用途不同，可以分为通知凭证、证明凭证和手续凭证三类

通知凭证是指用来要求或指示进行某项经济业务的原始凭证，如扣款通知单等。证明凭证是用来证明某项经济业务已完成的原始凭证，如前面提到的收料单、领料单、发货票等，多数原始凭证都属此类。手续凭证又称记账编制凭证，是根据已有的账簿记录，将某项经济业务归类整理而重新编制的一种原始凭证，如制造费用分配表（见表 4 - 9）、产品成本计算单等。

表 4 - 9

制造费用分配表

车间：　　　　　　　　　　年　月　日　　　　　　编　号：

分配对象产品名称	分配标准(生产工时)	分配率(%)	分配金额(元)
合　计			

会计主管：　　　　　　审核：　　　　　　制表：

4. 原始凭证按凭证格式、适用范围不同分为通用凭证和专用凭证

通用凭证是指全国或某一地区、某一部门统一格式的原始凭证，如全国统一使用的一些银行结算票据、某一地区统一使用的收据等。

专用凭证是指具有特定内容和专门用途的原始凭证，如差旅费报销单、增值税专用发票等。

此外,还可以将一定时期内经常、重复发生的经济业务的原始凭证加以汇总,编制原始凭证汇总表,以集中反映某类经济业务的发生和完成情况,如发料汇总表(见表 4－10)、工资结算汇总表等。

表 4－10

发料汇总表

用途	领料单位	甲材料		乙材料		合计
		数量	金额	数量	金额	
生产领用	一车间					
	二车间					
	三车间					
一般耗用	一车间					
	二车间					
	三车间					
管理耗用						
合计						

(二) 记账凭证

记账凭证是根据原始凭证或原始凭证汇总表所反映的经济业务,依据会计核算的要求进行系统的归类整理,确定经济业务应借、应贷的会计科目和金额,据以记账的会计凭证。原始凭证的来源各不相同,数量众多,格式又多种多样,其应计入账户的名称和方向不能清楚地表明,以致根据原始凭证直接记账容易发生差错和混乱,所以在登记账簿之前根据原始凭证编制记账凭证是十分必要的。这样既简化记账工作,又便于对账、查账,保证了账簿记录的正确性。对于更正错账、期末结账等无法取得原始凭证的会计事项,也可以由会计人员根据账簿内容直接编制记账凭证。

1. 记账凭证按其用途来分类,可以分为专用记账凭证和通用记账凭证

专用记账凭证是专门用来记录某一类经济业务的记账凭证。按其是否涉及货币资金业务划分,可以分为收款凭证、付款凭证和转账凭证三类。

收款凭证是用来记录货币资金收入业务的记账凭证,它是根据现金、银行存款等收款业务的原始凭证来填制的,如表 4－11 和表 4－12 所示;付款凭证是用来记录货币资金付出业务的记账凭证,它是根据库存现金、银行存款等付款业务的原始凭证来填制的,如表 4－13 和表 4－14 所示。

表 4-11

收款凭证

借方账户:库存现金　　　　　　年　月　日　　　　　　　现收字第　　号

摘要	贷方科目		金额	记账符号
	总账科目	明细科目		
附单据　张	合计			

会计主管:　　　　　记账:　　　　制单:　　　　出纳:　　　　审核:

表 4-12

收款凭证

借方账户:银行存款　　　　　　年　月　日　　　　　　　银收字第　　号

摘要	贷方科目		金额	记账符号
	总账科目	明细科目		
附单据　张	合计			

会计主管:　　　　　记账:　　　　制单:　　　　出纳:　　　　审核:

表 4-13

付款凭证

贷方账户:库存现金　　　　　　年　月　日　　　　　　　现收字第　　号

摘要	贷方科目		金额	记账符号
	总账科目	明细科目		
附单据　张	合计			

会计主管:　　　　　记账:　　　　制单:　　　　出纳:　　　　审核:

表 4 - 14

付款凭证

借方账户:银行存款 　　　　　年 月 日 　　　　　银付字第 号

摘要	贷方科目		金额	记账符号
	总账科目	明细科目		
附单据 张	合计			

会计主管: 　　　记账: 　　　制单: 　　　出纳: 　　　审核:

收款凭证和付款凭证是出纳员办理收、付款业务的依据,同时也是登记现金日记账、银行存款日记账、明细分类账及总账等账簿的依据。需要指出的是,在实际工作中,经常发生现金和银行存款之间的收、付款业务,这样的业务本来应当分别编制收款凭证和付款凭证,但这就会出现两份内容完全相同的凭证,也就可能出现根据两份凭证重复记账的情况,为了避免这种情况,在填制记账凭证时一般只按收、付款业务所涉及的贷方科目填制付款凭证。如从银行提取现金时,只需填制银行存款付款凭证,不编制现金收款凭证。

转账凭证(Journal Vouchers)适用于记录非货币资金业务即转账业务的记账凭证,它是依据涉及转账业务的原始凭证来填制的,是登记总分类账及有关明细分类账的依据,如表 4 - 15 所示。

表 4 - 15

转账凭证

　　　　　年 月 日 　　　　　转字第 号

摘要	总账科目	明细科目	借方金额	贷方金额	记账符号
附单据 张	合计:				

会计主管: 　　　记账: 　　　复核: 　　　制单:

通用记账凭证是不区分收款、付款和转账业务,反映所有业务的记账凭证。这种记账凭证一般用于经济业务比较少的单位,起到简化会计核算的作用。其格式与转账凭证相同。

2. 记账凭证按其包括的会计科目是否单一,分为复式记账凭证和单式记账凭证

单式记账凭证是指把一项经济业务所涉及的账户分别按它的借方和贷方填制记账凭证,即一张记账凭证上只填写一个会计科目,这样一项经济业务至少要填制两张单式记账凭证,然后用编号把它们联系起来。单式记账凭证按其所记载的借方账户或贷方账户的不同,可以分为借项凭证和贷项凭证。采用单式记账凭证的优点在于可以减少差错,便于分工记账,有利于防止错弊的发生。缺点是凭证的数量过多,填制凭证的工作量较大,不便于反映一完整的经济业务,也不易保管。借项记账凭证和贷项记账凭证如表4-16和表4-17所示。

表 4-16

借项记账凭证

对应科目:　　　　　　年　月　日　　　　　　　　凭证编号:

摘要	一级科目	二级或明细科目	金额	记账
合计				

会计主管:　　　　记账:　　　　出纳:　　　　复核:　　　　制单:

表 4-17

贷项记账凭证

对应科目:　　　　　　年　月　日　　　　　　　　凭证编号:

摘要	一级科目	二级或明细科目	金额	记账
合计				

会计主管:　　　　记账:　　　　出纳:　　　　复核:　　　　制单:

复式记账凭证是指一项经济业务所涉及的几个会计科目都在一张记账凭证上反映,前面提到的各种专用记账凭证和通用记账凭证都是复式记账凭证。采用复式记账凭证便于全面、直观地了解一项经济业务的来龙去脉,减少记账凭证的数量,查账十分便利,但是不便于汇总各会计科目的发生额,也不利于分工记账。

多数单位采用复式记账凭证,而在金融企业中则是大量使用单式记账凭证,由于单式凭证只作一个账户的记账凭证,方便传递,有利于分工记账,分别汇总,正好适应了银行业务量大、分工细的特点。

3. 记账凭证按其是否经过汇总来分类,可以分为单一记账凭证和汇总记账凭证

单一记账凭证是指根据一笔业务的原始凭证或若干笔同类业务的原始凭证汇总表编制的一张记账凭证。汇总记账凭证是把一定时期内若干同类的单一记账凭证上的会计分录按借、贷金额分别定期加以汇总而形成的记账凭证,收支业务较多的单位可以使用现金收、付款凭证、银行存款收、付款凭证和转账凭证五种记账凭证,因而汇总记账凭证可以分为汇总现金收款凭证、汇总现金付款凭证、汇总银行存款收款凭证、汇总银行存款付款凭证、汇总转账凭证。其格式如表 4-18、表 4-19、表 4-20 所示。

表 4-18

汇总收款凭证

借方账户:银行存款　　　　　　　年　月　日　　　　　　第×号

贷方账户	金 额				记账	
	(1)	(2)	(3)	合计	借方	贷方
营业收入	52 800			52 800	√	√
应收账款			4 000	4 000	√	√

附注:(1)自 1 日至 10 日　　　收款凭证共 1 张
　　　(2)自 11 日至 20 日　　　收款凭证共 0 张
　　　(3)自 21 日至 30 日　　　收款凭证共 1 张

表 4-19

汇总付款凭证

贷方账户:库存现金　　　　　　　年　月　日　　　　　　第×号

借方账户	金 额				记账	
	(1)	(2)	(3)	合计	借方	贷方
材料采购	70		120	190	√	√
管理费用	600	300		900	√	√

附注:(1)自 1 日至 10 日　　　付款凭证共 2 张
　　　(2)自 11 日至 20 日　　　付款凭证共 1 张
　　　(3)自 21 日至 30 日　　　付款凭证共 1 张

表4－20

汇总转账凭证

贷方账户：累计折旧　　　　　　　年　月　日　　　　　　　　第×号

贷方账户	金　额				记账	
	(1)	(2)	(3)	合计	借方	贷方
制造费用			3 000	3 000	√	√
管理费用			820	820	√	√
附注：(1)自1日至10日　　　转账凭证共0张						
(2)自11日至20日　　　转账凭证共0张						
(3)自21日至30日　　　转账凭证共2张						

另外，还有一种记账凭证汇总表，又称科目汇总表（见表4－21），是根据一定时期内全部的单一记账凭证加以汇总而成的。根据汇总记账凭证或科目汇总表登记总账，较之根据单一记账凭证逐笔过入总账，工作量大大减少。汇总记账凭证和科目汇总表两者对记账凭证汇总的方法不同，将在后面章节介绍。

表4－21

记账凭证汇总表

×月×日至×月×日　　　　记账凭证第×号至第×号　　　　　第×号

会计科目	总账页数	借方	贷方
库存现金		2 100	3 900
银行存款		86 300	104 000
应收账款		57 200	11 200
库存商品	（略）	900	—
应付账款		14 600	13 300
销售收入		—	28 700
……			
合计		161 100	161 100

原始凭证与记账凭证之间有着密切的关系。原始凭证是记账凭证的基础，记账凭证要根据原始凭证来填写，在编制记账凭证的过程中，原始凭证是记账凭证的附件；而记账凭证是对原始凭证所反映内容的一种概括和说明。

第二节　原始凭证

一、原始凭证的内容

由于企业的经济业务各不相同,同一企业的经济业务也是多种多样的,因此,原始凭证的内容和格式不仅不同企业之间不一样,同一企业的不同业务的原始凭证也是不同的。但不管如何,每一种原始凭证都要具备一些基本内容,以正确反映经济业务的内容和相关的责任。其基本内容主要包括以下几个方面:

(1) 填制凭证单位的名称。

(2) 原始凭证的名称,标明原始凭证所记录业务内容的种类,反映原始凭证的用途,如发票、收料单等。

(3) 填写凭证的日期:填制原始凭证的日期通常是业务发生或完成的日期,如果在业务发生或完成时,因各种原因未能及时填制原始凭证的,应以实际填制日期为准。销售商品、产品时未能及时开出发票的,补开发货票的日期应为实际填制时的日期。

(4) 接受凭证的单位名称,将接受凭证单位与填制凭证单位或填制人员相联系,表明经济业务的来龙去脉。

(5) 经济业务的简要内容。

(6) 经济业务所涉及的数量、单价和金额,这是原始凭证的核心。

(7) 经办人、责任人或业务主管的审批、签章和填制单位的盖章。

此外,原始凭证一般还需要载明凭证的附件。原始凭证的上述基本内容,又称原始凭证的基本要素,一般不得缺少,否则,就不能成为具有法律效力的书面证明。

二、原始凭证的填制方法

原始凭证按其填制手续或方法不同,可以分为一次凭证和累计凭证。

(一)一次凭证

所有的外来原始凭证和大部分的自制原始凭证,都是于经济业务发生或完成时一次填制完成的。下面以收料单和增值税专用发票为例,说明一次凭证的填制。

收料单是由仓库保管员在材料验收入库时填制的一次凭证。购入的材料,都应由仓库保管员认真计量其入库的材料,并与供货单位开来的发票账单进行核对。收料单通常是一料一单,一式三联套写而成,一联留仓库,据以登记材料物资明细账和卡片账;一联随发票账单到会计部门报账;一联交采购人员留存。

例如,企业 10 月 4 日从红星工厂购入甲材料 1 000 千克,每千克 15 元,计15 000

元,运杂费 1 000 元。这批材料在验收入库时填制的收料单如表 4 - 22 所示。

表 4 - 22

收料单

供货单位:红星工厂 凭证编号:0066

发票编号:0038 20××年 10 月 4 日 收料仓库:1 号库

金额单位:元

材料类别	材料编号	材料名称及规格	计量单位	数量		金额			
				应收	实收	单价	买价	运费	合计
原料	10001	甲材料	千克	1 000	1 000	1 500	15 000	1 000	16 000
备注:						合计			16 000
主管:	会计:		审核:		记账:		收料:		

增值税专用发票是指一般纳税人销售货物、提供应税劳务时,必须向购货方开具专用发票。专用发票的基本联次是四联:第一联为存根联,由销货方留存备查;第二联为发票联,购货方作付款的凭证;第三联为税款抵扣联,购货方作扣税凭证;第四联为记账联,销货方做销售凭证。

例如,大华工厂 10 月 4 日向星光机床厂购入设备一台,价款 690 000 元,增值税率 17%,用支票支付。该笔业务发生后,大华工厂取得从供货单位星光机床厂开来的发票,如表 4 - 23 所示。

表 4 - 23

增值税专用发票
发票联

开票日期:20××年 10 月 4 日 No.

购货单位	名称	大华工厂		纳税人登记号		623588		
	地址电话	8333333		开户银行记账号		工行某市支行 999999		
商品或劳务名称	计量单位	数量	单价	金额		税率	税额	
车床	台	1	690 000.00	690 000.00		17%	117 300.00	
	合计							
价税合计(大写)				捌拾万柒仟叁佰元整			￥807 300.00	
购货单位	名称	星光机床厂		纳税人登记号		523546		
	地址电话	6288466		开户银行记账号		工行某分理处 3444555		

收款人:吴刚 开票单位(未盖章无效)

（二）累计凭证

累计凭证是由经办人员在同类经济业务每次发生或完成时多次重复填制而成的，下面以限额领料单为例说明累计凭证的填制方法。

限额领料单通常是一料一单，一式三联，一联送交仓库据以备料、发料和登账；一联由领料车间保管凭以领用材料；一联在填制完成以后送交会计部门。先由供应部门、生产及计划部门根据产品计划产量和材料单位消耗定额，按每种材料用途填写凭证的使用时间、材料的类别、编号、名称、规格、计量单位、领用限额等；然后车间每次领料时，由领料人填写请领时间、请领数量；最后仓库管理员在三联限额领料单内同时填写实发数量，并随时结出限额结余。领料单位负责人和领料人、发料人都要签字或盖章，规定期限终了时，应结出领料单中实际领用的累计数量和金额。领料车间持限额领料单，可以在规定时期、在规定的限额以内多次领用，这样既起到事先控制领料的作用，又可以减少原始凭证的数量起到简化填制凭证的作用。

例如，加工车间生产乙产品，×年度计划产量 3000 台，每台乙产品消耗 Φ8 cm 角钢 1 千克。9 月份 Φ8 cm 角钢领用限额为 600 千克，每千克单价 7 元。9 月份生产乙产品，由生产计划部门下达限额领料单，加工车间在 9 月份内领用 Φ8 cm 角钢情况，如表 4 - 24 所示。

表 4 - 24

限额领料单

领料部门:加工车间　　　　　　　　　　　　　　　　　　发料仓库:4 号

用途:制造乙产品　　　　　　20××年 9 月　　日　　　　计划产量:3 000 台

单位消耗定量:1 千克/台

材料编号	材料名称	规格	计量单价	计划单价	领用限额	全月实领	
						数量	金额
5536	角钢	Φ8 cm	千克	7	600	520	3 640
领用日期	请领数量	领料单位负责人签章		领料人签章	发料人签章	限额结余	
5	200	李明		王立	丁东	400	
15	200	李明		王立	丁东	200	
25	120	李明		王立	丁东	80	

供应部门负责人:　　　　　　领料部门负责人:　　　　　　仓库负责人:

另外，在会计实际工作中，为了简化编制记账凭证的工作量，可以将一定时期内若干张同类业务的原始凭证定期汇总编制一张汇总原始凭证。下面以收料凭证汇总表说明汇总原始凭证的编制方法。

收料凭证汇总表是由会计人员根据仓库保管人员填制的收料单,定期汇总,每月编制一份,然后据以编制记账凭证。注意,不能将两类或两类以上的经济业务汇总填制在一张汇总原始凭证上。例如,企业20××年9月份编制的收料凭证汇总表如表4-25所示。

表4-25

收料凭证汇总表

材料类别 应贷账户	原料及主要材料			辅助 材料	燃料	修理 备件	合计
	圆钢	角钢	生铁				
材料采购				2 800	1 400		22 500
生产成本	10 600	3 500	4 200	1 600		260	1 860
固定资产清理				180			180
合计	10 600	3 500	4 200	4 580	1 400	260	24 540

三、原始凭证的填制要求

原始凭证各种各样,不同的原始凭证其填制方法和要求是不尽相同的,为保证原始凭证反映经济业务内容的准确性,原始凭证必须严格地按照下列要求进行填制。

（一）记录真实

原始凭证上填列的日期、经济业务内容和数字必须根据实际情况填列,确保原始凭证所反映的经济业务真实可靠,符合实际情况。从外单位取得的原始凭证如有遗失,应取得签发单位盖有财务章的证明,并注明原来凭证的号码、金额和内容等,经单位负责人批准后,可代作原始凭证。对于确实无法取得证明的,如飞机票、火车票等凭证,由当事人写出详细情况,由经办单位负责人批准后,可代作原始凭证。

（二）责任明确

填制的原始凭证上必须有经办人员或部门的签名或盖章,以明确经济责任,确保凭证的真实性和正确性。从外单位取得的原始凭证,必须盖有填制单位的财务公章;从个人处取得的原始凭证,必须有填制人员的签名或盖章;自制原始凭证,必须由经办单位负责人或其他指定人员的签名或盖章;对外开出的原始凭证,必须加盖本单位的财务公章。有些特殊的原始凭证,出于习惯或使用单位认为不易伪造,可不加盖公章。但这些凭证一般具有固定的、特殊的、公认的标志,如车、船票、飞机票等。

（三）内容完整

原始凭证所要求填列的项目，必须逐项填列齐全，不得省略或遗漏，而且凭证填写手续要完备，文字说明要简明扼要，数字要填写清楚，易于辨认。凡是填有大写和小写金额的原始凭证，大写与小写金额必须相符。年、月、日要按照填制原始凭证的实际日期填写；名称要齐全，不能简化；品名或用途要填写明确；有关人员的签章必须齐全。购买实物的原始凭证必须有实物验收证明；支付款项的原始凭证必须由收款单位和收款人的收款证明；一式几联的发票和收据必须用双面复写纸套写，并连续编号，因填写错误和其他原因而作废时，应加盖"作废"戳记，整份保存，不得缺联。已经销售的物品被退回时，应填写退货发票。退款时，用现金退款的，要取得对方的收款收据；以银行存款退还的，必须取得汇款银行的汇出凭证，不得以退货发票代替收据。职工因工借款，应填写正式借据作为记账凭证的附件，职工用报销的差旅费冲销或退还借款时，要由出纳人员另开收据或退还借据副本，不得退还原借款收据。经过行政机关批准办理的某些经济业务，应将批准文件作为原始凭证的附件，若批准文件需要单独存档，应在凭证上注明批准机关名称、日期和文件字号。

（四）书写规范

（1）原始凭证要用蓝色或黑色墨水书写。需要套写的凭证，必须一次套写清楚，合计的小写金额前应加注币值符号，如"￥"、"＄"等。大写金额至分的，后面不加整字，其余一律在末尾加"整"字，大写金额前应加注币值单位，如"人民币"、"港币"、"美元"等字样，且币值单位与金额数字之间，以及金额数字之间不得留有空隙。

（2）各种凭证不得随意涂改、刮擦、挖补，若填写错误，应采用规定的方法予以更正。对于重要的原始凭证，如支票以及各种结算凭证，一律不得涂改。对于预先印有编号的各种凭证，在填写错误后，要加盖"作废"戳记，并单独保管。

（3）阿拉伯数字应一个一个地写，不得连笔写。阿拉伯数字金额前面应写人民币符号"￥"。人民币符号"￥"与阿拉伯数字之间不得留有空白。凡阿拉伯数字前写有人民币符号"￥"的，数字后面不再写"元"字。所有以元为单位的阿拉伯数字，除表示单价情况外，一律填写到角分，无角分的，角位和分位可写"00"，或符号"—"；有角无分的，分位应写"0"，不得用符号"—"代替。

（4）汉字大写金额数字，一律用正楷字或行书字书写，如壹、贰、叁、肆、伍、陆、柒、捌、玖、拾、佰、仟、万、亿、元、角、分、零、整等易于辨认、不易涂改的字样。

（5）阿拉伯金额数字中间有"0"时，汉字大写金额要写"零"字，如￥201.50，汉字大写金额应写成"人民币贰佰零壹元伍角整"。阿拉伯金额数字中间连续有几个"0"时，汉字大写金额中可以只写一个"零"字。

（五）填制及时

每笔经济业务发生或完成后，都要按照会计制度的规定立即填制或取得原始凭证，以使原始凭证及时地送到会计部门，及时地按照原始凭证编制记账凭证。

四、原始凭证的审核

为保证会计信息的真实性、完整性、合法性，原始凭证的完整、正确和合法、合规是至关重要的。在原始凭证送达会计部门后，必须经过会计部门的经办人员的审核，确定无误后方能依据原始凭证编制记账凭证。

对原始凭证的审核通常从两个方面进行。

（一）审核原始凭证记录的经济业务内容是否合法、合理

合法性审核主要是审核凭证内容是否符合国家的有关法令、行政政策、规章和制度的有关规定；是否符合计划、预算的规定；有无违法乱纪的行为，有无弄虚作假、营私舞弊、伪造涂改凭证的现象。合理性审核主要是审核原始凭证中所反映的经济业务是否符合节约并有利于提高经济效益的原则。

（二）审核原始凭证的真实性、完整性和准确性

真实性审核主要是审核原始凭证上所记录的经济业务的内容是否清晰；经济业务发生的时间、地点和填制的日期是否准确；经济业务的内容及其数量方面是否与实际情况相符等。完整性审核主要是审核原始凭证所记录的基本内容是否填写齐全，数字是否清晰、日期是否完整，有关人员或盖章是否齐全，凭证联次是否正确等。准确性审核是指原始凭证的各项计算及其相关部分是否正确，经济业务内容摘要与数量、金额是否相对应等。

原始凭证的审核直接关系着会计信息的准确性，因此，必须严格认真地按照规章制度进行审核。在审核中，对于经济内容不全面，手续不完备，情况或数字不清楚的原始凭证，要退还有关业务单位或个人，并令其补办有关手续或进行更正。若发现不合法、不合规、有疑问的原始凭证，会计人员应拒绝办理，并向本单位领导报告。对于伪造、涂改凭证的行为或虚报冒领等不法行为，要扣留原始凭证，并根据有关法规向领导提出书面报告以进行惩处。

第三节　　记账凭证

一、记账凭证的内容

记账凭证是用来对原始凭证进行归类整理，确定应借、应贷的会计科目和金

额的一种凭证,其作用在于便于记账,减少差错,保证会计信息的及时、有效。不同种类的记账凭证必须具备以下基本内容:

(1) 填制单位的名称。

(2) 记账凭证的名称。

(3) 记账凭证的编制日期和凭证的编号。

(4) 经济业务的内容摘要。

(5) 应借、应贷账户的名称,包括总分类账户、二级账户和三级账户的名称和金额。

(6) 所附原始凭证的张数和其他相关资料。

(7) 有关人员的签名盖章,如会计主管、填制人员、记账人员的签字盖章,收款凭证和付款凭证还要有出纳人员的签名盖章。

二、记账凭证的填制方法

(一) 复式记账凭证的填制方法

复式记账凭证主要包括专用记账凭证和通用记账凭证。专用记账凭证包括收款凭证、付款凭证和转账凭证,而通用记账凭证的编制方法与转账凭证相同。所以,在这里主要介绍收款凭证、付款凭证和转账凭证的编制。

1. 收款凭证

收款凭证是用来记录现金、银行存款增加业务的凭证,是由出纳人员根据审核无误的原始凭证收款后填制的。左上方的"借方科目"称设证科目,填列"库存现金"科目或"银行存款"科目,以表示收入的是现金或银行存款。在表上方的正中和右上方填写日期和顺序编号。"摘要栏"内简明扼要地填写经济业务的内容;"贷方科目"内填写与"库存现金"或"银行存款"相对应的总账科目,"明细科目"应填写贷方总账科目所属的有关明细科目;"账页"栏注明记入总账、明细账的页次,也可以打"√",表示已经登记入账;表右侧的"附件张数"注明记账凭证所附原始凭证的张数;表下方要由有关经办人员签字盖章。

例如,企业 20××年 9 月 20 日销售货物一批,价款 50 000 元,增值税销项税额 8 500 元,收到购买单位支票一张,收讫 58 500 元存入银行。出纳员根据审核无误的原始凭证填制银行存款收款凭证,如表 4-26 所示。

2. 付款凭证

付款凭证是用来记录现金、银行存款减少业务的凭证,是由出纳人员根据审核无误的原始凭证付款后填制的。付款凭证的填制方法和要求与收款凭证基本相同,不同的只是在付款凭证的左上方应填列贷方科目,即设证科目是贷方科目,因为现金和银行存款的减少应记账户的贷方;"借方科目"栏内应填列与"库存现金"科目或"银行存款"科目对应科目。

表 4 - 26

收款凭证

借方科目:银行存款　　　　　20××年 9 月 20 日　　　　　银收字第×号

摘　要	贷方科目	明细科目	账页	金　额							
				十万	万	千	百	十	元	角	分
销售货物一批	营业收入				5	0	0	0	0	0	0
	应交税费	应交增值税				8	5	0	0	0	0
合　　计				¥	5	8	5	0	0	0	0

附单据 3 张

财务主管:　　　记账:　　　审核:　　　出纳:　　　制单:

　　例如,企业 20××年 10 月 2 日购入材料一批,买价 20 000 元,增值税进项税额3 400 元,共计 23 400 元,开出支票一张支付购料款。出纳人员根据审核无误的原始凭证填制银行存款付款凭证,如表 4 - 27 所示。

表 4 - 27

付款凭证

贷方科目:银行存款　　　　　20××年 10 月 2 日　　　　　银收字第×号

摘　要	贷方科目	明细科目	账页	金　额							
				十万	万	千	百	十	元	角	分
购买材料一批	材料采购				2	0	0	0	0	0	0
	应交税金	应交增值税				3	4	0	0	0	0
合　　计				¥	2	3	4	0	0	0	0

附单据 6 张

财务主管:　　　记账:　　　审核:　　　出纳:　　　制单:

　　3. 转账凭证

　　凡是不涉及现金和银行存款增加或减少的业务,都必须填制转账凭证。转账凭证是由会计人员根据审核无误的转账业务原始凭证填制的。转账凭证没有固定的账户对应关系,因此,转账凭证不设设证科目,将经济业务所涉及的会计科目全部填列在凭证内,借方科目在先,贷方科目在后,借方科目的金额与贷方科目的金额都在同一行的"金额"栏内填列。

例如,企业生产车间于 20××年 11 月 5 日领用生铁 100 吨,每吨 10 元,计 1 000 元。会计人员填制的转账凭证如表 4-28 所示。

表 4-28

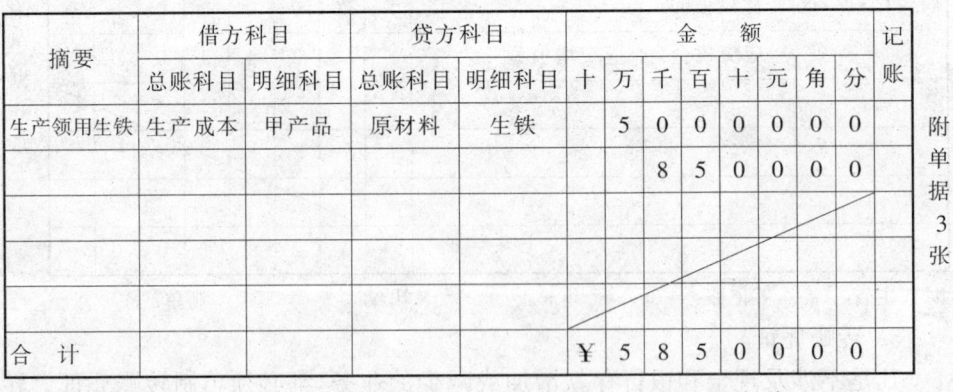

转账凭证

20××年 11 月 5 日　　　　　　　　　　转字第×号

摘要	借方科目		贷方科目		金　　额								记账
	总账科目	明细科目	总账科目	明细科目	十	万	千	百	十	元	角	分	
生产领用生铁	生产成本	甲产品	原材料	生铁		1	0	0	0	0	0		

附单据 1 张

财务主管:　　　记账:　　　审核:　　　出纳:　　　制单:

另外,通用记账凭证的填制方法与转账凭证相同。例如,表 4-26 中的银行存款收款业务,如果填制通用记账凭证,可由出纳人员根据审核无误的原始凭证填制通用记账凭证,如表 4-29 所示。

表 4-29

通用记账凭证

20××年 9 月 20 日　　　　　　　　　　凭证编号:×号

摘要	借方科目		贷方科目		金　　额								记账
	总账科目	明细科目	总账科目	明细科目	十	万	千	百	十	元	角	分	
生产领用生铁	生产成本	甲产品	原材料	生铁	5	0	0	0	0	0	0		
						8	5	0	0	0	0		
合　计					¥	5	8	5	0	0	0	0	

附单据 3 张

财务主管:　　　记账:　　　审核:　　　出纳:　　　制单:

收款业务和付款业务是由出纳人员填制记账凭证,转账业务是由会计人员填制记账凭证。

（二）单式记账凭证的填制方法

单式记账凭证是为经济业务涉及的每一个会计科目编制一张记账凭证。"对方科目"的填列不作记账用，只是为了便于对账。单式记账凭证，又可分为"借项记账凭证"与"贷项记账凭证"。

例如，企业20××年12月10日，从银行借入期限为6个月的借款200 000元。此项经济业务发生，出纳人员根据审核无误的原始凭证收款后，应填制下列单式记账凭证如表4-30、表4-31所示。

表4-30

借项记账凭证

对应科目：短期借款　　　　20××年12月10日　　　　凭证编号：1021$\frac{1}{2}$

摘要	一级科目	二级或明细科目	金额	记账
从银行借款	银行存款		200 000	
合计			￥200 000	

会计主管：　　　　记账：　　　　出纳：　　　　复核：　　　　制单：

表4-31

贷项记账凭证

对应科目：银行存款　　　　20××年12月10日　　　　凭证编号：1021$\frac{1}{2}$

摘要	一级科目	二级或明细科目	金额	记账
从银行借款	短期借款		200 000	
合计			￥200 000	

会计主管：　　　　记账：　　　　出纳：　　　　复核：　　　　制单：

三、记账凭证的填制要求

填制记账凭证就是要求会计人员把记账凭证应具备的基本内容按照规定的方法填写齐全，对会计信息予以正确归类，便于进行账簿登记。在填制记账凭证时，除了要严格遵照原始凭证的填制要求外，还要注意遵守以下基本要求。

1. 正确填写会计分录

按照规定的会计科目及其核算内容，正确编制会计分录，确保会计科目准确运用。应根据经济业务的内容,确定应借、应贷账户的名称,不得任意改变或简化会计科目及其核算内容,以保证会计记录的口径一致,同时,严格遵守记账准则,正确反映会计科目之间的对应关系。编制会计分录要先借后贷,可以填制一借一贷、一借多贷、一贷多借、多借多贷的会计分录。如果某项经济业务本身需要编制一套多借多贷的会计分录时,为了反映该项经济业务的全貌,可以采用多借多贷的会计科目对应关系,不必人为地将一项经济业务所涉及的会计科目分开,编制两张记账凭证。

2. 凭证摘要简明扼要

摘要就是在填制记账凭证和账簿记录时,对发生的经济业务本身用简洁明了的语句加以归纳。实际上,摘要就是摘录描述经济业务活动过程中的语句的概要,既要"摘",又要摘其主要。因此,摘要栏的语言必须高度精练明确,但要避免千篇一律的现象。对于现金、银行存款的收付款项应写明收付对象、结算种类、支票号码和款项主要内容;财产、物资收付事项应写明物资名称、计量单位、规格、数量、收付单位;往来款项要写明对方单位和款项内容;内部转账事项应写明事项内容;财产损益事项应写明发生的事件、内容;待处理事项应写明对象内容、发生事件。

3. 记账凭证要附有原始凭证

通常,除特殊情况如期末结账、更改错账等情况外,每张记账凭证都要附有原始凭证,并在记账凭证中注明所附原始凭证的张数。记账凭证可以根据每一张原始凭证填制,或者根据若干张同类原始凭证汇总填制,也可以根据原始凭证汇总表填制;但不得将不同内容和类别的原始凭证汇总填制在一张记账凭证上。对一张原始凭证所列支出需要几个单位共同负担的,应将其他单位负担的部分,由保存原始凭证的单位开出"原始凭证分割单",进行结算。在采用单式记账凭证时,对于同一张原始凭证需要填制两张记账凭证的,应在未附原始凭证的记账凭证上注明其原始凭证附在哪张记账凭证下,以便查阅。

4. 记账凭证必须按照一定的方法进行编号

在采用通用记账凭证时,可以按照经济业务发生的顺序编号。在使用收款凭证、付款凭证和转账凭证时,可以采用"字号编号法",也就是按照凭证类别顺序编号。比如,收字第×号、付字第×号、转字第×号。另外也可以用"双重编号法",也就是按照总字顺序号与按类别顺序号相结合。比如,付款凭证可以编号为"总字第×号,付字第×号"。如果遇到复杂的经济业务需要编制两份以上的记账凭证时,还应按照该业务的凭证数量编列分号。比如,某会计事项需要编制三分记账凭证,则其记账凭证的编号应为 $\times\frac{1}{3}$、$\times\frac{2}{3}$、$\times\frac{3}{3}$,前面的整数为业务顺序的总号,分数为该项业务的分号,分数的分母表示该项经济业务的记账凭证的总数,而分子则表示三张记账凭证中的第 1 张、第 2 张和第 3 张。

5. 填制日期正确、金额准确规范

由于发生的收付款业务要在当日记入日记账,所以,填制收、付款凭证的日期应是货币资金收付的实际日期,但与原始凭证所记载的日期不一定相同;而转账凭证是以收到原始凭证的日期作为填制记账凭证的日期,但经济业务发生的实际日期应在摘要栏内注明。

记账凭证的金额必须与原始凭证的金额相等;金额的登记方向必须正确,符合数字书写规定。每笔经济业务填入金额数字后,要在记账凭证的合计行填写合计金额,一笔经济业务因涉及会计科目较多需要在一张记账凭证上填写多行或填写多张记账凭证的,一般在每张记账凭证的合计行填写合计金额,并应在合计数前面填写货币符号"￥",不是合计数,则不填写货币符号。

6. 按行逐项填写,并按规范的方法更正

记账凭证应按行次逐项填写,不得跳行或留有空行,对记账凭证中的空行,应该划斜线或一条"S"型线注销。划线应从金额栏最后一笔金额数字下的空行划到合计数行上面的空行,要注意划斜线两端都不能划到金额数字的行次上。

如果在填制记账凭证时发生差错,应重新填制。已经登记入账的记账凭证,在当年内发现填写错误时,可以用红字填写一张与原内容相同的记账凭证,在"摘要栏"注明"注销某月某日某号凭证"字样,同时再用蓝笔重新填制一张正确的记账凭证,注明"订正某月某日某号凭证"字样。如果会计科目没有错误,只是金额错误,也可以将正确数字与错误数字之间的差额,另编一张调整的记账凭证,调增金额用蓝字,调减金额用红字。发现以前年度记账凭证有错误的,应当用蓝字填制一张更正的记账凭证。

填制完成记账凭证后,需要由有关会计人员签名或盖章,以便加强凭证的管理,分清会计人员之间的经济责任,使会计工作岗位之间相互制约、互相监督。

四、记账凭证的审核

记账凭证是登记账簿的依据,为保证会计信息的质量,除了要严格按填制记账凭证的要求进行填制以外,还要由专人进行审核,只有经过审核无误后,方能据以记账。审核的主要内容是:

(1)记账凭证是否附有审核无误的原始凭证,所附原始凭证的张数以及经济业务内容、金额合计等是否与记账凭证一致。

(2)记账凭证的会计分录是否合规,是否准确无误,如应借、应贷账户的名称、金额是否正确,对应关系是否清晰等。

（3）记账凭证的基本内容是否填列完整，凭证上所列的项目是否填列齐全，有关人员是否签名或盖章。

在审核中若发现记账凭证的填制有差错或者填列不完整、签章不齐全，应查明原因，责令重新填制或按规定办理更正手续。只有经过审核无误的记账凭证，才能据以登记会计账簿。

第四节　会计凭证的传递和保管

一、会计凭证的传递

会计凭证的传递是指会计凭证从取得或填制时起，经过审核、登账，直至装订归档保管时止，在单位内部各有关部门和人员之间的传递程序和传递时间。可见，会计凭证的传递包括两个方面，即传递程序和传递时间。为保证会计信息的及时提供，要求各部门的会计凭证不能积压，必须及时、正确地进行传递。"及时"是指各种会计凭证在各个工作环节进行传递的过程中，必须明确每个部门、每个环节办理各种手续所需的时间，并据此来规定凭证的传递时间。"正确"是指各种会计凭证的传递必须有一个明确而合理的传递程序，即会计凭证从填制后到归档保管的传递过程中，应明确规定每个传递环节，要明确各部门、各工作岗位和具体经办人员之间的传递路线。会计凭证传递环节和传递时间确定下来以后，通常编制一个业务流程图，以便供有关人员遵照执行。

正确地组织会计凭证的传递，对于及时登记和处理各项经济业务，明确各方面的责任，加强会计监督具有重要意义。

（1）正确、合理地组织会计凭证的传递，能够使有关部门和工作人员之间及时沟通情况，加快业务的处理速度，提高工作效率。例如，商品流通企业销售商品，通常要经过销售部门开单、仓储部门发货、会计部门结算等诸多环节。如果没有合理的凭证转递，就会使销售环节占用大量时间、资金，只有合理有效地组织好会计凭证传递的各个环节，防止会计凭证的积压，才能有利于销售过程的缩短。

（2）正确、合理地组织会计凭证的传递，能够明确各职能部门的职责，组织各部门分工协作，既能提高经济活动运作效率，又能发挥会计监督的作用。一项经济业务的完成，往往是由几个业务部门共同进行的，会计凭证也就随着实际业务的进程在各有关业务部门之间流转。组织好会计凭证的传递，可以明确各有关部门和人员之间的分工协作，强化各工作环节之间的监督和制约，分清经济责任，加强经营管理上的责任制。

二、会计凭证的保管

会计凭证是重要的经济档案和历史资料,会计凭证的保管是指会计凭证登记后的整理、装订和归档保存。会计凭证保管的基本要求是:

(1) 每月记账完毕,要按全部记账凭证的编号顺序将其连同所附的原始凭证装订成册,然后加上封面、封底。如果凭证数量很多可以分册装订,每册不能装订太厚。

(2) 如果某些原始凭证数量过多或属重要资料,可以将这些原始凭证另行装订成册或单独保管,但要注明其所属记账凭证的日期、编号和册次,以备查阅。

(3) 为防止任意拆装,每册的封面都要用牛皮纸印制,上面要注明单位名称、年度月份、该册的册次、凭证的起止日期、种类、凭证起止号码以及会计主管和保管员的签章。

(4) 编制的汇总记账凭证或记账凭证汇总表,应放在每册封面之下作为首页。这样,一方面可以起到试算平衡的作用,另一方面可以便于登记总账。

(5) 要集中保管装订成册的会计凭证,并要指定专人负责。有关人员进行查阅时,必须履行一定的手续。

(6) 关于会计档案的保管和销毁,必须严格遵守我国《档案管理办法》的规定,不得随意处置,严防会计凭证散失错乱、残缺不全或损坏。按照我国《会计档案管理办法》的规定,当年的会计档案,在会计年度终了后,暂由本单位财务会计部门保管1年,期满后,原则上应由会计部门移交本单位档案室保管。会计凭证按照有关规定保管期满后,要报有关部门批准后才能销毁。

练 习 题

一、单项选择题

1. 下列各项中,不能作为原始凭证的是(　　)。
   A. 发货票　　　　　B. 合同书　　　　　C. 入库单　　　　　D. 领料单
2. 货币资金之间的划转业务只编制(　　)。
   A. 付款凭证　　　　B. 收款凭证　　　　C. 转账凭证　　　　D. 记账凭证
3. 下列各项中,不属于原始凭证基本内容的是(　　)。
   A. 填制日期　　　　　　　　　B. 经济业务内容
   C. 应借应贷科目　　　　　　　D. 有关人员签章
4. 产品生产领用材料,应编制的记账凭证是(　　)。
   A. 收款凭证　　　　B. 付款凭证　　　　C. 转账凭证　　　　D. 累计凭证
5. 记账凭证的填制依据是(　　)。

　　A. 经济业务　　　　　　　　　　B. 原始凭证

　　C. 账簿记录　　　　　　　　　　D. 审核无误的原始凭证

6. "限额领料单"是一种(　　)。

　　A. 一次凭证　　　　B. 累计凭证　　　C. 单式凭证　　　　D. 汇总凭证

7. 下列各项中,属于将同类经济业务汇总编制的原始凭证是(　　)。

　　A. 一次凭证　　　　　　　　　　B. 累计凭证

　　C. 记账编制凭证　　　　　　　　D. 汇总原始凭证

8. 下列各项中,属于自制原始凭证的是(　　)。

　　A. 领料单　　　　B. 购料发票　　　C. 增值税发票　　　D. 银行对账单

9. 会计凭证分为原始凭证和记账凭证,其分类的依据是(　　)。

　　A. 凭证的经济内容不同　　　　　B. 填制的程序和用途不同

　　C. 填制的方法不同　　　　　　　D. 凭证的格式不同

10. 下列原始凭证中,属于外来原始凭证的是(　　)。

　　A. 购货发票　　　　　　　　　　B. 工资结算汇总表

　　C. 发出材料汇总表　　　　　　　D. 领料单

11. 把一项经济业务所涉及的有关账户,分别按每个账户填制一张记账凭证称
　　为(　　)。

　　A. 一次凭证　　　　　　　　　　B. 单式记账凭证

　　B. 复式记账凭证　　　　　　　　D. 借项记账凭证

12. 采购员报销 1 000 元差旅费,出纳员又补付其现金 200 元以结清其暂借款,这项业务
　　应编制(　　)。

　　A. 收款凭证和转账凭证　　　　　B. 收款凭证和付款凭证

　　C. 两张付款凭证表　　　　　　　D. 付款凭证和转账凭证

13. 记账凭证按其所反映的经济内容不同,可以分为(　　)。

　　A. 单式凭证和复式凭证　　　　　B. 收款凭证、付款凭证和转账凭证

　　C. 通用凭证和专用凭证　　　　　D. 一次凭证、累计凭证和汇总凭证

14. 在记账凭证中,最核心的内容是(　　)。

　　A. 经济业务的内容摘要　　　　　B. 会计分录

　　C. 过账备注　　　　　　　　　　D. 有关人员的签章

15. 一张单式记账凭证一般填列的会计科目的有(　　)。

　　A. 1个　　　　　B. 2个　　　　　C. 3个　　　　　D. 2个以上

二、多项选择题

1. 收料单有(　　)。

　　A. 外来原始凭证　　　　　　　　B. 自制原始凭证

　　C. 一次凭证　　　　　　　　　　D. 累计凭证

　　E. 记账凭证

2. 限额领料单有(　　)。

    A. 外来原始凭证　　B. 自制原始凭证　C. 一次凭证　　　　　D. 累计凭证

    E. 转账凭证

 3. 单式记账凭证一般有（　　　）。

    A. 通用凭证　　　　　B. 转账凭证　　　C. 借项凭证　　　　　D. 贷项凭证

    E. 汇总收款凭证

 4. 下列经济业务中,应填制付款凭证的有（　　　）。

    A. 提现金备用　　　　　　　　　B. 购买材料预付定金

    C. 购买材料未付款　　　　　　　D. 以存款支付前欠某单位账款

    E. 将现金存入银行

 5. 记账凭证按其反映的经济内容的关系有（　　　）。

    A. 借项凭证　　　　B. 收款凭证　　　C. 付款凭证　　　　D. 通用凭证

    E. 转账凭证

 6. 下列凭证中,属于原始凭证的有（　　　）。

    A. 提货单　　　　　　　　　　　B. 产品成本计算单

    C. 购货发票　　　　　　　　　　D. 发出材料汇总表

    E. 有应借应贷科目的自制原始凭证

 7. 会计凭证按用途和填制程序分为（　　　）。

    A. 原始凭证　　　　B. 累计凭证　　　C. 记账凭证　　　　D. 转账凭证

    E. 单式记账凭证

 8. 发料凭证汇总表分别有（　　　）。

    A. 原始凭证　　　　B. 汇总凭证　　　C. 一次凭证　　　　D. 自制凭证

    E. 记账凭证

 9. 下列各项中,属于一次凭证的原始凭证有（　　　）。

    A. 领料单　　　　　B. 限额领料单　　C. 收料单　　　　D. 销货发票

    E. 材料入库单

10. 各种原始凭证必须具备的基本要素包括（　　　）

    A. 经济业务的内容　　　　　　　B. 应借、应贷的会计科目名称

    C. 有关人员的签章　　　　　　　D. 填制单位签章

    E. 凭证所附原始凭证的张数

三、判断题

 1. 所有的会计凭证都是登记账簿的依据。　　　　　　　　　　　　（　　）

 2. 从银行提取现金时,应编制现金收款凭证。　　　　　　　　　　（　　）

 3. 单式记账凭证是依据单式记账法填制的。　　　　　　　　　　　（　　）

 4. 记账凭证的依据只能是原始凭证。　　　　　　　　　　　　　　（　　）

 5. 填制和审核会计凭证是会计核算和监督单位经济活动的起点。　　（　　）

 6. 记账凭证按其所反映的经济内容不同,可以分为原始凭证、汇总凭证和累计凭证。

                                           （　　）

7. 转账凭证是用于不涉及现金和银行存款收付业务的其他转账业务所用的记账凭证。　　　　　　　　　　　　　　　　　　　　　　（　　）

8. 记账凭证必须附有原始凭证,并注明所附原始凭证的张数,以便核对。　　（　　）

9. 会计凭证在登账后,要进行整理装订,归档两年后可销毁。　　　　　　（　　）

10. 科目汇总表是累计凭证。　　　　　　　　　　　　　　　　　　　　　（　　）

四、实务题

1. 目的:熟悉与掌握记账凭证和记账凭证汇总表的编制

资料:宏达工厂某年 3 月发生了下列业务:

(1) 3 月 1 日,国家投资新机器一台,原价 32 000 元。

(2) 3 月 3 日,归还流动资金借款 20 000 元。

(3) 3 月 5 日,采购材料一批,价款 19 000 元,运费 800 元,装卸费 200 元。均以银行存款支付。

(4) 3 月 9 日,根据发出材料汇总表分配材料费用,其中:产品耗用 18 000 元,车间一般耗用 1 000 元,厂部一般耗用 1 000 元。

(5) 3 月 13 日,从银行提取现金 10 000 元。

(6) 3 月 16 日,用现金 390 元购买办公用品,当即交厂部职能科室使用。

(7) 3 月 18 日,销售产品一批价款 50 000 元,款项收到存入银行。

(8) 3 月 20 日,车间领用材料 60 000 元,用于产品的生产。

(9) 3 月 25 日,以银行存款支付水电费 600 元。

(10) 3 月 28 日,收到长城公司偿还前欠货款 16 000 元,存入银行。

要求:

(1) 编制记账凭证时一般附有哪些原始凭证?

(2) 编制上述业务的记账凭证。

(3) 编制记账凭证汇总表。

2. 目的:掌握专用记账凭证的编制。

资料:光华商场 2013 年 4 月发生如下经济业务:

(1) 2 日,收到丽华公司投入的银行存款 150 000 元,作为对本企业的投资(原始凭证 3 张)。

(2) 9 日,开出现金支票提取现金 2 000 元,以备日常开支(原始凭证 1 张)。

(3) 12 日,采购员黎明预借差旅费 800 元,以现金付讫(原始凭证 1 张)。

(4) 14 日,向惠佳公司购进 A 商品一批,买价 50 000 元,增值税税额 8 500 元,商品已验收入库,货款未付(原始凭证 2 张)。

5. 18 日,采购员黎明报销差旅费 650 元,余额返纳(原始凭证 8 张)。

要求:根据上述经济业务,编制以下专用记账凭证。

(1)

收款凭证

借方科目：   年 月 日   收字第 号

摘 要	贷方科目	明细科目	账页	金 额							
				十	万	千	百	十	元	角	分
合 计											

财务主管：   记账：   审核：   制单：

(2)

付款凭证

贷方科目：   年 月 日   付字第 号

摘 要	借方科目	明细科目	账页	金 额							
				十	万	千	百	十	元	角	分
合 计											

财务主管：   记账：   审核：   制单：

(3)

付款凭证

贷方科目：   年 月 日   付字第 号

摘 要	借方科目	明细科目	账页	金 额							
				十	万	千	百	十	元	角	分
合 计											

财财务主管：   记账：   审核：   制单：

附单据 张

(4)

转账凭证

年　月　日　　　　　　　　转字第　号

摘要	借方科目		贷方科目		金　额								记账	附单据张
	总账科目	明细科目	总账科目	明细科目	十	万	千	百	十	元	角	分		

财务主管：　　　　记账：　　　　　审核：　　　　　制单：

(5)

转账凭证

年　月　日　　　　　　　　转字第　号

摘要	借方科目		贷方科目		金　额								记账	附单据张
	总账科目	明细科目	总账科目	明细科目	十	万	千	百	十	元	角	分		

财务主管：　　　　记账：　　　　　审核：　　　　　制单：

(6)

收款凭证

借方科目：　　　　　　　　年　月　日　　　　　　收字第　号

摘　要	贷方科目	明细科目	账页	金　额								附单据张
				十	万	千	百	十	元	角	分	
合　计												

财务主管：　　　　记账：　　　　　审核：　　　　　制单：

五、思考题

　　1. 填制和审核会计凭证有什么重要意义？

　　2. 会计凭证有哪些种类？

　　3. 原始凭证包括哪些基本内容？如何填制和审核原始凭证？

　　4. 记账凭证包括哪些基本内容？如何填制和审核记账凭证？

　　5. 填制会计凭证应遵循哪些基本要求？

　　6. 涉及现金、银行存款之间的收支业务，应填制什么记账凭证，为什么？

　　7. 审核会计凭证主要应从哪些方面着手进行？

第五章　会计账簿

【学习目标和要求】

1. 了解会计账簿的意义；
2. 了解会计账簿的登记和使用规则；
3. 掌握各种账簿的设置与登记；
4. 掌握错账更正的方法；
5. 掌握对账与结账的方法。

第一节　会计账簿概述

一、会计账簿的定义

会计账簿是按照会计科目开设账户、账页，用来序时地、分类地记录和反映各项经济业务的会计簿籍。账簿是以会计凭证为登记依据，由一定格式并相互联系的账页所组成的，对单位的全部经济业务进行全面、分类、系统、序时地登记和反映的簿籍。账簿也称会计账册，是记录会计核算过程和结果的载体。适用《中华人民共和国会计法》的各单位都必须设置会计账簿，这既是国家法律的强制性规定，也是每个单位加强经济管理的客观要求。一般不存在没有账簿的会计。

在会计核算中，对每一项经济业务，通过取得和填制会计凭证，可以反映和监督经济业务的发生和完成情况。但是，每张会计凭证只分散地反映某项个别经济业务的内容，要了解经济业务的全部情况，需要翻阅所有的会计凭证。所以，会计凭证对经济业务的反映只是零星的，不能连续、系统、全面地反映和监督一个单位在一定时期内所有经济业务的变化情况。为了获得系统的全面的核算资料，在会计核算中，需要采用专门的核算方法——设置和登记账簿，把会计凭证提供的大量的分散的核算资料加以整理，连续地、序时地、分类地登记到有关账簿中去。

账簿与账户既有区别，又有联系。账户是在账簿中按规定的会计科目开设户头,用来反映某一个会计科目所要核算的内容。账簿是以簿籍为其外表形式,以账户记录为其内容,可以归类反映各项经济业务,提供总括的和明细的核算资料,是记录经济业务的载体。

二、设置和登记会计账簿的意义

设置和登记账簿,是对会计凭证进行加工整理的一种专门方法,在经济管理中具有重要的作用,概括起来,其重要意义主要体现在以下几点。

（一）设置和登记账簿可以提供较全面、系统的会计信息

通过设置和登记账簿,可以为经营管理提供比较系统、完整的会计核算资料。会计凭证也可以提供会计信息,但会计凭证只能零散地记录和反映个别经济业务,不能全面、系统地反映经济业务的完成情况,只有通过账簿的设置与登记,才能把会计凭证所提供的大量核算资料,归类到各种账簿中,提供总括指标和详细指标,并进行序时记录和反映。通过账簿的设置与登记,可以正确地反映各项会计信息的具体情况,提供经营管理所必需的会计信息。

（二）设置和登记账簿是各期编制会计报表的主要资料依据

企业的会计报表能够反映企业的财务状况、经营成果和现金流量,其中大部分项目和数据来源于账簿的记录,账簿的设置和记录质量直接影响企业会计报表的真实性与及时性。

（三）确保财产物资的安全完整及各项资金的合理使用

通过设置和登记账簿,可以连续反映各项财产物资的增减变动及其结存情况,并借助于财产清查、账目核对等方法,反映财产物资的具体情况,发现问题,及时解决,可以起到控制作用,以保证财产物资的安全完整,合理使用各项资金。

（四）提供会计分析的参考资料,为会计检查提供依据

通过设置和登记账簿,提供各项会计核算资料,并利用这些资料进行会计分析,以便改善经营管理,同时参照会计核算资料进行会计检查,实施会计监督,能够对资金使用是否合理,费用开支是否符合标准,经济效益有无提高,利润的形成和分配是否符合规定等作出分析、评价,从而找出差距,挖掘潜力,提出改进措施。

三、设置会计账簿的原则

设置账簿是会计工作得以开展的基础环节,任何一个企业、单位,应该根据会计制度、管理要求和其生产规模、业务活动的特点、具体条件和实际需要设置账簿。

（1）设置账簿应符合会计制度的有关规定,使会计核算合规、合法。

（2）设置账簿能保证全面、系统地反映和监督企业的经济活动情况，为经营管理提供系统、分类的核算资料。

（3）设置账簿要在满足经营管理需要的前提下，尽可能地节约人力和物力，避免繁琐复杂和重复设置。

设置账簿会增加成本费用且需要具备必要的人力资源，应在满足管理需要的前提下，考虑到企业财务人员的数量和素质，设置的账簿应力求简便、实用、科学、系统，避免重复设账，减少重复登账、对账和结账等的工作量。

四、会计账簿的种类

由于各企业的具体要求不同，所设置和运用的账簿也多种多样。为了便于人们正确地了解、掌握和使用账簿，需要将账簿进行分类。

（一）账簿按其用途分类

账簿按其用途分类，可分为序时账簿、分类账簿和备查账簿。

1. 序时账簿

序时账簿又称日记账，它是按经济业务发生时间的先后顺序逐日逐笔地进行登记的账簿。序时账簿能够详细反映和监督全部资金的增减变化情况，从而有利于经常地进行全部经济业务的账证和账账的核对，确保会计记录的完整性和正确性。

序时账簿有两种：①普通日记账，是用来登记全部经济业务的；由于登记普通日记账要花费大量的时间和精力，而且查阅也不方便，以后逐渐被各种特种日记账所代替。②特种日记账，是用来登记某一类经济业务的。实际工作中应用比较广泛的是特种日记账，如"现金日记账"和"银行存款日记账"，对涉及现金和银行存款的收付业务，都需要序时进行登记，以反映出单位货币资金的变化情况。在会计实务中，为了简化记账的手续，除了现金和银行存款收付要记入现金日记账和银行存款日记账以外，其他各项目一般不再设置特种日记账进行登记。

2. 分类账簿

分类账簿是对各项经济业务按照账户进行分类登记的账簿，简称分类账。按账簿所反映经济业务内容详细程度不同，分为总分类账（简称总账）和明细分类账（简称明细账）。

（1）总分类账。总分类账简称总账，是按照规定的一级科目开设的账户，用以全面地、连续地记录和反映全部经济业务的账簿。总分类账可以提供经济活动和财务收支的全面情况，统驭明细分类账户，为编制会计报表提供主要依据，因此，所有单位都必须设置总分类账户。

（2）明细分类账。明细分类账简称明细账，通常是根据总账科目设置，按所属二级科目或明细科目开设账户,用以分类登记某一类经济业务,提供明细核算资料的账户。明细分类账可以提供经济活动和财务收支的详细情况,加强财产物资的管理,监督往来账项的结算,为编制会计报表提供必要的资料。

如果企业规模较小,经济业务涉及的会计科目不多,可以把序时账簿和分类账簿结合在一本账簿中进行登记,这种账簿称为联合账簿。如日记总账就是其中典型的一种。

3. 备查账簿

备查账簿是指对某些在序时账簿和分类账簿中未能记载或记载不全的经济业务,进行补充登记的辅助性账簿。备查簿可以为经营管理提供必要的参考资料。如租入包装物、代管商品物资、委托加工材料以及某些财产等就需要在备查账簿登记。随着经济的不断发展和经营管理要求的不断提高,这种账簿运用的范围将不断扩大,在提供经营管理的信息数据方面起着重要的作用,形成账簿体系中的重要组成部分。设置和登记备查账簿,有利于加强企业对于使用和保管他人财产物资的监督。备查账簿不直接受总账控制,没有固定的格式,可以根据实际需要灵活设计。

(二) 账簿按其外表形式分类

1. 订本式账簿

订本式账簿是指在使用前就把编有顺序号的若干账页固定装订成册的账簿。应用订本式账簿,能够避免账页散失和防止抽换账页,更好地起到统驭和控制作用。但是,由于账页是固定的,不能增减,所以如果账页不够,就会影响账簿记录的连续性,不便查阅;若账页过多,又会造成浪费;此外,由于是装订在一起的固定账簿,在同一时间内,只能由一人登记,又不便于记账工作的分工进行。因此,在会计工作中,只要求带有统驭性和比较重要的总分类账、现金日记账和银行存款日记账采用订本式账簿。

2. 活页式账簿

活页式账簿是指在账簿启用之前,账页不固定装订在一起,而是根据核算和管理需要,将单张账页随时加入账夹或从账夹中抽出的一种账簿。它是把若干具有专门格式的零散账页,根据业务需要,自行组合成的账簿。应用活页式账簿,可以根据实际需要,随时将空白账页加入或抽出账簿,避免了账页的浪费,同时也便于在同一时间里,由多人分工登账。但活页式账簿中的账页也容易散失和被任意抽换。为此,空白账页在使用之前必须顺序编号,并由主管人员在账页上加盖章印,然后装置在账夹内。在更换新账后,要装订成册或予以封扎,并妥善保管。在实际工作中,对总分类账起到补充说明作用的各种明细分类账都采用的是活页式账簿。

3. 卡片式账簿

卡片式账簿是指由若干具有专门格式的零散的硬纸卡片排列在卡片箱中所组成的账簿。根据某些核算和管理的特殊需要,在卡片的正反两面设计必要的栏次,反映各种指标和内容的一种账簿。它实际上也是一种活页账,因此,卡片账的优缺点与活页账的优缺点基本相同,只是这种卡片式账簿反映的内容更加具体详细,且可以跨年度长期使用,无需更换账页,便于分类汇总和根据管理的需要转移账卡。在实际工作中,固定资产、材料、低值易耗品等内容比较复杂的财产明细账一般采用卡片式账簿。

(三)账簿按账页格式分类

账簿按账页格式不同分为三栏式账簿、多栏式账簿、数量金额式账簿。

1. 三栏式账簿

三栏式账簿由三栏式账页组成。三栏式账页一般采用"借方"、"贷方"、"余额"三栏为基本结构,用以反映某项资金的增减和结余情况。三栏式账页适合于只需要进行金额核算的经济业务。总分类账、日记账以及资本、债权、债务明细账一般采用三栏式账页。三栏式账页格式如表5-1所示。

表5-1

总分类账

会计科目:　　　　　　　　　　　　　　　　　　　　　　　第　　页

日期	凭证字号	摘要	借方	贷方	借或贷	余额

2. 多栏式账簿

多栏式账簿是由多栏式账页组成。多栏式账页一般采用"借方"、"贷方"、"余额"三栏为基本结构,但会根据所反映经济业务的特点和要求在"借方"或"贷方"栏目下再分设若干专栏,以详细记载某一小类经济业务的情况。多栏式账页一般适用于需要进行分项目具体核算的经济业务。如收入、费用明细账一般采用多栏式账页。

费用明细账一般按借方设多栏,若需冲减有关费用的事项,可以在明细账中以红字在借方登记,会计期末将借方净发生额从贷方结转到"本年利润"或其他账户。如"制造费用明细账"(见表5-2),它在借方栏下,可分设若干专栏,如工资和福利费、折旧费、修理费、办公费等,本科目月末应无余额。

表5-2

制造费用明细账

明细科目:制造费用   第 页

年		凭证		摘要	借方(项目)						贷方	余额
月	日	字	号		工资和福利费	折旧费	修理费	办公费	水电费	合计		

收入明细账一般按贷方设多栏,需要冲减有关收入的事项,可以在明细账中以红字在贷方登记。会计期末将贷方净发生额从借方结转到"本年利润"账户。多栏式收入明细账的一般格式如表5-3所示。

表5-3

收入明细账

明细科目: 第 页

年		凭证		摘要	借方	借方(项目)			余额
月	日	字	号					合计	

利润明细账一般按借方和贷方分设多栏,即按利润构成项目设多栏记录,多栏式利润(或利润分配)明细账的一般格式如表5-4所示。

表 5 - 4

利润明细账

明细科目：　　　　　　　　　　　　　　　　　　　　　　　　　　　第　　页

年		凭证		摘要	借方(项目)		贷方(项目)		借或贷	余额
月	日	字	号			合计		合计		

3. 数量金额式账簿

数量金额式账簿由数量金额式账页组成。同样也采用"借方"、"贷方"、"余额"三栏为基本结构,但在每栏下面会再分设"数量"、"单价"、"金额"三小栏,以具体反映财产物资的实物数量和价值。数量金额式账页适用于既需进行金额核算又需进行数量核算的财产物资的明细账。如原材料、库存商品明细账就采用数量金额式账页格式。数量金额式账页格式如表 5 - 5 所示。

表 5 - 5

数量金额式账页

会计科目：　　　　　　　　　　　　　　　　　　　　　　　　　　　第　　页

年		凭证		摘要	收入			发出			结存		
月	日	字	号		数量	单价	金额	数量	单价	金额	数量	单价	金额

第二节　会计账簿的设置与登记

账簿的设置是指各会计主体应该设置的账簿的种类、格式、各种账簿的基本内容以及规定账簿登记的方法等。在实际会计工作中,各会计主体一般需要设置的账簿无非两种,日记账和分类账。尽管日记账簿和分类账簿所记录的经济内容不同,账簿的格式又多种多样,不同账簿格式所包括的具体内容也不尽一致,但各种账簿应具备一些基本要素。

一、会计账簿的基本要素

虽然账簿所记录的经济业务不同,账簿格式可以多种多样,但各种主要账簿都应具备以下基本内容。

（一）封面

每本账簿都应在它的封面上标明账簿名称和记账单位名称,如现金日记账、银行存款日记账、总分类账、库存材料明细账、固定资产明细账等。

（二）扉页

账簿的扉页即账簿的首页。在每本账簿的首页,应设置"账簿启用和经管人员一览表",表内载明单位名称、账簿启用日期和截止日期、账簿册数、账簿共计页数（如为活页账应在装订成册后记明页数）、经营账簿人员一览表和签章,会计主管签章、账户目录等。经营账簿人员一览表如表5-6所示,账户目录的格式和内容如表5-7所示。

表5-6

账簿启用和经营人员一览表

账簿名称：_____　　单位名称：_____

账簿编号：_____　　账簿册数：_____

账簿页数：_____　　启用日期：_____

会计主管（签章）

移交日期			移交人		接管日期			接管人		会计主管	
年	月	日	姓名	盖章	年	月	日	姓名	盖章	姓名	盖章

表5-7

账户目录（科目索引）

页数	科目	页数	科目	页数	科目	页数	科目

账户目录是由记账人员在账簿中开设账页户头后,按顺序将每个账户的名称和页数登记的,便于查阅账簿中登记的内容。如果是活页账簿,在账簿启用时无法确定页数,可先将账户名称填写好,待年终装订归档时,再填写页数。

（三）账页

账页是构成账簿的主要部分,用来记录经济业务。账页格式因反映经济业务内容的不同而有所不同,但基本内容应包括:

（1）账户的名称（总账科目、二级或明细科目）。

（2）登账日期栏。

（3）凭证种类和编号栏。

（4）摘要栏（记录经济业务内容的简要说明）。

（5）金额栏（通过借、贷方金额及余额的方向,记录经济业务的增减变动）。

（6）总页次和分户页次。

由于账簿所记录的经济业务不同,其结构和登记方法也各异,下面介绍有关序时账簿和分类账簿的结构与登记方法。

二、日记账的设置与登记

（一）普通日记账的设置与登记

普通日记账是用来登记全部经济业务的日记账,又称为分录簿。通常有两种格式:两栏式和多栏式。

1. 两栏式普通日记账

两栏式普通日记账一般采用"借方"、"贷方"两栏基本结构,不结余额,每日按经济业务先后顺序逐笔登记。其基本格式如表 5-8 所示。

表 5-8

普通日记账

199××年		摘要	账户名称	借方金额	贷方金额	过账
月	日					
6	1		库存现金	1 500		
		提取现金	银行存款		1 500	
	2		材料采购	5 000		
	……	购入材料	银行存款		5 000	
			……			

经济业务发生后,根据原始凭证或汇总原始凭证,登记普通日记账,将经济业务发生的时间登记在"日期栏"内;在"摘要栏"内填写经济业务内容;将应借应贷的会计科目记入"会计科目"栏内,先填写借方科目,后填写贷方科目;将应借金额记入"借方"栏内,将应贷金额记入"贷方"栏内。

2. 多栏式日记账

多栏式日记账是指为常用的会计科目专门设置金额栏予以登记,并把专栏内汇总的发生额,一次过入分类账。与两栏式日记账逐笔过入分类账相比,它节省了大量的过账工作。其格式如表 5 - 9 所示。

表 5 - 9

普通日记账

第　　页

日期	摘要	库存现金		银行存款		材料采购		营业收入		其他		
		借方	贷方	借方	贷方	借方	贷方	借方	贷方	会计科目	借方	贷方
6/1	提取现金	1 500			1 500							
6/2	购入材料				5 000	5 000						
6/2	领用材料									生产成本	2 500	
										材料		2 500
6/3	销售产品			10 000					10 000			
6/4	买办公品		50							管理费用	50	
	……											

根据多栏式普通日记账登记分类账的方法是:"其他栏"的分录要逐笔过账,与两栏式的过账方法相同。对于设有专栏的只需在月末计算合计数,将合计数一次过入总账。

普通日记账适合于规模小、业务简单的各单位采用。如果单位规模较大,业务多而复杂,使用一本日记账不便于记账人员的分工,而且过账的工作量较大。所以,这种日记账使用较少。

(二) 特种日记账的设置与登记

特种日记账是按照某一类经济业务发生的时间先后顺序,逐日逐笔登记该类经济业务发生情况的账簿。为了加强货币资金的监督与管理,各企业一般应设置库存现金日记账和银行存款日记账,有的企业还可以设置转账日记账。特种日记账账页格式有两种:三栏式和多栏式。

1. 三栏式日记账的设置和登记

(1) 库存现金日记账。出纳人员根据现金收、付款凭证和银行存款付款凭证,按经济业务发生的时间顺序,逐日逐笔进行登记,用来反映库存现金每日收入、支出和结存情况的账簿。现金的明细核算,是通过设置和登记现金日记账进行的。其基本格式如表 5 - 10 所示。

表 5 - 10

库存现金日记账(三栏式)

第　　页

年		凭证		摘要	对方科目	收入	付出	结余
月	日	种类	号数					
9	1			月初余额				200
	1	现付	1	付材料运费	材料采购		60	
	1	银付	1	提取现金	银行存款	11 200		
	1	现付	2	购办公用品	管理费用		30	
	1	现付	3	预借差旅费	其他应收款		80	
	1	现收	1	报销差旅费	其他应收款	120		
	1			本日合计		11 320	170	11 350
				……				

其登记方法:

日期栏:与记账凭证和现金实际收付日期一致。

凭证栏:收付款凭证的种类及编号,记账后,应在凭证上注明所登记账簿的页数,以便查对。

摘要栏:经济业务内容的简要的文字说明。

对方科目栏:每笔收、付款业务中与"库存现金"科目对应的会计科目。

金额栏:登记现金的收入数、支出数和当日余额。每日业务终了,分别计算本日现金收入和支出合计数,并结出当日余额,将账面余额与出纳员的库存现金核对,做到"日清",月末仍要计算本月现金收入和支出合计数,并结出当月余额,做到"月结"。

(2) 银行存款日记账。银行存款的明细核算是通过设置和登记银行存款日记账进行的,它是由出纳人员根据银行存款收、付款凭证和现金付款凭证,按经济业务发生的时间顺序,逐日逐笔进行登记,用来反映银行存款的增减变动及结果的账簿。银行存款日记账常用三栏式,其基本格式如表 5 - 11 所示。

表 5-11

银行存款日记账（三栏式）

年		凭证		摘要	结算凭证		对应科目	收入	支付	结余
月	日	种类	号数		种类	号数				
9	1			月初余额					11	45 000
	1	银付	1	提现金备发工资	转支	475	现金		200	33 800
	1	银付	2	支付购材料款	现支	512	材料采购		2 000	31 800
	1	银收	1	产品销售收入			产品销售收入	10 000		41 800
	1			本日合计				10 000	13 200	41 800
				……	……	……	……			
	30			本月合计				70 300	25 300	90 000

2. 多栏式日记账的设置与登记

在一些收付业务频繁发生的单位,可采用多栏式库存现金和银行存款日记账,这样不仅可以反映每一笔收付业务的来龙去脉,而且便于分析和汇总对应科目的发生额。同时,采用多栏式日记账核算程序的单位,直接根据库存现金、银行存款日记账将收付款业务登记到总账中,可以简化登记总账的手续。多栏式日记账是把收入栏和支出栏分别按对方科目设专栏进行登记。其格式如表 5-12 和表 5-13 所示。

表 5-12

库存现金（银行存款）收入日记账（多栏式）

年		收款凭证编号	摘要	收入（贷方科目）				支出合计	结余
月	日			银行存款	……	……	收入合计		

表 5-13

库存现金（银行存款）支出日记账（多栏式）

年		付款凭证编号	摘要	结算凭证		借　方　科　目				
月	日			种类	编号	管理费用	其他付款	……	……	支出合计

多栏式日记账的登记方法:根据审核无误的收付款凭证,逐日逐笔登记库存现金和银行存款收入日记账和支出日记账,每日应将支出日记账中当日支出合计数,转入收入日记账中当日支出合计栏内,并结出当日账面余额,做到日清

月结。

采用多栏式日记账核算程序的单位,多栏式日记账是登记总账的依据之一,在根据多栏式日记账登记总账时,可以有两种做法:

(1) 由出纳人员登记多栏式日记账,由会计人员对其进行检查和监督,并于月末由会计人员根据多栏式库存现金和银行存款日记账各专栏的合计数,分别登记总账的有关账户。

(2) 增设库存现金和银行存款出纳登记簿,用来逐笔反映库存现金收付情况和同银行核对款项,其登记由出纳人员根据审核无误的收付款凭证逐日逐笔登记。多栏式日记账由会计人员根据交来的收付款凭证进行登记,并于月末根据日记账登记总账。在这种情况下,出纳登记簿与多栏式日记账应相互核对,以起到加强内部牵制的作用。

三、总分类账的设置与登记

总分类账也称总账,是按总分类账户(一级科目)进行分类登记的账簿。总分类账能全面地、总括地反映和记录经济业务引起的资金运动和财务收支情况,并为编制会计报表提供数据。因此,每一单位都必须设置总分类账。总分类账可以按记账凭证逐笔进行登记,也可按记账凭证汇总表进行登记,还可按转账凭证汇总表和多栏式库存现金、银行存款日记账在月末时汇总登记。这根据企业采用的账务处理程序不同而定。

总分类账一般采用借方、贷方、余额三栏式的订本账(见表5-14)。根据实际需要,在总分类账中的借贷两栏内,也可增设对方科目栏(见表5-15),或采用多栏式总分类账的格式。多栏式总分类账是把所有的总账科目可并设在一张账页上,其格式如表5-16所示。

表5-14

总分类账(三栏式)

会计科目:应付账款

20××年		凭证		摘要	借方金额	贷方金额	借或贷	金额
月	日	种类	号数					
9	1			上年余额			贷	140 000
	4	现付	2	归还应付账款	55 000		贷	85 000
	13	转账	3	采购材料		30 000	贷	115 000
				……				
	31			本月发生额及余额	90 000	80 000	贷	130 000

表 5-15

总分类账(反映对方科目)

会计科目：

年		凭证		摘要	借方		贷方		借或贷	余额
月	日	种类	编号		金额	对方科目	金额	对方科目		

表 5-16

多栏式总分类账(日记总账)

年		凭证		摘要	发生额	科目		科目		……
月	日	字	号			借方	贷方	借方	贷方	
				月初余额						
				发生额						
				……						
				发生额合计						
				月末余额						

四、明细账的设置与登记

明细分类账也称明细账,是按明细分类账户(子目或细目)进行分类登记的账簿。明细分类账能分类详细地反映和记录资产、负债、所有者权益、费用、成本和收入、成果的各种资料。它也为编制会计报表提供一定的资料。

明细账可以根据原始凭证、原始凭证汇总表和记账凭证逐日逐笔进行登记,如表 5-17 所示。明细账的格式,应根据各单位经营业务的特点和管理需求来确定。常用的有:三栏式账页、多栏式账页和数量金额式等格式。

表 5-17

原材料明细账(数量金额式)

材料名称:甲材料　　　　　　　　计量单位:千克　　　　　　　　第×页

20××年		凭证		摘要	收入			发出			结存		
月	日	字	号		数量	单价	金额	数量	单价	金额	数量	单价	金额
12	1			月初余额							2 000	10	20 000
	2	领	5					500	10	5 000	1 500	10	15 000
	5	收	3	购入	400	10	4 000				1 900	10	19 000

五、总账与明细账的平行登记

根据经营管理的需要,在会计核算中,对某些要素项目既需要设置总分类账进行总括的核算,又需要设置明细分类账进行详细的核算。这样,总分类账与其所属的明细分类账之间有着密切的关系。两者的核算对象是相同的,登记的原始依据是相同的。只是反映经济内容的详细程度不同,总账提供总括的核算资料,其所属的明细账提供详细的核算资料。总账提供的核算资料是对明细账资料的综合,对所属的明细账起控制、统驭的作用;明细账的核算资料是对总账的详细补充的说明,起辅助作用。

由于总账与其所属明细账之间的这种关系,在设置和登记时,应采用平行登记的方法进行记录,以确保核算资料的准确、完整。所谓平行登记,是指经济业务发生后,根据会计凭证,既要在总账中进行记录,又要在明细账中进行记录。

具体地说,平行登记的方法如下:

(1) 登记的期间一致。经济业务发生后,必须在同一会计期间内记入总账和其所属的明细账(不设明细账的只登记总账)中,明细账是根据记账凭证及所附的原始凭证对经济业务逐笔登记,总账可能是根据记账凭证逐笔登记,也可能是根据记账凭证汇总后定期登记,尽管两者对同一笔业务的记账时间并不一定是同一时间点,但必须是在同一会计期间内完成。

(2) 反映增减变化的方向相同。一般情况下,在总账和所属明细账进行登记时,其记账方向(借方或贷方)应相同,即在总账记借方,在其所属明细账也记借方;反之亦然。

需要注意的是,有些总账所属的明细账采用多栏式明细账时,对于某些需要冲减的项目,只能用红字记入其相反的记账方向,因而与总账的记账方向不同。

【例5-1】 生产A产品领用材料期末有剩余材料2 000元,退库处理。这项业务的会计分录为:

借:原材料　　　　　　　　　　　　　　　　2 000
　贷:生产成本　　　　　　　　　　　　　　　　　2 000

在登记总账时,依据会计分录,将2 000元记入"生产成本"总账贷方。在登记生产成本明细账时,由于在借方设专栏登记各项成本的发生额,贷方登记月末完工产品成本的转出数额,如果有其他贷方发生额的发生,应以红字金额记入借方有关专栏予以冲减有关成本项目。其明细账的登记方法如表5-18所示。(注:□为红字)。

表 5-18

生产成本明细账

20××年		凭证		摘要	借方(成本项目)				贷方	余额
月	日	种类	编号		直接材料	直接人工	制造费用	合计		
3	1			上月结转	6 000	2 000	3 000	11 000	11 000	
	1	转账	3	领用材料	2 000			20 000		31 000
	31	转账	5	分配工资		10 000		10 000		41 000
	31	转账	6	结转制造费用			15 000	15 000		56 000
	31	转账	8	剩余材料退库	2 000			2 000		54 000

〖例 5-1〗中总账与其所属明细账的记账方向尽管不同,但所反映的成本增减变化的方向却是相同的。

3. 登记的金额相等

即记入总账的金额应与记入该总账所属各明细账的金额之和必须相等。期末结账后,根据总账与明细账的关系,将总账与其所属明细账进行核对,保证账账相符。这种核对可以通过编制"总账与明细账发生额及余额对照表"来进行,总账的期初余额、本期发生额以及期末余额,应当分别与其所属明细账的期初余额、本期发生额以及期末余额之和核对相符。

【例 5-2】 某工厂×年 6 月初"原材料"账户的明细余额如下:

A 材料　1 000 吨　　　每吨 180.00 元　　　计 180 000 元
B 材料　10 000 千克　　每千克 5.20 元　　　计 52 000 元
　　　　　　　　　　合计　　　　　　232 000 元

该厂 6 月初"应付账款"账户的明细余额如下:

　　　光华公司　　　　15 000
　　　振兴公司　　　　10 000

　　合计　　　　25 000

6 月份发生下列材料收发和结算业务:

(1) 外购材料验收入库,价值 38 800 元,货款未付。该批材料由下列各项明细资料组成:

供货单位	材料名称	数量	单价	金额
光华公司	A 材料	100 砘	180.00 元	18 000 元
振兴公司	B 材料	4 000 千克	5.20 元	20 800 元
			合计	38 800 元

借：原材料——A材料　　　　　　　　　　　　　　　　　18 000
　　　　——B材料　　　　　　　　　　　　　　　　　20 800
　　贷：应付账款——光华公司　　　　　　　　　　　　18 000
　　　　　　——振兴公司　　　　　　　　　　　　　　20 800

（2）从仓库发出下列材料用于生产，价值80 000元。

材料名称	数量	单价	金额
A材料	300 吨	180.00 元	54 000 元
B材料	5 000 千克	5.20 元	26 000 元
		合计	80 000 元

借：生产成本　　　　　　　　　　　　　　　　　　　　80 000
　　贷：原材料——A材料　　　　　　　　　　　　　　54 000
　　　　　　——B材料　　　　　　　　　　　　　　　26 000

（3）以银行存款偿付下列名供货单位货款。

光华公司	16 000	
振兴公司	15 600	
合计	31 600	

借：应付账款——光华公司　　　　　　　　　　　　　　16 000
　　　　　　——振兴公司　　　　　　　　　　　　　　15 600
　　贷：银行存款　　　　　　　　　　　　　　　　　　31 600

以上述材料为例，说明"原材料"和"应付账款"总账及其所属的明细账的平行登记，如表5-19至表5-25所示。

表5-19

总分类账

账户名称：原材料

20××年		凭证字号	摘要	借方	贷方	借或贷	余额
月	日						
6	略		月初余额			借	232 000
		(1)	外购材料入库	38 800		借	270 800
		(2)	生产领用材料		80 000	借	190 800
6	30		本月发生额及期末余额	38 800	80 000	借	190 800

表 5-20

材料明细账

材料名称:A 材料   单位:吨

日期	凭证	摘要	收入			发出			结存		
			数量	单价	金额	数量	单价	金额	数量	单价	金额
略		月初							1000	180.00	180 000
	(1)	入库	100	180.00	18 000				1100	180.00	198 000
	(2)	领用				300	180.00	54 000	800	180.00	144 000
		合计	100	180.00	18 000	300	180.00	54 000	800	180.00	144 000

表 5-21

材料明细账

材料名称:B 材料   单位:吨

日期	凭证	摘要	收入			发出			结存		
			数量	单价	金额	数量	单价	金额	数量	单价	金额
略		月初							10 000	5.20	52 000
	(1)	入库	4000	5.20	20 800				14 000	5.20	172 800
	(2)	领用				5 000	5.20	26 000	9 000	5.20	46 800
		合计	4000	5.20	20 800	5 000	5.20	26 000	9 000	5.20	46 800

表 5 - 22

总分类账

账户名称:应付账款

20××年		凭证字号	摘要	借方	贷方	借或贷	余额
月	日						
6	略		月初余额			货	25 000
		(1)	购入材料		38 800	货	63 800
		(3)	偿还货款	31 600		货	32 200
6	30		本月发生额及期末余额	31 600	38 800	货	32 200

表 5 - 23

应付账款明细账

账户名称:光华公司

20××年		凭证 字号	摘要	借方	贷方	借或贷	余额
月	日						
6	略		月初余额			货	15 000
		(1)	购入材料		18 000	货	33 000
		(3)	偿还货款	16 000		货	17 000
6	30		本月发生额及期末余额	16 000	18 000	货	17 000

表 5 - 24

应付账款明细账

账户名称:振兴公司

20××年		凭证 字号	摘要	借方	贷方	借或贷	余额
月	日						
6	略		月初余额			货	10 000
		(1)	购入材料		20 800	货	30800
		(3)	偿还货款	15 600		货	15200
6	30		本月发生额及期末余额	15 600	20 800	货	15 200

表 5 - 25

总账与明细账发生额及余额对照表

年　月　日

账户名称		月初余额		发生额		月末余额	
总账	明细账	借方	贷方	借方	贷方	借方	贷方
	A 材料	180 000		18 000	54 000	144 000	
	B 材料	52 000		20 800	26 000	46 800	
材料		232 000		38 800	80 000	190 800	
	光华公司		15 000	16 000	18 000		17 000
	振兴公司		10 000	15 600	20 800		15 200
应付账款			25 000	31 600	38 800		32 200

表 5-25 表明,明细账的期初余额合计、本期借贷方发生额合计和期末余额合计和有关总账的相应数额完全相等,这是设置总账和明细账并进行平行登记的结果。如果核对不符,应及时查明原因,予以更正。

第三节　　会计账簿的登记和使用规则

一、启用账簿的规则

账簿是重要的会计档案,为了确保账簿记录的合规和完整,明确记账责任和便于日后查对,在启用账簿时,应在账簿的扉页填制"账簿启用和经管人员一览表"(见表 5-6)和"账户目录表"(见表 5-7)。记账人员接管账簿应在一览表中登记并签章;调换记账人员时,应在经管人员一览表中注明交接日期和接办人员的姓名,接办人员应签章,同时,须由会计主管人员监交。表格内容填写完毕之后,应在扉页上贴印花税票,并划线注销,表明该账簿开启的合法性。

启用订本式账簿,对于未印制顺序号的账簿,应从第一页到最后一页顺序编定页数,不得跳页、缺号。使用活页式账页,应按账页顺序编号,并须定期装订成册。装订后再按实际使用的账页顺序编定页数,另加目录,记明每个账户的名称和页次。

二、登记账簿的规则

账簿作为重要的会计档案资料和会计信息的主要储存工具,必须按规定的方法,依据审核无误的记账凭证进行登记。进行账簿登记,一般应遵循下列几项原则:

(1)为了保证账簿记录的正确性,记账必须以审核无误的会计凭证为依据。记账时,应将记账凭证的日期、种类和编号,业务的内容摘要和金额等逐项记入账簿内,并做到数字准确、登记及时。记账后,要在记账凭证上签名或盖章,同时注明所记载账簿的页数,或打"√"号,表示已登记入账,以避免重记、漏记和错记。

(2)正确使用书写墨水,传达会计信息。由于账簿是一种长期保存的经济档案,为了保证账簿记录的清晰,便于日后查阅,记账要用蓝黑或黑色墨水书写,不能用圆珠笔(银行的复写账簿除外)或铅笔。红墨水仅限于在账簿中划线、更正、冲账和登记负数时使用。摘要内的文字力求简明扼要,金额、数量栏的数字要写得整齐、清晰。

(3)按账簿页次顺序连续登记,确保账簿记录的连续性。在总分类账和明细分类账中,应在账页上注明账户的名称,账户的名称不能任意简化,账页应按页次编号,并按顺序逐行逐页填写,不能隔页、跳行填写。如果发生隔页跳行时,不得随意涂改,应将空页、空行用红线对角划掉,在对角线交叉处填写"作废"字样,并由记账人员盖章。订本式账簿中的账页不准撕毁,活页式账簿也不得任意抽换账页。每张账页的第一行及最后一行一般不用于记账。每登满一张账页时,应加计本页发生额合计数。结出余额,填在账页的最末一行,并在摘要栏内注明"转次页"字样;同时,在下一页的首行摘要栏内注明"承前页"字样,并在首行金额栏内登入上一页最后一行结算的本期发生额合计及余额。

(4)登记账簿时应书写规范。记账的文字、数字必须书写整齐,清晰准确,账簿的数字记录,应靠紧底线书写,约占全行 2/3 左右的位置,以预留改错的空间;数字排列要均匀,阿拉伯数字的书写要规范。凡需要结出余额的账户,结出余额后,应在"借或贷"栏内填写"借"或"贷"等字样,以表示余额的方向。没有余额的账户,应在该栏内填写"平"字样,并在"余额"栏的"元"位上用"0"表示。库存现金日记账和银行存款日记账必须逐日结出余额。

记账可采用下列一些代用符号,如单价可用@表示、号码顺序可用"♯"表示、已记账或核对无误可用"√"表示、账户余额为零可用"0"或"平"表示等。

(5)账簿的记录应保持整洁。记账时要做到正确和清楚,如果记账发生错误,应按规定的方法进行更正,不得涂改、刮擦、挖补或用褪色药水改字迹。

三、更正错账规则

记账错误发生有两种情况:一是记账凭证有误,导致记账错误;二是记账凭证是正确的,而在记账时发生了错误。由于差错性质不同,发现的时间有先有后,所以采用的更正方法也不相同,通常有以下三种方法。

(一)划线更正法

在结账之前,如果发现账簿记录有错误,而记账凭证没有错误,即纯属登账时文字或数字上的错误,应采用划线更正法更正。具体做法是:先将错误文字或数字全部划一条红线予以注销(但不得只划线更正其中个别数字),并使原来的字迹仍可辨认,以备查考;然后,在划线的上方用蓝字或黑字将正确的文字或数字填写在同一行的上方位置,并在更正处由记账人员盖章,以明确责任。如凭证中的文字或数字发生错误,在尚未登账前,也可用这种方法更正。

【例 5-3】　记账员李明把 2 156.00 元误记为 2 165.00 元,更正如下:

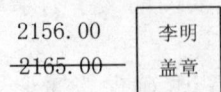

（二）红字更正法

红字更正法一般适用于下列两种情况：

（1）记账以后，发现记账凭证中应借应贷的科目有错误，或记账方向有错误，且记账凭证同账簿记录的情况相吻合，应采用红字更正法更正。更正的方法是：先用红字金额填制一张与原错误记账凭证内容完全相同的记账凭证，并据以用红字登记入账，冲销原有错误的账簿记录；然后，再用蓝字或黑字填制一张正确的记账凭证，注明"订正×年×月×日×号凭证"，据以用蓝字或黑字登记入账。

【例 5 - 4】 某工厂 10 月 15 日，以现金购买办公用品 50 元。

原记账凭证如下，并已入账。

借：制造费用   50
  贷：应付账款   50

发现错误时，先用红字金额填制一张与原来错误完全相同的记账凭证。

借：制造费用   50
  贷：应付账款   50

再用蓝字填写一张正确凭证。

借：管理费用   50
  贷：库存现金   50

以上有关凭证一并登记入账，账簿记录更正如表 5 - 26 所示。

表 5 - 26

借方	制造费用	贷方		借方	应付账款	贷方
（原记）	50				50	（原记）
（冲销）	50				50	（冲销）

借方	管理费用	贷方		借方	库存现金	贷方
50	更正				50	（更正）

（2）记账后发现记账凭证和账簿记录的金额大于应记金额。更正方法是：按照正确数字与错误数字的差额用红字金额填制一张记账凭证，据以登记入账，冲销多记的金额，并在账簿摘要栏内注明"注销 20××年×月×日×号凭证多记金额"。

【例 5-5】　10 月 5 日,购进材料 2 000 元,已验收入库,货款未付。原记账凭证如下,并已登记入账。

借:原材料　　　　　　　　　　　　　　　　　　　　　　　2 200
　　贷:应付账款　　　　　　　　　　　　　　　　　　　　　　　2 200

发现错误后,用红字金额填制下列记账凭证。

借:原材料　　　　　　　　　　　　　　　　　　　　　　 200

　　贷:应付账款　　　　　　　　　　　　　　　　　　　　　 200

账簿记录更正如表 5-27 所示。

表 5-27

借方	原材料	贷方	借方	应付账款	贷方
(原记)	2 200			2 200	(原记)
(冲销)	200			200	(冲销)

(三)补充登记法

记账后发现记账凭证和账簿记录的金额小于应记金额,采用补充登记法更正。更正方法是:将少记的金额用蓝字填制一张记账凭证,并登记入账,在账簿摘要栏内注明"补充 20××年×月×日×号凭证少记金额"。

【例 5-6】　10 月 10 日,车间领用生产用材料 8 100 元,原记账凭证如下,并已记账。

借:生产成本　　　　　　　　　　　　　　　　　　　　　　1 800
　　贷:原材料　　　　　　　　　　　　　　　　　　　　　　　1 800

发现错误后,用蓝字金额填制下列记账凭证。

借:生产成本　　　　　　　　　　　　　　　　　　　　　　6 300
　　贷:原材料　　　　　　　　　　　　　　　　　　　　　　　6 300

账簿记录更正如表 5-28 所示。

表 5-28

借方	生产成本	贷方	借方	原材料	贷方
(原记)	1 800			18 00	(原记)
(补记)	6 300			6 300	(补记)

四、账簿的更换与保管

（一）账簿的更换

账簿的更换即更换新账簿，是指在会计年度末，将上年旧账更换为下年新账。账簿的使用，一般是以一个会计年度为限。每一新的会计年度开始时，总分类账、库存现金日记账、银行存款日记账及绝大多数明细分类账都要更换，只有变动较小的一部分卡片式的明细账，如固定资产明细账可以继续使用，不必每年更换新账。

在更换账簿时，旧账簿中有关账户的年末余额要直接转入新账簿相应的账户中去，在新账簿中要注明各账户的年份，然后在第一行日期栏内写明 1 月 1 日，在摘要栏内注明"上年结转"或"年初余额"字样，再根据旧账簿各账户余额直接转入新账簿各账户"余额"栏内。在此基础上登记新年度所发生的会计事项。同时，在旧账簿中有关账户年终余额的"摘要"栏要注明"结转下年"字样。新旧账簿有关账户之间的转记余额，无须编制记账凭证。

建立新账时，要遵守账簿启用规则，总分类账应根据各账户经济业务的多少，合理估算各账户所需页数，并填写账户目录，然后据以设立账户。

（二）账簿的保管

会计账簿与会计凭证、会计报表一样，都是重要的经济档案与历史资料，所以必须妥善地加以保管，切不可任意销毁或丢失。账簿的保管包括年中正在记录账簿的保管（即平时保管）和旧账归案保管两部分内容。

年中正在记录的账簿要分工明确，指定专人管理，一般谁负责记账，谁就负责保管账簿的安全，未经单位负责人和会计部门负责人批准，非经管人员不得随意翻阅查看会计账簿，账簿不得携带外出，经批准可以携带外出的账簿，要指定专人负责保管，以保证账簿安全和防止任意涂改账簿等事件发生。

年度终了更换并启用新账以后，对旧账要整理装订，造册归档。装订旧账时，要清点整理旧账页，所有活页账应抽出账夹中空白账页，并按资产、负债和所有者权益的顺序排列装订，也可分别按资产、负债、所有者权益项目分类装订，还可以按个别账户装订，如"原材料"、"固定资产"、"管理费用"等。装订时应将账页整齐牢固地装订在一起，装订成册加具封面封底，编号归档，装订线上应加贴封签，加盖会计主管和装订人员印章。然后，连同订本账一并送交档案室，登记存档。

还应注意的是，所有账簿在装订、归档前，应检查账簿扉页的内容是否填列齐全，账簿启用和经管人员一览表以及账户目录是否附在账页前面。

会计账簿的保管期限，应遵循《会计档案管理办法》。企业单位的现金日记账、银行存款日记账保管期限为 25 年,各种明细账、总账、辅助账簿保管期限为 15 年,涉及外事和对私改造的会计账簿应永久保管。各种账簿在规定的保管期内,不得任意销毁。保管期满后,由本单位档案部门提出销毁意见,会同财务会计部门共同鉴定,严格审查,编造会计档案销毁清册,经有关部门批准后,方能销毁。各单位按规定销毁会计档案时,应由档案部门和财务会计部门共同派员监销。

第四节　对账与结账

一、对账的内容与方法

账簿记录必须如实地反映企业经济活动情况,簿记核算从取得原始凭证经过审核,填制记账凭证和登记账簿等程序,提供的资料应当是准确的。但在实际工作中,有时由于各种客观和主观人为因素造成各种差错和账实不符情况的产生。因此,有必要在结账前进行认真的对账工作,以保证账证、账账、账实相符,从而为期末编制会计报表提供真实、可靠、有用的信息。

(一)账证核对

账证核对是指将各种账簿记录与据以记账的会计凭证核对相符。日记账、明细分类账要与记账凭证或原始凭证逐笔核对,验证其内容、数量、金额、会计科目等是否两相符合,逐笔核对的工作量较大,可以采取抽查的方法进行核对。总分类账要与记账凭证或汇总记账凭证或科目汇总表相核对,验证总分类账与其记账依据的本期借方发生额和本期贷方发生额是否一致。

(二)账账核对

账账核对是指将各种账簿之间的有关数字相互核对相符。由于明细核算(明细账与日记账)和综合核算(总分类账)都是根据经济业务发生的同一凭证分别进行核算,其核算结果必然相同,因此,必须进行账账核对,保证账账相符。

(1)总分类账的核对。总分类账的核对,可以通过编制试算平衡表来进行。试算平衡的结果必然是:全部总账账户本期借方发生额合计等于本期贷方发生额合计;全部总账账户期初或期末借方余额合计等于贷方余额合计。如果试算平衡,基本上是正确的,否则,应查明原因,及时纠正。

(2)总分类账与所属明细分类账的核对。核对的方法是:通过编制总账与明细发生额及余额对照表,得出各明细账的期初或期末余额之和、本期借方发生额之和、本期贷方发生额之和应分别等于总账的期初或期末余额、本期借方发生额、本期贷方发生额。如有不符,再进一步查找差错原因。

（3）库存现金日记账和银行存款日记账分别与总分类账各该账户的核对。为了加强对货币资金的管理，对库存现金和银行存款的核算，既需要设置日记账由出纳人员逐日逐笔登记进行明细核算，又需要设置总分类账由会计人员进行总分类核算，从而起到相互牵制、加强监督的作用。所以，库存现金和银行存款日记账的余额应与总分类账各该账户余额核对相符。

（4）财产物资明细账与财产物资保管账（卡）的核对。为了确保财产物资的安全完整，将财会部门的有关财产物资的明细账的数量、金额、余额，直接与保管账（卡）的数量、金额、余额核对相符，如有不符，需进一步查明原因，明确责任。

（三）账实核对

账实核对是指将账簿记录与各项财产物资、货币资金以及往来款项的实有数核对相符。具体内容包括：

（1）库存现金日记账面余额与库存现金实有数每日核对相符。

（2）银行存款日记账面余额定期与银行对账单核对相符。

（3）各项财产物资明细分类账账面余额，定期与其实有数核对相符。

（4）各种应收款、应付款、银行借款等，定期与有关单位或个人核对相符。

以上账实核对一般是通过财产清查的方法进行。

二、结账的内容和方法

结账，就是按照规定把一定时期（月份、季度、年度）内所发生的经济业务登记入账，并将各种账簿结算清楚，以便进一步根据账簿记录编制会计报表。结账工作通常在月末、季末或年末进行。

（一）结账前的准备工作

（1）将本期内所发生的经济业务全部记入有关账簿，既不能提前结账，也不能将本期发生的业务延至下期登账，并且仔细检查本期的记账工作，如有错误，应按规定的方法更正或补记。

（2）按照权责发生制原则调整有关账项。本期内所有的调整账项，应编成记账凭证记入有关账簿，以调整账簿记录，从而合理计算本期应计收入和费用。例如，待摊费用应按规定的比例摊配于本期产品成本和期间费用；预提费用应按规定的标准预先提取计入本期产品成本和期间费用，财产物资通过清查盘点而发现的盘盈盘亏，也应按有关规定登记入账，等等。

（3）结转有关成本的账项。例如，期末"制造费用"应结转至"生产成本"；本期完工产品应由"生产成本"结转至"库存商品"；本期已销产品应由"库存商品"结转至"主营业务成本"。

（4）检查应由本期清偿的债权、债务是否已办妥清偿手续。例如，已记入

"应交税费"账户的欠税,应及时上交;月终催收各项应收款项等。

(5) 将损益类科目转入"本年利润",结出本期损益。

(6) 计算、登记本期发生额和期末余额。在本期全部经济业务登记入账的基础上,应当结算库存现金日记账、银行存款日记账以及总分类账和各明细分类账各账户的本期发生额和期末余额。

(二) 结账的方法

结账时,应当结出每个账户的期末余额。需要结出当月发生额的,应当在摘要栏内注明"本月合计"字样,并在下面通栏划单红线。需要结出本年累计发生额的,应当在摘要栏内注明"本年累计"字样,并在下面通栏划单红线;12月末的"本年累计"就是全年累计发生额。全年累计发生额下面应当通栏划双红线。年度终了结账时,所有总账账户都应当结出全年发生额和年末余额。

年度终了,要把各账户的余额结转到下一会计年度,并在摘要栏注明"结转下年"字样;在下一会计年度新建有关会计账簿的第一行余额栏内填写上年结转的余额,并在摘要栏注明"上年结转"字样。

结账时,应根据不同的账户记录,采用的方法不同:

(1) 对不需要按月结计本期发生额的账户,如各应收应付款项明细账和财产物资明细账等,这类明细账,每次记账后,都要随时结出余额,每月最后一笔余额即为月末余额。也就是说,月末余额就是本月最后一笔经济业务记录的同一行内的余额,月末结账时,只需在最后一笔经济业务记录下面划一通栏单红线,不需要再结计一次余额。划线的目的,是为了突出有关数字,表示本期的会计记录已经截止,并将本期与下期的记录分开。

(2) 库存现金(银行存款)日记账及需要按月结计发生额的收入、费用明细账,每月结账时,需要在最后一笔经济业务记录下面划一通栏单红线,结计出本月发生额和余额,在摘要栏内注明"本月合计"字样,在"本月合计"下面再划一条通栏单红线。

(3) 需要结计本年累计发生额的某些明细账户,每月结账时,应在"本月合计"行下结出自年初起至本月末止的累计数额,登记在月份发生额下面,在"摘要栏"内注明"本年累计"字样,并在下面再划通栏单红线。12月末的"本年累计"就是全年累计发生额,全年累计发生额下面划通栏双红线。

(4) 总账账户每月结账时只需结计月末余额,不需要结计本月发生额。年末结账时,应结计全年发生额和年末余额,在摘要栏内注明"本年合计"字样,并在合计数下划双红线。

年终结账后,有余额的账户的余额,应直接记入新账余额栏内,不需要编制记账凭证,也不需要将余额再记入本年账户的借方或贷方,在新账摘要栏内注明

"上年结转"字样。

练 习 题

一、单项选择题

1. 登记序时账簿的方式是按经济业务发生时间的先后顺序进行（　　）。
   A. 逐日汇总登记　　　　　　　　　　B. 逐日逐笔登记
   C. 逐笔定期登记　　　　　　　　　　D. 定期汇总登记

2. 序时账簿按其登记内容的不同分为（　　）。
   A. 普通日记账和特种日记账　　　　　B. 银行存款日记账和现金日记账
   C. 普通日记账和日记总账　　　　　　D. 三栏式日记账和多栏式日记账

3. "生产成本"、"制造费用"明细分类账户，一般使用的账簿格式是（　　）。
   A. 多栏式账簿　　　　　　　　　　　B. 数量金额式账簿
   C. 横线登记式账簿　　　　　　　　　D. 三栏式账簿

4. 明细账从账簿的外表上看一般采用（　　）。
   A. 订本式　　　　B. 活页式　　　　C. 卡片式　　　　　D. 多栏式

5. 在结账以前，如发现账簿记录有文字或数字错误，而记账凭证无错，可采用的更正方法是（　　）。
   A. 划线更正法　　B. 红字更正法　　C. 补充登记法　　　D. 转账更正法

6. 银行存款日记账的借方除了根据银行存款收款凭证登记外，有时还要根据（　　）登记。
   A. 银行存款付款凭证　　　　　　　　B. 现金收款凭证
   C. 现金付款凭证　　　　　　　　　　D. 转账凭证

7. 不可以采用三栏式账页的是（　　）。
   A. 总账　　　　　　　　　　　　　　B. 应付账款明细账
   C. 现金日记账　　　　　　　　　　　D. 原材料明细账

8. 下列各项中，可以采取数量金额式的是（　　）。
   A. 生产成本明细账　　　　　　　　　B. 库存商品明细账
   C. 物资采购明细账　　　　　　　　　D. 主营业务成本明细账

9. 必须逐日逐笔登记的账簿是（　　）。
   A. 明细账　　　　B. 总账　　　　C. 日记账　　　　　D. 备查账

10. 记账凭证上记账栏中的"√"记号表示（　　）。
    A. 已经登记入账　　　　　　　　　　B. 不需登记入账
    C. 此凭证作废　　　　　　　　　　　D. 此凭证编制正确

11. 用于分类记录单位的全部交易或事项，提供总括核算资料的账簿是（　　）。
    A. 总分类账　　B. 明细分类账　　C. 日记账　　　　D. 备查账

12. 下列账簿中，按规定不准使用活页账簿的是（　　）。

    A. 生产成本明细账　　　　　　　　B. 长期股权投资明细账

    C. 现金日记账　　　　　　　　　　D. 其他应收账款明细账

13. 应付账款明细账的格式一般采用(　　)。

    A. 数量金额式　B. 日记账　　　C. 三栏式　　　　　　D. 多栏式

14. 下列事项中,属于账实核对的是(　　)。

    A. 原始凭证和记账凭证的核对　　　B. 总分类账和明细分类账的核对

    C. 会计报表和会计账簿的核对　　　D. 银行存款日记账与银行对账单的核对

15. 实际工作中使用的现金日记账、银行存款日记账属于(　　)。

    A. 特种日记账　B. 普通日记账　　C. 专栏日记账　　　D. 分录簿

二、多项选择题

1. 多栏式明细账,适用于(　　)。

    A. 材料采购明细分类核算　　　　　B. 产成品明细分类核算

    C. 营业外支出明细分类核算　　　　D. 营业收入明细分类核算

    E. 生产成本明细分类核算

2. 在会计实务中,下列账簿中,通常采用订本式的有(　　)。

    A. 总分类账　　　　　　　　　　　B. 明细分类账

    C. 现金日记账　　　　　　　　　　D. 银行存款日记账

    E. 带有统驭性比较重要的账簿

3. 账簿按其外表形式可以分为(　　)。

    A. 总分类账　　B. 明细分类账　　C. 订本式　　　　　　D. 活页式

    E. 卡片式

4. 账簿平行登记的要求有(　　)。

    A. 平行登记的金额必须相等　　　　B. 平行登记的记账方向必须相同

    C. 平行登记的原始依据必须一致　　D. 平行登记的期间必须一致

    E. 平行登记的格式必须一致

5. 下列账簿中,可选用活页式的有(　　)。

    A. 银行存款总账　　　　　　　　　B. 固定资产总账

    C. 材料采购明细账　　　　　　　　D. 应收账款明细账

    E. "应付账款"明细账

6. 下列账簿中,属于分类账簿的有(　　)。

    A. 材料采购总账　　　　　　　　　B. 实收资本总账

    C. 应收账款明细账　　　　　　　　D. 应付账款明细账

    E. 现金日记账

7. 下列各项中,可以作为现金日记账记账依据的有(　　)。

    A. 现金收款凭证　　　　　　　　　B. 现金付款凭证

    C. 银行存款收款凭证　　　　　　　D. 银行存款付款凭证

    E. 转账凭证

8. 企业的各种明细分类账可以( )。

    A. 逐笔登记   B. 逐日、定期汇总登记

    C. 根据记账凭证登记   D. 根据原始凭证登记

    E. 根据原始凭证汇总表登记

9. 对于现金收、付款业务较多而且较复杂的单位,可以分别设置( )。

    A. 现金日记账   B. 现金收入日记账

    C. 现金支出日记账   D. 现金余额账

    E. 现金备查账

10. 会计上允许使用的更正错误的方法有( )。

    A. 划线更正法   B. 红字更正法

    C. 补充登记法   D. 用涂改液修正

    E. 刮擦挖补

三、判断题

1. 总账只进行金额核算,提供价值指标,不提供实物指标;而明细账有的只提供价值指标,有的既提供价值指标,又提供实物指标。   ( )

2. 在整个账簿体系中,日记账和分类账是主要账簿,备查账为辅助账簿。   ( )

3. 三栏式账簿一般适用于费用、成本等明细账。   ( )

4. 总账可采用三栏式账页,而明细账则应根据经济业务的特点采用不同格式的账页。   ( )

5. 总分类账、现金及银行存款日记账,一般都采用活页式账簿。   ( )

6. 活页式账簿的优点是适用性强,便于归类汇总,可以根据需要开设,利于会计分工,提高工作效率。   ( )

7. 总分类有关账户的期末余额与其所属的各个明细分类账户期末余额之和必须相等。   ( )

8. 各种账簿均应按规定的保管期限妥善保管,保管期限满,单位可自行销毁。   ( )

9. 每一账页登记完毕,应将本页合计数写在本页最后一页内,过次页。   ( )

10. 明细分类账根据记账凭证和原始凭证登记,总分类账则根据明细分类账登记。   ( )

四、实务题

1. 目的:练习登记三栏式现金日记账和银行存款日记账。

资料:红星工厂某年5月31日现金日记账的余额为4 000元,银行存款日记账的余额为250 000元,6月份发生下列涉及货币资金业务:

(1) 2日,开出转账支票,以支付厂部行政办公费400元。

(2) 7日,从银行借入30 000元,期限3个月。

(3) 7日,签发转账支票4 000元上交税金。

(4) 9日,职工张华出差预借差旅费800元,以现金支付。

(5) 15日,收到购货单位偿还的前欠款20 000元,存入银行。

(6) 19 日,以银行存款 15 000 元支付广告费。

(7) 28 日,以银行存款 3 500 元支付水电费。

要求:登记三栏式现金日记账和银行存款日记账。

2. 目的:练习多栏式现金日记账的登记。

资料:某工厂 2006 年 7 月 1 日现金日记账的期初余额为 960 元,该厂 7 月份发生下列有关经济业务:

(1) 1 日,车间技术员李英借支差旅费 300 元,以现金支付。

(2) 1 日,厂长李海预借差旅费 600 元,以现金支付。

(3) 2 日,开出现金支票,从银行提取现金 650 元备用。

(4) 2 日,以现金购买财务科办公用品 100 元。

(5) 3 日,以现金支付工厂行政管理部门设备修理费 170 元。

(6) 10 日,以现金支付法律咨询费 160 元。

(7) 11 日,开出现金支票,从银行提取现金 29 000 元,备发工资。

(8) 12 日,以现金 29 000 元发放工资。

(9) 18 日,以现金 60 元购买车间办公用品。

(10) 19 日,以职工张华缴来工具赔偿费 120 元。

(11) 23 日,用现金支付采购材料运杂费 80 元。

(12) 27 日,外单位职工以现金支付借打长途电话费 6 元。

(13) 30 日,车间技术员李英报销差旅费 260 元,其余 40 元以现金收回。

(14) 30 日,厂长李海报销差旅费 660 元,多余部分以现金补付。

要求:

(1) 设置多栏式现金日记账,将 7 月 1 日期初余额记入现金日记账。

(2) 根据以上业务登记现金日记账,并结出余额。

3. 目的:练习总分类账与明细分类账的平行登记

资料:大华工厂某年 3 月 31 日"材料"和"应付账款"账户余额如下:

"材料"总分类账户借方余额 21 000 元,其中:甲材料 1 000 千克,单价 1.80 元,金额 1 800元,乙材料 6 000 只,单价 2.00 元。计 12 000 元;丙材料 3 000 件,单价 2.40 元,计 7 200元。

"应付账款"总分类账贷方余额 11 500 元,其中应付 A 工厂账款 2 000 元,应付 B 工厂账款 8 000 元,应付 C 工厂账款 1 500 元。

大华工厂 4 月份发生下列业务:

(1) 3 日,生产车间领用乙材料 1 500 只,单价 2.00 元;领用丙材料 1 000 件,单价 2.40 元,全部投入产品生产。

(2) 7 日,以银行存款偿还前欠货款 9 500 元,其中 B 工厂 8 000 元,C 工厂 1 500 元。

(3) 9 日,向 B 工厂购入乙材料 1 000 只,单价 2.00 元,丙材料 1 000 件,单价 2.40 元。材料均已验收入库,货款尚未支付。

(4) 4 月 12 日,开出支票偿还前欠 A 工厂货款 2 000 元。

(5) 17 日,向 C 工厂购入甲材料 500 千克,单价 1.80 元。材料已验收入库,但货款尚未支付。

(6) 18 日,生产车间领用甲材料 800 千克,乙材料 1 600 只,全部用于产品生产。

(7) 19 日,向 A 工厂购入丙材料 1 000 件,单价 2.40 元,材料已验收入库,货款当即以银行存款支付。

(8) 21 日,以银行存款偿还 B 工厂货款 4 400 元。

(9) 22 日,生产车间领用乙材料 900 只,丙材料 1 500 件。

(10) 29 日,向 B 工厂购入乙材料 1 500 只,单价 2.00 元;丙材料 500 件,单价 2.40 元。材料已验收入库,货款尚未支付。

要求:

(1) 开设"原材料"和"应付账款"总分类账户及有关明细分类账户,登记期初余额。

(2) 根据 4 月份发生的业务编制会计分录,并据以登记"原材料"和"应付账款"总分类账户及有关的明细分类账户(其他账户从略)。

(3) 结出各账户的本期发生额和期末余额。

(4) 分别编制原材料和应付账款的"总账与明细账本期发生额及余额对照表"。

4. 目的:练习错账的更正方法。

资料:红星公司某年 6 月 30 日结账前试算表如 5-29 所示,由于有若干笔记账错误,该表借贷不平衡。

表 5-29

红星公司某年 6 月 30 日结账前试算表

账户名称	借方余额	贷方余额
库存现金	920	
银行存款	8 590	
应收账款	3 740	
原材料	6650	
生产成本	4 000	
库存产品	8 000	
固定资产	10 800	
短期借款		10 000
应付账款		85 00
实收资本		30 000
销售收入		10 000
管理费用	5 800	
合 计	48 500	58 500

经核对记账凭证发现下列错误:

(1) 购进材料 2 000 元,已验收入库,货款未付。记账凭证误记为 2 200 元。

（2）开出发货单，发出货物，未收款项为 2 500 元，记账凭证中的会计分录是：

借：应收账款　　　　　　　　　　　　　　　　　　　　　　2 500
　　贷：银行存款　　　　　　　　　　　　　　　　　　　　　　　2 500

（3）生产车间领用材料 8 200 元，记账凭证误记为 2 800 元。

（4）赊购办公用的电脑 1 台，价值 7 000 元，误作为产成品登记入账。

（5）用现金购买办公用品 134 元，误记为 143 元。

（6）赊销产品一批，计 5 000 元，过账时误记入应收账款账户贷方。

要求：

（1）根据上述资料用适当的更正错误的方法加以更正。

（2）编制一张正确的试算平衡表。

五、思考题

1. 为什么要设置账簿？设置账簿应遵循哪些原则？

2. 账簿按用途分为哪几类？试述它们的主要用途。

3. 试述现金日记账与银行存款日记账的内容及登记方法。

4. 明细分类账的主要格式有哪几种？

5. 总账与明细账为什么要经常核对？如何进行核对？

6. 账簿启用的规则是什么？

7. 登记账簿应遵循哪些规则？

8. 试述各种错账的更正方法及其适用范围。

9. 什么是对账？对账的内容和方法是什么？

10. 试述结账的内容和方法。

第六章 账务处理程序

【学习目标和要求】

1. 了解设置账务处理程序的要求；
2. 理解不同账务处理程序的异同；
3. 掌握科目汇总表的编制和科目汇总表账务处理程序；
4. 掌握汇总记账凭证的编制和汇总记账凭证账务处理程序；
5. 掌握多栏式日记账的设置和多栏式日记账账务处理程序。

第一节 账务处理程序概述

账务处理程序又称会计核算形式或会计循环步骤，是指凭证和账簿组织、记账程序和方法相互结合的组织形式。凭证和账簿组织是指会计核算所应用的会计凭证和会计账簿的种类、格式以及各种会计凭证之间、会计凭证与会计账簿之间、各种会计账簿之间的相互关系。记账程序和方法是指会计凭证的填制、审核和传递，会计账簿的登记直至编制财务会计报告的程序和方法。

在实际工作中，由于各单位的业务性质、规模大小各不相同，因此需要设置的凭证和账簿的格式与种类以及与之相适应的记账程序和方法也就不完全相同。为了使会计工作有条不紊地进行，提高会计工作的质量和效率，确保能正确、及时、完整地提供各种会计信息，各单位应根据各自的实际情况，组织适应本单位生产经营活动特点的会计核算程序。也就是说，每一个会计主体在进行会计核算前，要根据本身的经营规模，经济业务的性质和数量以及财会人员的配备情况和水平，建立和选用合理、适用的会计核算程序，以保证会计工作质量、提高会计工作效率。

一、账务处理程序的环节

不同的企业所采用的账务处理程序的步骤基本上相同，大体上都有以下环节：

第一，取得或填制原始凭证。原始凭证根据经济业务的需要采用自制原始凭证或外来原始凭证，如果同类经济业务较多，可以采用汇总原始凭证。

第二，按复式记账原理，根据原始凭证或汇总原始凭证编制记账凭证。记账凭证可以采用收款凭证、付款凭证、转账凭证的格式，也可以采用通用记账凭证格式。

第三，登记账簿。一般地，根据收、付款凭证，按经济业务发生时间的先后顺序，逐日逐笔登记库存现金日记账和银行存款日记账，现金日记账和银行存款日记账一般采用收、付、余三栏式的日记账簿；根据原始凭证和记账凭证登记各种明细分类账，明细分类账簿登记的内容较详细，如果记账凭证不能满足登记明细分类账的需要，应当结合原始凭证登记明细分类账，明细分类账的格式应根据所记录经济业务的特点以及经营管理的需要，分别采用三栏式、多栏式、数量金额式等；而登记总分类账的依据因企业所选择的具体的记账程序不同而不同。

第四，对账、调账与结账。对账就是为了保证各种账簿记录的完整和正确而进行的账证核对、账账核对、账实核对。调账是指对某些账户的记录在期末需要加以调整而编制的调整分录，并将调整分录过入账簿。结账就是指在期末计算出每个账户的本期发生额、期末余额以及履行相应的手续。

第五，根据各总分类账编制本期发生额及期末余额试算平衡表。

第六，以账簿资料为依据，按照规定的格式和要求，编制会计报表。

二、设计账务处理程序的要求

各企业应结合自身的实际情况和具体条件，采用适合自身经济业务性质和特点的会计核算组织程序，以提高会计核算工作的效率，提高会计信息的质量，合理、适用的账务处理程序一般应符合以下几个要求：

（1）要适合本单位所属行业业务性质、自身规模的大小、业务的繁简程度。

（2）要保证提供的会计信息既能满足国家宏观经济管理部门和与企业有关方面了解企业财务状况和经营成果的需要，又要能满足企业加强内部管理的需要。

（3）要在会计资料正确、真实、完整的前提下，力求简化核算手续，节约人力和物力，提高核算工作的效率。

（4）要有利于加强会计工作的岗位责任制，有利于会计人员的分工和协作，并为逐步采用现代化的核算工具创造条件。

三、账务处理程序的几种类型

根据我国会计核算工作的长期实践，目前各类会计主体结合自身的特点所采用的账务处理程序的类型主要有：

(1) 记账凭证核算组织程序。

(2) 科目汇总表核算组织程序。

(3) 多栏式日记账核算组织程序。

(4) 汇总记账凭证核算组织程序。

(5) 日记总账核算组织程序。

(6) 普通日记账核算组织程序(会计电算化核算组织程序)。

以上几种核算组织程序相同之处在于都符合会计循环的基本程序，不同之处在于登记总账的依据和方法不同，这种不同，不外乎有两种情况：一类是直接根据记账凭证逐笔登记总账；另一类是汇总登记总账。

直接根据记账凭证逐笔登记总账，如上述的记账凭证核算组织程序、日记总账核算组织程序，这类的优点是核算手续比较简便，但在经济业务比较频繁的企业，编制记账凭证和登记总账的工作量比较大，所以，这种类型的核算组织程序适合于小型企业、事业、机关等单位。

汇总登记总账，就是根据记账凭证，编制汇总记账凭证或者科目汇总表，然后登记总账，如科目汇总表核算组织程序、汇总记账凭证核算组织程序，其优点是简化了记账工作，主要适用于业务量大且复杂的大中型企业采用。

第二节　记账凭证核算组织程序

一、记账凭证核算组织程序的特点

记账凭证核算组织程序的特点是直接依据记账凭证逐笔登记总账。记账凭证核算组织程序是最基本的簿记循环形式，其他形式都是此基础上根据经济管理的要求而发展的。

二、记账凭证核算组织程序

(1) 根据原始凭证编制汇总原始凭证。

(2) 根据各种原始凭证或汇总原始凭证，编制记账凭证(包括收款凭证、付款凭证和转账凭证)。

(3) 根据收款凭证、付款凭证逐日逐笔登记库存现金日记账和银行存款日记账。

(4) 根据原始凭证、汇总原始凭证和记账凭证，逐笔登记各种明细账。

(5) 根据记账凭证逐笔登记总分类账。

（6）月终,将现金日记账、银行存款日记账的余额,以及各种明细分类账户余额合计数,分别与总分类账中有关科目的余额核对相符。

（7）月终,根据核对无误的总分类账和各种明细分类账的记录,编制会计报表。

记账凭证核算组织程序如图 6-1 所示。

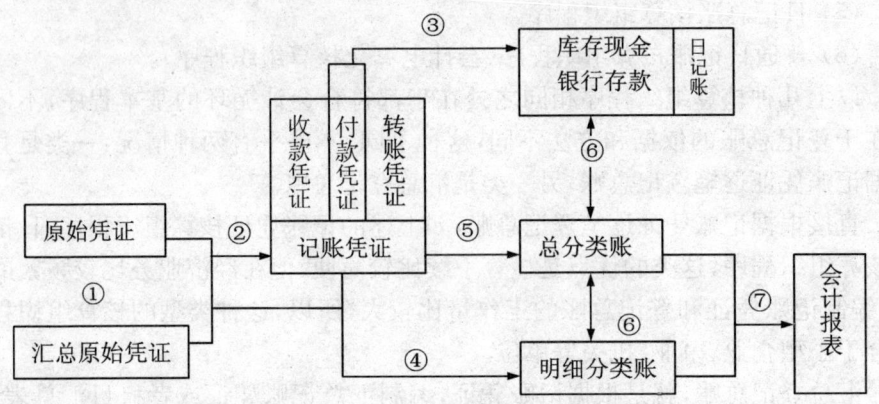

图 6-1　记账凭证核算组织程序

三、需要设置的凭证和账簿

采用记账凭证核算组织程序,需要使用收款凭证、付款凭证、转账凭证三种格式,也可以使用通用记账凭证的格式。同时需要设置总分类账、日记账、明细分类账,一般地,总分类账、日记账多采用三栏式,明细分类账可根据情况设置三栏式、数量金额式、多栏式。

四、优缺点及适用范围

采用记账凭证核算组织程序,其优点是核算程序简单易懂,根据记账凭证逐笔登记总分类账,使总分类账能详细地反映经济业务的来龙去脉,便于查对账目。其缺点是,由于根据记账凭证逐笔登记总分类账,如果企业界业务量较大,编制的记账凭证很多,这样,登记总账的工作量就较大。因此,这种核算组织程序运用于经营规模小、经济业务量较少的单位。

五、记账凭证核算组织程序举例

【例 6-1】

（一）资料

（1）华美工厂 20××年 4 月 1 日总分类账户余额如表 6-1 所示。

表 6-1

总分类账户月初余额表

单位:元

账户名称	借方余额	账户名称	贷方余额
库存现金	12 000	短期借款	70 000
银行存款	120 000	应付账款	20 000
应收账款	40 000	应交税费	6 000
其他应收款	5 000	应付职工薪酬	5 000
原材料	60 000	应付利润	15 000
库存商品	45 000	应付利息	5 000
周转材料	6 000	累计折旧	25 000
固定资产	200 000	实收资本	220 000
利润分配	51 000	盈余公积	48 000
生产成本	20 000	本年利润	145 000
合计	559 000	合计	559 000

(2) 有关主要明细分类账户余额如下:

应收账款:大连 A 公司 40 000 元(借方);

其他应收款:李东 5 000 元(借方);

原材料:甲材料 1 500 千克,单价 20 元,金额 30 000 元;

乙材料 3 000 千克,单价 10 元,金额 30 000 元;

生产成本:A 产品 15 000 元,B 产品 5 000 元,均为直接材料费;

库存商品:A 产品 100 件,总成本 40 000 元;

B 产品 100 件,总成本 5000 元;

应付账款:光明工厂 20 000 元(贷方)。

(二) 华美工厂 4 月份发生下列业务:

(1) 4 月 1 日,购入甲材料 2 500 千克,买价 50 000 元,增值税进项税额 8 500元,款项通过银行付讫,材料已验收入库。

(2) 4 月 2 日,收到投资者追加投资 120 000 元,存入银行。

(3) 4 月 4 日,通过银行向光明工厂预付购料款 50 000 元。

(4) 4 月 9 日,仓库发出材料,其中生产 A 产品消耗 50 000 元,车间一般消耗 4 000 元,厂部行政管理部门消耗 6 000 元。仓库发出甲材料共计 3 000 千克,60 000 元。

(5) 4 月 12 日,采购员李华预借差旅费 1 200 元,以现金付讫。

(6) 4 月 15 日,从银行提取现金 40 000 元,备发工资。

(7) 4 月 15 日,以现金 40 000 元发放本月工资。

(8) 4 月 19 日,收到大连 A 公司预付的购买产品款 50 000 元,存入银行。

(9) 4 月 20 日,售出 A 产品 275 件,售价 200 000 元,增值税销项税额 34 000元,货款已预收 50 000 元,其余部分收到款项,存入银行。

(10) 4 月 21 日,以银行存款支付当月水电费 5 000 元,其中车间水电费 4 000元,厂部行政管理部门水电费 1 000 元。

(11) 4 月 22 日,李华出差回来,报销差旅费 900 元,余款收回现金。

(12) 4 月 23 日,开出支票一张,预付厂部行政管理部门下一季度房屋租金 6 000 元。

(13) 4 月 24 日,以银行存款支付广告费 3 000 元。

(14) 4 月 25 日,购买单位交来包装物押金 600 元,存入银行。

(15) 4 月 26 日,以现金 10 000 元支付退休人员工资。

(16) 4 月 27 日,以银行存款支付本季度短期借款利息 9 000 元。

(17) 4 月 30 日,本月所支付的职工工资中生产 A 产品工人工资为 28 000 元,车间一般人员工资为 4 000 元,厂部行政管理部门人员工资为 8 000 元。

(18) 4 月 30 日,按计划预提固定资产修理费 5000 元,其中生产车间预提修理费 4 000 元,厂部行政管理部门预提修理费 1 000 元。

(19) 4 月 30 日,预提应由本月负担的短期借款利息 3 000 元。

(20) 4 月 30 日,计提本月折旧,其中生产车间折旧 6 000 元,厂部行政管理部门折旧 2 000 元。

(21) 4 月 30 日,结转本月发生的制造费用 22 000 元,均为 A 产品负担。

(22) 4 月 30 日,结转本月完工 A 产品 250 件的生产成本 100 000 元。

(23) 4 月 30 日,购买办公用品 3 200,款项未付。

(24) 4 月 30 日,本月应交城建税 6 000 元。

(25) 4 月 30 日,本月已售 A 产品 275 件的生产成本为 110 000 元。

(26) 4 月 30 日,结转本月已售 A 产品 275 件的销售收入为 200 000 元。

(27) 4 月 30 日,结转本月已售 A 产品 275 件的生产成本 110 000 元,产品销售税金 6 000 元,产品销售费用 3 000 元。

(28) 4 月 30 日,结转本月管理费用 38 100 元,财务费用 3 000 元。

(29) 4 月 30 日,计算并结转本月应交所得税 9 975 元。

(30) 4 月 30 日,本月应提取盈余公积金为 2 993 元。

(31) 4 月 30 日,本月应付投资者利润 10 000 元。

(三) 根据上述资料,采用记账凭证核算组织程序进行会计处理。

(1) 根据原始凭证编制记账凭证(如表 6 - 2 至表 6 - 35 所示)。

表 6-2

付款凭证

贷方科目:银行存款　　　　　20××年 4 月 1 日　　　　　银付字第 401 号

摘要	借方总账科目	明细科目	金额	记账
购入材料入库	原材料	甲材料	50 000	√
	应交税费	应交增值税	8 500	√
合计			58500	√

会计主管　　　　记账　　　　　出纳　　　　　复核　　　　制单

表 6-3

收款凭证

借方科目:银行存款　　　　　20××年 4 月 2 日　　　　　银收字第 401 号

摘要	贷方总账科目	明细科目	金额	记账
收到投资者投资	实收资本		120 000	√
合计			120 000	√

会计主管　　　　记账　　　　　出纳　　　　　复核　　　　制单

表 6-4

付款凭证

贷方科目:银行存款　　　　　20××年 4 月 4 日　　　　　银付字第 402 号

摘要	借方总账科目	明细科目	金额	记账
向光明厂预付购料款	应付账款	光明工厂	50 000	√
合计			50 000	√

会计主管　　　　记账　　　　　出纳　　　　　复核　　　　制单

表 6-5

转账凭证

20××年 4 月 9 日　　　　　转字第 401 号

摘要	总账科目	明细科目	记账	借方金额	记账	贷方金额
领用材料	生产成本	A产品	√	50 000		
	制造费用		√	4 000		
	管理费用		√	6 000		
	原材料	甲材料			√	60 000
合计				60 000		60 000

会计主管　　　　记账　　　　　　复核　　　　制单

表 6 - 6

付款凭证

贷方科目:库存现金　　　　　20××年 4 月 12 日　　　　　现付字第 401 号

摘要	借方总账科目	明细科目	金额	记账
李华预借差旅费	其他应收款	李华	1 200	√
合计			1 200	√

会计主管　　　记账　　　　　出纳　　　　　复核　　　　制单

表 6 - 7

付款凭证

贷方科目:银行存款　　　　　20××年 4 月 15 日　　　　　银付字第 403 号

摘要	借方总账科目	明细科目	金额	记账
提取现金备发工资	库存现金		40 000	√
合计			40 000	√

会计主管　　　记账　　　　　出纳　　　　　复核　　　　制单

表 6 - 8

付款凭证

贷方科目:库存现金　　　　　20××年 4 月 15 日　　　　　现付字第 402 号

摘要	借方总账科目	明细科目	金额	记账
发放工资	应付职工薪酬		40 000	√
合计			40 000	√

会计主管　　　记账　　　　　出纳　　　　　复核　　　　制单

表 6 - 9

付款凭证

借方科目:银行存款　　　　　20××年 4 月 19 日　　　　　银收字第 402 号

摘要	贷方总账科目	明细科目	金额	记账
收到大连 A 公司预付产品款存入银行	应收账款	大连 A 公司	50 000	√
合计			50 000	√

会计主管　　　记账　　　　　出纳　　　　　复核　　　　制单

表 6 - 10

收款凭证

借方科目:银行存款　　　　　20××年 4 月 20 日　　　　　银收字第 403 号

摘要	贷方总账科目	明细科目	金额	记账
收到购买单位购买商品款	应收账款	大连 A 公司	184 000	√
合计			184 000	√

会计主管　　　记账　　　　出纳　　　　复核　　　　制单

表 6 - 11

转账凭证

20××年 4 月 20 日　　　　　转字第 402 号

摘要	总账科目	明细科目	记账	借方金额	记账	贷方金额
销售产品款项已收	应收账款 主营业务收入 应交税费	大连 A 公司 A 产品 应交增值税	√	234 000	√ √	200 000 34 000
合计				234 000		234 000

会计主管　　　记账　　　　复核　　　　制单

表 6 - 12

付款凭证

贷方科目:银行存款　　　　　20××年 4 月 21 日　　　　　银付字第 404 号

摘要	借方总账科目	明细科目	金额	记账
支付当月水电费	制造费用 管理费用		4 000 1 000	√ √
合计			5 000	√

会计主管　　　记账　　　　出纳　　　　复核　　　　制单

表 6 - 13

收款凭证

借方科目:库存现金　　　　　20××年 4 月 22 日　　　　　现收字第 401 号

摘要	贷方总账科目	明细科目	金额	记账
李华交来差旅费余款	其他应收款	李华	300	√
合计			300	√

会计主管　　　记账　　　　出纳　　　　复核　　　　制单

表 6 - 14

转账凭证

20××年 4 月 22 日　　　　　　　　　转字第 403 号

摘要	总账科目	明细科目	记账	借方金额	记账	贷方金额
李华报销差旅费	管理费用 其他应收款	李华	√	900	√	900
合计				900		900

会计主管　　　　　　记账　　　　　　　复核　　　　　　制单

表 6 - 15

付款凭证

贷方科目:银行存款　　　　20××年 4 月 23 日　　　　　银付字第 405 号

摘要	借方总账科目	明细科目	金额	记账
预付厂部管理部门房屋租金	管理费用		6 000	√
合计			6 000	√

会计主管　　　　记账　　　　　出纳　　　　　复核　　　　　制单

表 6 - 16

付款凭证

贷方科目:银行存款　　　　20××年 4 月 24 日　　　　　银付字第 406 号

摘要	借方总账科目	明细科目	金额	记账
支付广告费	销售费用		3 000	√
合计			3 000	√

会计主管　　　　记账　　　　　出纳　　　　　复核　　　　　制单

表 6 - 17

收款凭证

借方科目:银行存款　　　　20××年 4 月 25 日　　　　　银收字第 404 号

摘要	贷方总账科目	明细科目	金额	记账
购买单位交来包装物押金	其他应付款		600	√
合计			600	√

会计主管　　　　记账　　　　　出纳　　　　　复核　　　　　制单

表 6-18

付款凭证

贷方科目:库存现金　　　　　20××年 4 月 26 日　　　　　现付字第 403 号

摘要	借方总账科目	明细科目	金额	记账
支付退休人员工资	管理费用		10 000	√
合计			10 000	√

会计主管　　　　　记账　　　　　出纳　　　　　复核　　　　　制单

表 6-19

付款凭证

贷方科目:银行存款　　　　　20××年 4 月 27 日　　　　　银付字第 407 号

摘要	借方总账科目	明细科目	金额	记账
支付短期借款利息	应付利息		9 000	√
合计			9 000	√

会计主管　　　　　记账　　　　　出纳　　　　　复核　　　　　制单

表 6-20

转账凭证

20××年 4 月 30 日　　　　　转字第 404 号

摘要	总账科目	明细科目	记账	借方金额	记账	贷方金额
分 配 职 工 工资	生产成本	A产品	√	28 000		
	制造费用		√	4 000		
	管理费用		√	8 000		
	应付职工薪酬				√	40 000
合计				40 000		40 000

会计主管　　　　　记账　　　　　复核　　　　　制单

表 6-21

转账凭证

20××年 4 月 30 日　　　　　转字第 405 号

摘要	总账科目	明细科目	记账	借方金额	记账	贷方金额
预 提 设 备 修 理费	制造费用	A产品	√	4 000		
	管理费用		√	1 000		
	应付职工薪酬				√	5 000
合计				5 000		5 000

会计主管　　　　　记账　　　　　复核　　　　　制单

表 6 - 22

转账凭证

20××年 4 月 30 日 转字第 406 号

摘要	总账科目	明细科目	记账	借方金额	记账	贷方金额
预提本月负担的短期借款利息	财务费用 应付利息		√	3 000	√	3 000
合计				3 000		3 000

会计主管　　　　记账　　　　　　复核　　　　　　制单

表 6 - 23

转账凭证

20××年 4 月 30 日 转字第 407 号

摘要	总账科目	明细科目	记账	借方金额	记账	贷方金额
预提本月折旧	制造费用 管理费用 累计折旧		√ √	6 000 2 000	√	8 000
合计				8 000		8 000

会计主管　　　　记账　　　　　　复核　　　　　　制单

表 6 - 24

转账凭证

20××年 4 月 30 日 转字第 408 号

摘要	总账科目	明细科目	记账	借方金额	记账	贷方金额
结转制造费用	生产成本 制造费用	A 产品	√	22 000	√	22 000
合计				22 000		22 000

会计主管　　　　记账　　　　　　复核　　　　　　制单

表 6 - 25

转账凭证

20××年 4 月 30 日 转字第 409 号

摘要	总账科目	明细科目	记账	借方金额	记账	贷方金额
结转本月完工产品成本	库存商品 生产成本	A 产品 A 产品	√	100 000	√	100 000
合计				100 000		100 000

会计主管　　　　记账　　　　　　复核　　　　　　制单

表 6 - 26

转账凭证

20××年 4 月 30 日　　　　　　　　　　转字第 410 号

摘要	总账科目	明细科目	记账	借方金额	记账	贷方金额
预提本月负担的房租报纸杂志费	管理费用 其他应付款		√	3 200	√	3 200
合计				3 200		3 200

会计主管　　　　　　记账　　　　　　　　复核　　　　　　制单

表 6 - 27

转账凭证

20××年 4 月 30 日　　　　　　　　　　转字第 411 号

摘要	总账科目	明细科目	记账	借方金额	记账	贷方金额
本月应交城建税	营业税金及附加 应交税费		√	6 000	√	6 000
合计				6 000		6 000

会计主管　　　　　　记账　　　　　　　　复核　　　　　　制单

表 6 - 28

转账凭证

20××年 4 月 30 日　　　　　　　　　　转字第 412 号

摘要	总账科目	明细科目	记账	借方金额	记账	贷方金额
本月已售产品的生产成本	主营业务成本 库存商品	A 产品	√	110 000	√	110 000
合计				110 000		110 000

会计主管　　　　　　记账　　　　　　　　复核　　　　　　制单

表 6 - 29

转账凭证

20××年 4 月 30 日　　　　　　　　　　转字第 413 号

摘要	总账科目	明细科目	记账	借方金额	记账	贷方金额
结转本月销售收入	主营业务收入 本年利润		√	200 000	√	200 000
合计				200 000		200 000

会计主管　　　　　　记账　　　　　　　　复核　　　　　　制单

表 6 - 30

转账凭证

20××年 4 月 30 日　　　　　　　　　　转字第 414 号

摘要	总账科目	明细科目	记账	借方金额	记账	贷方金额
结转本月销售成本、销售税金、销售费用	本年利润		√	119 000		
	主营业务成本				√	110 000
	营业税金及附加				√	6 000
	销售费用				√	3 000
合计				119 000		119 000

会计主管　　　　　　记账　　　　　　　　复核　　　　　　制单

表 6 - 31

转账凭证

20××年 4 月 30 日　　　　　　　　　　转字第 415 号

摘要	总账科目	明细科目	记账	借方金额	记账	贷方金额
结转本月管理费用、财务费用	本年利润		√	41 100		
	管理费用				√	38 100
	财务费用				√	3 000
合计				41 100		41 100

会计主管　　　　　　记账　　　　　　　　复核　　　　　　制单

表 6 - 32

转账凭证

20××年 4 月 30 日　　　　　　　　　　转字第 416 号

摘要	总账科目	明细科目	记账	借方金额	记账	贷方金额
计算本月应交所得税	所得税费用		√	9 975		
	应交税费				√	9 975
合计				9 975		9 975

会计主管　　　　　　记账　　　　　　　　复核　　　　　　制单

表 6-33

转账凭证

20××年 4 月 30 日　　　　转字第 417 号

摘要	总账科目	明细科目	记账	借方金额	记账	贷方金额
结转本月应交所得税	本年利润　所得税费用		✓	9 975	✓	9 975
合计				9 975		9 975

会计主管　　　　记账　　　　复核　　　　制单

表 6-34

转账凭证

20××年 4 月 30 日　　　　转字第 418 号

摘要	总账科目	明细科目	记账	借方金额	记账	贷方金额
本月提取盈余公积金	利润分配　盈余公积		✓	2 993	✓	2 993
合计				2 993		2 993

会计主管　　　　记账　　　　复核　　　　制单

表 6-35

转账凭证

20××年 4 月 30 日　　　　转字第 419 号

摘要	总账科目	明细科目	记账	借方金额	记账	贷方金额
向投资者分配利润	利润分配　应付利润	应付利润	✓	10 000	✓	10 000
合计				10 000		10 000

会计主管　　　　记账　　　　复核　　　　制单

　　(2) 根据收、付款凭证登记库存现金和银行存款日记账(如表 6-36 至表 6-37 所示)。

表6-36

库存现金日记账

20××年		凭证	摘要	对方科目	收入	支出	余额
月	日	种类和号码					
4	1		期初余额				12 000
	12	现付401	李华预借差旅费	其他应收款		1 200	10 800
	15	银付403	从银行提取现金	银行存款	40 000		10 800
	15	现付402	支付本月工资	应付职工薪酬		40 000	10 800
	22	现收401	李华退回差旅费余款	其他应收款	300		11 100
	26	现付403	支付退休人员工资	管理费用		10 000	1 100
	30		本月合计		40 300	51 200	1 100

表6-37

银行存款日记账

20××年		凭证	摘要	对方科目	收入	支出	余额
月	日	种类和号码					
4	1		期初余额				120 000
	1	银付401	支付购料款	原材料		50 000	
	1	银付401	支付税金	应交税费		8 500	61 500
	2	银收401	收到投资者投资	实收资本	120 000		181 500
	4	银付402	预付光明厂料款	应付账款		50 000	131 500
	15	银付403	从银行提取现金	库存现金		40 000	91 500
	19	银收402	收到A公司预付货款	应收账款	50 000		141 500
	20	银收403	收回前欠货款	应收账款	184 000		325 500
	21	银付404	支付车间水电费	制造费用		4 000	
	21	银付404	支付管理部门水电费	管理费用		1 000	320 500
	23	银付405	预付管理部门房租	管理费用		6 000	314 500
	24	银付406	支付广告费	销售费用		3 000	311 500
	25	银收404	收取包装物押金	其他应付款	600		312 100
	27	银付407	支付借款利息	应付利息		9 000	303 100
	30		本月合计		354 600	171 500	303 100

（3）登记明细账。

根据原始凭证和记账凭证，逐笔登记明细账。这里仅列举原材料明细账、生产成本明细账和应收账款明细账（如表6-38至表6-42所示），其他明细账从略。

表 6 - 38

原材料明细账(一)

材料名称:甲材料　　　　　　　　　　　　　　　　　　　　计量单位:千克

日期	凭证	摘要	收入			发出			结余		
			数量	单价	金额	数量	单价	金额	数量	单价	金额
4/1		上月余额							1 500	20	30 000
4/1	银付 401	购入甲材料	2 500	20	50 000				4 000	20	80 000
4/9	转字 401	发出甲材料				3 000	20	60 000	1 000	20	20 000
4/30		本月合计	2 500	20	50 000	3 000	20	60 000	1 000	20	20 000

表 6 - 39

原材料明细账(二)

材料名称:乙材料　　　　　　　　　　　　　　　　　　　　计量单位:千克

日期	凭证	摘要	收入			发出			结余		
			数量	单价	金额	数量	单价	金额	数量	单价	金额
4/1		上月余额							3 000	10	30 000

表 6 - 40

生产成本明细分类账(一)

产品名称:A产品

日期	凭证	摘要	借方(成本项目)				贷方	余额
			直接材料	直接人工	制造费用	合计		
4/1		上月余额	15 000			15 000		15 000
4/9	转 401	领用材料	50 000			50 000		65 000
4/30	转 404	分配工人工资		28 000		28 000		93 000
4/30	转 408	负担制造费用			22 000	22 000		115 000
4/30	转 409	结转完工成本					100 000	15 000
4/30		本月合计	65 000	28 000	22 000	115 000	100 000	15 000

表 6-41

生产成本明细分类账(二)

产品名称:B产品

日期	凭证	摘要	借方(成本项目)				贷方	余额
			直接材料	直接人工	制造费用	合计		
4/1		上月余额	5 000			5 000		5 000

表 6-42

应收账款明细分类账

明细科目:大连 A 公司

日期	凭证	摘要	借方	贷方	借或贷	余额
4/1		上月余额			借	40 000
4/19	银收 402	收到 A 公司预付款		50 000	贷	10 000
4/20	银收 403	收到 A 公司商品款		184 000	贷	194 000
4/20	转字 402	销售产品	234 000		借	40 000
4/30		本月合计	234 000	234 000	借	40 000

(4) 登记总分类账。根据记账凭证逐笔登记各总分类账(如表 6-43 至表 6-71 所示)。

表 6-43

总分类账

会计科目:库存现金

日期	凭证	摘要	借方	贷方	借或贷	余额
4/1		上月余额			借	12 000
4/12	现付 401	李华预借差旅费		1 200	借	10 800
4/15	银付 403	提取现金备发工资	40 000		借	10 800
4/15	现付 402	支付本月工资		40 000	借	10 800
4/22	现收 401	李华交差旅费余款	300		借	11 100
4/26	现付 403	支付退休人员工资		10 000	借	11 00
4/30		本月合计	40 300	51 200	借	1 100

表 6-44

总分类账

会计科目：银行存款

日期	凭证	摘要	借方	贷方	借或贷	余额
4/1		上月余额			借	120 000
4/1	银付 401	支付购料款		58 500	借	61 500
4/2	银收 401	收到投资者资本	120 000		借	181 500
4/4	银付 402	预付光明厂料款		50 000	借	131 500
4/15	银付 403	提取现金		40 000	借	91 500
4/19	银收 402	收到 A 公司预付款	50 000		借	141 500
4/20	银收 403	收到购买单位货款	184 000		借	325 500
4/21	银付 404	支付本月水电费		5 000	借	320 500
4/23	银付 405	预付房屋租金		6 000	借	314 500
4/24	银付 406	支付广告费		3 000	借	311 500
4/25	银收 404	收取包装物押金	600		借	312100
4/27	银付 407	支付短期借款利息		9 000	借	303 100
4/30		本月合计	354 600	171 500	借	303 100

表 6-45

总分类账

会计科目：应收账款

日期	凭证	摘要	借方	贷方	借或贷	余额
4/1		上月余额			借	40 000
4/19	银收 402	收到 A 公司预付款		50 000	贷	10 000
4/20	银收 403	收到 A 公司商品款		184 000	贷	194 000
4/20	转字 402	销售产品	234 000		借	40 000
4/30		本月合计	234 000	234 000	借	40 000

表 6-46

总分类账

会计科目：其他应收款

日期	凭证	摘要	借方	贷方	借或贷	余额
4/1		上月余额			借	5 000
4/12	现付 401	李华预借差旅费	1 200		借	6 200
4/22	现收 401	李华交差旅费余款		300	借	
4/22	转字 403	李华报销差旅费		900	借	5 000
4/30		本月合计	1 200	1 200	借	5 000

表 6 - 47

总分类账

会计科目:原材料

日期	凭证	摘要	借方	贷方	借或贷	余额
4/1		上月余额			借	60 000
4/1	银付 401	购入甲材料	50 000		借	110 000
4/9	转字 410	领用甲材料		60 000	借	50 000
4/30		本月合计	50 000	60 000	借	50 000

表 6 - 48

总分类账

会计科目:库存商品

日期	凭证	摘要	借方	贷方	借或贷	余额
4/1		上月余额			借	45 000
4/30	转字 409	结转完工产品成本	100 000		借	145 000
4/30	转字 412	结转已售产品成本		110 000	借	35 000
4/30		本月合计	100 000	110 000	借	35 000

表 6 - 49

总分类账

会计科目:周转材料

日期	凭证	摘要	借方	贷方	借或贷	余额
4/1		上月余额			借	6 000
4/30		本月合计			借	6 000

表 6 - 50

总分类账

会计科目:固定资产

日期	凭证	摘要	借方	贷方	借或贷	余额
4/1		上月余额			借	200 000

表 6 - 51

总分类账

会计科目:累计折旧

日期	凭证	摘要	借方	贷方	借或贷	余额
4/1		上月余额			贷	25 000
4/20	转字 407	计提折旧		8 000	贷	33 000
4/30		本月合计		8 000	贷	33 000

表 6 - 52

总分类账

会计科目:短期借款

日期	凭证	摘要	借方	贷方	借或贷	余额
4/1		上月余额			贷	70 000

表 6 - 53

总分类账

会计科目:应付账款

日期	凭证	摘要	借方	贷方	借或贷	余额
4/1		上月余额			贷	20 000
4/4	银付 402	预付购料款	50 000		借	30 000
4/30		本月合计	50 000		借	30 000

表 6 - 54

总分类账

会计科目:其他应付款

日期	凭证	摘要	借方	贷方	借或贷	余额
4/25	银收 404	收取包装物押金		600	贷	600
4/30	转字 410	购买办公用品		3 200	贷	3 800
4/30		本月合计		3 800	贷	3 800

表 6 - 55

总分类账

会计科目:应付职工薪酬

日期	凭证	摘要	借方	贷方	借或贷	余额
4/1		上月余额				5 000
4/15	现付 402	支付本月工资			贷	
4/30	转字 404	分配本月工资	40 000	40 000		
4/30	转字 405	维修人工费用		5 000		10 000
4/30		本月合计	40 000	45 000	贷	10 000

表 6 - 56

总分类账

会计科目:应交税费

日期	凭证	摘要	借方	贷方	借或贷	余额
4/1		上月余额			贷	6 000
4/1	银付 401	购进材料进项税额	8 500		借	2 500
4/20	转字 402	销售产品销项税额		34 000	贷	31500
4/30	转字 411	本月应缴城建税		6 000		37 500
4/30	转字 416	本月应缴所得税		9 975	贷	47 475
4/30		本月合计	8 500	49 975	贷	47 475

表 6 - 57

总分类账

会计科目:应付利润

日期	凭证	摘要	借方	贷方	借或贷	余额
4/1		上月余额			贷	15 000
4/30	转字 419	本月应付利润		10 000	贷	25 000

表 6 - 58

总分类账

会计科目:应付利息

日期	凭证	摘要	借方	贷方	借或贷	余额
4/1		上月余额			贷	5 000
4/27	银付 407	支付短期借款利息	9 000		借	4 000
4/30	转字 406	预提短期借款利息		3 000	借	1 000
4/30		本月合计	9 000	3 000	借	1 000

表 6 - 59

总分类账

会计科目：实收资本

日期	凭证	摘要	借方	贷方	借或贷	余额
4/1		上月余额			贷	220 000
4/2	银收 401	收到投资者投资		120 000	贷	340 000

表 6 - 60

总分类账

会计科目：盈余公积

日期	凭证	摘要	借方	贷方	借或贷	余额
4/1		上月余额			贷	48 000
4/30	转字 418	本月提取盈余公积		2 993	贷	50 993

表 6 - 61

总分类账

会计科目：本年利润

日期	凭证	摘要	借方	贷方	借或贷	余额
4/1		上月余额				
4/30	转字 413	结转营业收入				
4/30	转字 414	结转营业成本税金	119 000	200 000	贷	145 000
4/30	转字 415	结转费用	41 100			
4/30	转字 416	结转所得税	9 975			
4/30		本月合计	170 075	200 000	贷	174 925

表 6 - 62

总分类账

会计科目：利润分配

日期	凭证	摘要	借方	贷方	借或贷	余额
4/1		上月余额				
4/30	转字 418	提取盈余公积金	2 993		借	51 000
4/30	转字 419	向投资者分配利润	10 000			
4/30		本月合计	12 993		借	63 993

表 6 - 63

总分类账

会计科目:生产成本

日期	凭证	摘要	借方	贷方	借或贷	余额
4/1		上月余额				
4/9	转字 401	领用材料	50 000			
4/30	转字 404	分配生产工人工资	28 000		借	20 000
4/30	转字 408	结转制造费用	22 000		借	70 000
4/30	转字 409	结转完工产品成本		100 000		
4/30		本月合计	100 000	100 000	借	20 000

表 6 - 64

总分类账

会计科目:制造费用

日期	凭证	摘要	借方	贷方	借或贷	余额
4/9	转字 402	领用甲材料	4 000			
4/21	银付 404	支付当月水电费	4 000			
4/30	转字 404	分配车间人员工资	4 000		借	4 000
4/30	转字 405	预提修理费	4 000		借	8 000
4/30	转字 407	计提折旧	6 000			
4/30	转字 408	分配转出制造费用		22 000		
4/30		本月合计	22 000	22 000	平	0

表 6 - 65

总分类账

会计科目:主营业务收入

日期	凭证	摘要	借方	贷方	借或贷	余额
4/20	转字 402	销售 A 产品		200 000	贷	200 000
4/30	转字 413	结转本年利润	200 000			
4/30		本月合计	200 000	200 000	平	0

表 6 - 66

总分类账

会计科目:营业税金及附加

日期	凭证	摘要	借方	贷方	借或贷	余额
4/30	转字 411	本月应缴城建税	6 000			
4/30	转字 414	结转本年利润		6 000	平	0

表 6 - 67

总分类账

会计科目:销售费用

日期	凭证	摘要	借方	贷方	借或贷	余额
4/24	银付 406	支付广告费	3 000		借	3 000
4/30	转字 414	结转本年利润		3 000	平	0

表 6 - 68

总分类账

会计科目:管理费用

日期	凭证	摘要	借方	贷方	借或贷	余额
4/9	转字 401	领用 A 材料	6 000		借	6 000
4/21	银付 404	支付当月水电费	1 000		借	7 000
4/22	转字 403	李华报销差旅费	900		借	79 000
4/23	银付 405	预付下季房租	6 000		借	13 900
4/26	现付 403	支付退休人员工资	10 000		借	23 900
4/30	转字 404	分配管理人员工资	8 000		借	31 900
4/30	转字 405	修理费	1 000		借	32 900
4/30	转字 407	计提折旧	2 000		借	34 900
4/30	转字 410	办公费用	3 200		借	38 100
4/30	转字 414	结转本年利润		38 100	平	0
4/30		本月合计	38 100	38 100	平	0

表 6 - 69

总分类账

会计科目:财务费用

日期	凭证	摘要	借方	贷方	借或贷	余额
4/30	转字 406	预提短期借款利息	3 000			
4/30	转字 415	结转本年利润		3 000	平	0

表 6 - 70

总分类账

会计科目：主营业务成本

日期	凭证	摘要	借方	贷方	借或贷	余额
4/30	转字 412	结转已售产品成本	110 000			
4/30	转字 414	结转本年利润		110 000	平	0

表 6 - 71

总分类账

会计科目：所得税费用

日期	凭证	摘要	借方	贷方	借或贷	余额
4/30	转字 416	计算应交所得税	9 975			
4/30	转字 417	结转本年利润		9 975	平	0

（5）核对余额。

月末，将库存现金日记账、银行存款日记账及各种明细分类账的金额合计数，分别与总分类账户中有关科目的余额核对相符，如表 6 - 72 所示。

表 6 - 72

日记账、明细账与总账发生额及余额对照表

账户名称		月初余额		发生额		月末余额	
总账	明细账	借方	贷方	借方	贷方	借方	贷方
	甲材料	30 000		50 000	60 000	20 000	
	乙材料	30 000		—	—	30 000	
原材料		60 000		50 000	60 000	50 000	
	A 产品	15 000		100 000	100 000	15 000	
	B 产品	5 000		—		5 000	
生产成本		20 000		100 000	100 000	20 000	
库存现金日记账		12 000		40 300	51 200	1 100	
"库存现金"总账		12 000		40 300	51 200	1 100	
银行存款日记账		120 000		354 600	171 500	303 100	
"银行存款"总账		120 000		354 600	171 500	303 100	

（6）编制试算平衡表（见表6－73）。

表6-73

总分类账科目发生额及余额试算平衡表

序号	会计科目	期初余额		本期发生额		期末余额	
		借方	贷方	借方	贷方	借方	贷方
1	库存现金	12 000		40 300	51 200	1 100	
2	银行存款	120 000		354 600	171 500	303 100	
3	应收账款	40 000		234 000	234 000	40 000	
4	其他应收款	5 000		1 200	1 200	5 000	
5	原材料	60 000		50 000	60 000	50 000	
6	生产成本	20 000		100 000	100 000	20 000	
7	制造费用			22 000	22 000		
8	周转材料	6 000		—	—	6 000	
9	库存商品	45 000		100 000	110 000	35 000	
10	固定资产	200 000		—	—	200 000	
11	累计折旧		25 000	—	8 000		33 000
12	短期借款		70000	—	—		70 000
13	应付账款		20 000	50 000		30 000	
14	应付利息		5 000	9 000	3 000		−1 000
15	其他应付款		5 000		3 800		3 800
16	应付职工薪酬		6 000	40 000	45 000		10 000
17	应交税费		220 000	8 500	49 975		47 475
18	实收资本		48 000		120 000		340 000
19	盈余公积		15 000		2 993		50 993
20	应付利润		145 000	—	10 000		25 000
21	本年利润			170 075	200 000		174 925
22	利润分配	51 000		12 993	—	63 993	
23	主营业务收入			200 000	200 000		
24	主营业务成本			110 000	110 000		
25	营业税金及附加			6 000	6 000		
26	销售费用			3 000	3 000		
27	管理费用			38 100	38 100		
28	财务费用			3 000	3 000		
29	所得税费用			9 975	9 975		
	合计	559 000	559 000	1 562 743	1 562 743	754 193	754 193

（7）编制会计报表（见表6-74、表6-75）。

表6-74

资产负债表

编报单位：华美工厂　　　　　20××年4月30日　　　　　单位：元

资产	期末数	负债及所有者权益	期末数
流动资产：		流动负债：	
货币资金	304 200	短期借款	70 000
应收账款	40 000	应付账款	
预付账款	30 000	其他应付款	3 800
其他应收款	5 000	应付职工薪酬	10 000
存货	111 000	应交税费	47 475
流动资产合计：	490 200	应付利润	25 000
固定资产	167 000	应付利息	－1 000
		流动负债合计：	155 275
		所有者权益：	
		实收资本	340 000
		资本公积	
		盈余公积	50 993
		未分配利润	110 932
		所有者权益合计：	501 925
资产总计	657 200	负债及所有者权益总计	657 200

表6-75

利润表

编报单位：华美工厂　　　　　20××年4月　　　　　单位：元

项目	本期金额
一、营业收入	200 000
减：营业成本	110 000
营业税金	6 000
销售费用	3 000
管理费用	38 100
财务费用	3 000
二、营业利润	39 900
三、利润总额	39 900
减：所得税费用	9 975
四、净利润	29 925

第三节　科目汇总表核算组织程序

一、科目汇总表核算组织程序的特点

为了减少登记总分类账的工作量,人们在记账凭证核算组织程序的基础上,探索出许多种对记账凭证进行汇总的形式,科目汇总表核算组织程序就是其中的一种。其主要特点是,定期将记账凭证汇总编制成科目汇总表,然后根据科目汇总表登记总分类账。

二、科目汇总表核算组织程序

(1) 根据原始凭证和汇总原始凭证,编制收款凭证、付款凭证和转账凭证等记账凭证。

(2) 根据收款凭证和付款凭证,逐笔登记现金日记账和银行存款日记账。

(3) 根据原始凭证、汇总原始凭证和记账凭证逐笔登记各种明细账。

(4) 根据一定时期内的全部记账凭证,汇总编制成科目汇总表。

(5) 根据定期编制的科目汇总表,登记总分类账。

(6) 月终,将现金日记账、银行存款日记账的余额,以及各种明细分类账户余额合计数,分别与总分类账中有关科目的余额核对相符。

(7) 月终,根据核对无误的总分类账和各种明细分类账的记录,编制会计报表。

科目汇总表核算组织程序如图6-2所示。

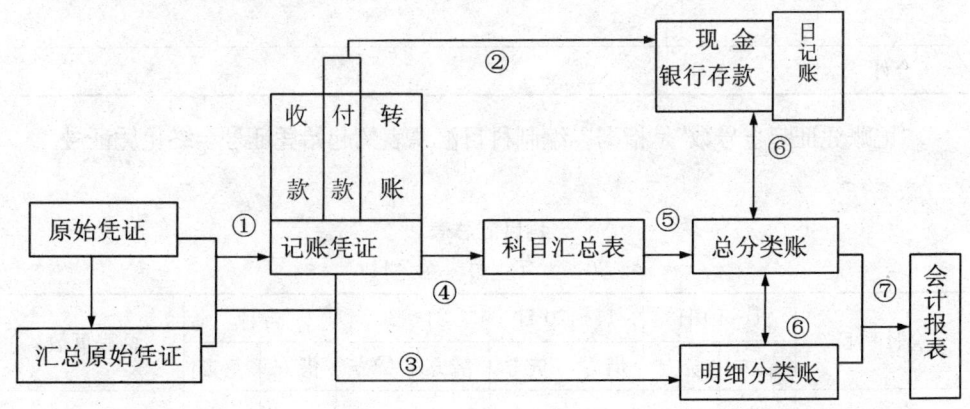

图6-2　科目汇总表核算组织程序

科目汇表核算组织程序与记账凭证核算组织程序相比较,只多了科目汇总表的编制,且登记总账的依据是科目汇总表,而不直接是记账凭证,其他的步骤同记账凭证核算组织程序是一样的。同时,在这种核算组织程序下所需要设置的凭证和账簿与记账凭证核算组织程序一样。

三、科目汇总表的编制

科目汇总表的编制方法是,首先,根据一定期间内的全部记账凭证,按照相同会计科目归类,定期(1 天或 5 天或 10 天,最长不能超过 1 个月)汇总每一会计科目的借方本期发生额和贷方本期发生额,填写在科目汇总表的"会计科目"内。为了便于登记总分类账,会计科目的顺序可与总分类账上会计科目的前后顺序一致。其次,根据汇总期内的所有记账凭证,按照相同的会计科目对每一会计科目的借方本期发生额和贷方本期发生额进行归类汇总,将其汇总数填列在科目汇总表中的各相应会计科目的"借方本期发生额"和"贷方本期发生额"栏内。最后,按会计科目汇总完后,可加总所有借方本期发生额和贷方本期发生额,进行发生额的试算平衡。若两者相等,说明科目汇总表的编制基本正确,即可据以登记总分类账。

科目汇总表可以汇总一次编制一张,也可以分旬汇总,每月编制一张。其格式分别如表 6 - 76 和表 6 - 77 所示。

表 6 - 76

科目汇总表

20××年__月__至__日　　　　　　　　　　第____号

会计科目	总账页数	本期发生额(元)		记账凭证起止号数
		借方	贷方	
合计				

"记账凭证起止号数"是指据以编制科目汇总表的起始凭证号至终止凭证号。

表 6 - 77

科目汇总表

20××年__月__至__日

会计科目	1~10 日		11~20 日		21~30		合计		总账页数
	借方	贷方	借方	贷方	借方	贷方	借方	贷方	
合计									

　　若采用表6-76格式,应每月汇总一次编制一张科目汇总表,据以登记一次总分类账;采用表6-77格式,则分旬汇总,每月编制一张记账凭证汇总表,可以汇总一次登记一次总分类账,也可以按本月合计数于月末登记一次总分类账。

　　【例6-2】　以[例6-1]的资料,如果华美工厂采用科目汇总表核算组织程序,月末根据记账凭证编制的科目汇总表如表6-78所示。

　　　　表6-78

科目汇总表
年　月　日

会计科目	借方发生额	贷方发生额	总账页次	记账凭证起讫号数
库存现金	40 300	51 200		
银行存款	354 600	171 500		
应收账款	234 000	234 000		
其他应收款	1 200	1 200		
原材料	50 000	60 000		
生产成本	100 000	100 000		
制造费用	22 000	22 000		
库存商品	100 000	110 000		
固定资产				
累计折旧		8 000		
短期借款				
应付账款	50 000			现收凭证401号
其他应付款		3 800		现付凭证401~403
应付利息	9 000	3 000		银收凭证401~404号
应付职工薪酬	40 000	45 000		银付凭证401~407号
应交税费	8 500	49 975		转账凭证401~419号
应付利润		10 000		
实收资本		120 000		
盈余公积		2 993		
本年利润	170 075	200 000		
利润分配	12 993			
主营业务收入	200 000	200 000		
主营业务成本	110 000	110 000		
营业税金及附加	6 000	6 000		
销售费用	3 000	3 000		
管理费用	38 100	38 100		
财务费用	3 000	3 000		
所得税费用	9 975	9 975		
合　计	1 562 743	1 562 743		

根据科目汇总表登记总账(部分为例)如表6-79至6-81所示。

表6-79

总分类账

会计科目:库存现金

日期	凭证	摘要	借方	贷方	借或贷	余额
4/1		上月余额			借	12 000
4/30	科汇	1~30日发生额	40 300	51 200	借	1 100
4/30		本期发生额及余额	40 300	51 200	借	1 100

表6-80

总分类账

会计科目:银行存款

日期	凭证	摘要	借方	贷方	借或贷	余额
4/1		上月余额			借	120 000
4/30	科汇	1~30日发生额	354 600	171 500	借	303 100
4/30		本期发生额及余额	354 600	171 500	借	303 100

表6-81

总分类账

会计科目:应收账款

日期	凭证	摘要	借方	贷方	借或贷	余额
4/1		上月余额			借	40 000
4/30	科汇	1~30日发生额	234 000	234 000	借	40 000
4/30		本期发生额及余额	234 000	234 000	借	40 000

四、优缺点及适用范围

科目汇总表核算组织程序与记账凭证核算组织程序相比较,其突出的优点是:每月根据科目汇总表汇总登记总账,大大减少了登记总账的工作量。另外,编制科目汇总表起到了试算平衡的作用。其缺点是:由于科目汇总表是按照总账科目汇总编制的,科目汇总表和总账中不反映科目对应关系,不便于分析经济业务的来龙去脉,不便于查对账目。科目汇总表核算组织程序适用于经济业务量大、记账凭证繁多的单位采用。

第四节 汇总记账凭证核算组织程序

一、汇总记账凭证核算组织程序的特点

汇总记账凭证核算组织程序的特点是定期将收款凭证、付款凭证、转账凭证分别归类编制汇总收款凭证、汇总付款凭证和汇总转账凭证,再根据汇总记账凭证登记总分类账。

二、汇总记账凭证核算组织程序

(1)根据原始凭证或原始凭证汇总表编制记账凭证。

(2)根据收款凭证、付款凭证逐日逐笔顺序登记现金日记账和银行存款日记账。

(3)根据记账凭证和有关原始凭证或原始凭证汇总表逐笔登记各种明细分类账。

(4)根据记账凭证定期编制汇总收款凭证、汇总付款凭证和汇总转账凭证。

(5)根据各种汇总记账凭证登记总分类账。

(6)期末将现金日记账、银行存款日记账、各种明细分类账的余额分别与相关的总分类账户的余额核对相符。

(7)根据总分类账和明细分类账及有关资料编制会计报表。

上述汇总记账凭证账务处理程序的账务处理步骤,如图 6-3 所示。

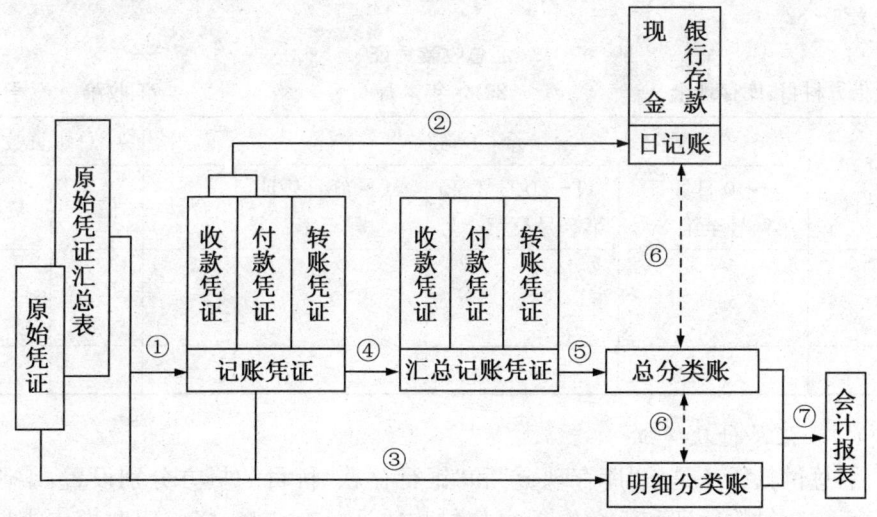

图 6-3 汇总记账凭证账务处理程序

三、汇总记账凭证核算组织程序下凭证、账簿的设置

采用汇总记账凭证核算形式,除仍应设置收款凭证、付款凭证和转账凭证外,还要设置汇总收款凭证、汇总付款凭证和汇总转账凭证。为了便于编制汇总记账凭证,收款凭证应按一个科目的借方与一个或几个科目的贷方相对应的原则编制;付款凭证应按一个科目贷方与一个或几个科目的借方相应的原则编制;转账凭证也应按一个科目的贷方与一个或几个科目的借方相对应的原则编制。不宜设置通用的记账凭证。

此外,还需设置库存现金日记账、银行存款日记账、相关明细分类账和总分类账。日记账采用"三栏式";明细分类账根据需要采用"三栏式"、"数量金额式"或"多栏式";总分类账应采用有"对应科目"栏的"三栏式"的账页。

四、汇总记账凭证的编制及其登账方法

汇总记账凭证应按现金、银行存款的收款和付款凭证,以及转账凭证分别填制"汇总收款凭证"、"汇总付款凭证"和"汇总转账凭证。

(一)汇总收款凭证

汇总收款凭证是按"库存现金"和"银行存款"科目的借方分别设置,编制汇总现金收款凭证和汇总银行存款收款凭证。方法是:将一定时期内需要进行汇总的收款凭证,按其对应的贷方科目进行归类,计算出每一个贷方科目发生额合计数,填入汇总收款凭证中。月末,据以登记"库存现金"和"银行存款"账户的借方以及各个对应账户的贷方。其格式如表6-82所示。

表6-82

汇总收款凭证

借方科目:库存现金　　　　　　　201×年×月　　　　　　　汇收第　　号

贷方科目	金 额				总账页数	
	1～10日凭证第　号至第　号	11～20日凭证第　号至第　号	21～30日凭证第　号至第　号	合计	借方	贷方
合计						

(二)汇总付款凭证

汇总付款凭证是按"库存现金"和"银行存款"科目的贷方分别设置,编制汇总库存现金付款凭证和汇总银行存款付款凭证。方法是:将一定时期内需要汇

总的付款凭证,按其对应的借方科目进行归类,计算出每一个借方科目的发生额合计数,填入汇总付款凭证中。月末,据以登记"库存现金"和"银行存款"账户的贷方以及各个对应账户的借方。其格式如表 6-83 所示。

表 6-83

汇总付款凭证

贷方科目:银行存款　　　　　　201×年×月　　　　　　　汇付第　　号

贷方科目	金　额				总账页数	
	1~10 日凭证第　号至第　号	11~20 日凭证第　号至第　号	21~30 日凭证第　号至第　号	合计	借方	贷方
合计						

(三)汇总转账凭证

习惯上是按转账凭证中每一贷方科目分别设置。方法是:将一定时期内需要进行汇总的转账凭证,按其对应的借方科目进行归类,计算出每一个借方科目发生额合计数,填入汇总转账凭证。月末,根据计算出每个借方科目发生额合计数,登记有关总分类账。其格式如表 6-84 所示。

表 6-84

汇总转账凭证

贷方科目:　　　　　　　　　　201×年×月　　　　　　　汇转第　　号

贷方科目	金　额				总账页数	
	1~10 日凭证第　号至第　号	11~20 日凭证第　号至第　号	21~30 日凭证第　号至第　号	合计	借方	贷方
合计						

由于汇总转账凭证是按贷方科目设置的,所以平时编制转账凭证时,只能列示一借一贷和多借一贷的会计分录,而不宜列示一借多贷的会计分录。如果在汇总期内,某一贷方科目的转账凭证较少时,也可不填制汇总转账凭证,而直接

根据转账凭证记账,或者将所有的转账凭证编制转账凭证科目汇总表,然后据以登记总账。

【例 6-3】 仍以上例〖6-1〗的资料为依据,根据库存现金、银行存款的收付款凭证编制的汇总记账凭证如表 6-85 至表 6-88 所示(汇总转账凭证贷方科目相同的较少,不编制)。

表 6-85

汇总收款凭证

借方科目:库存现金　　　　　　　201×年 4 月　　　　　　　汇收第 1 号

贷方科目	分句资料	合计金额(元)	总账页次
银行存款	(略)	40 000	(略)
其他应收款		300	
合计		40 300	

表 6-86

汇总收款凭证

借方科目:银行存款　　　　　　　201×年 4 月　　　　　　　汇收第 2 号

贷方科目	分句资料	合计金额(元)	总账页次
实收资本	(略)	120 000	(略)
应收账款		234 000	
其他应收款		600	
合计		354 600	

表 6-87

汇总付款凭证

贷方科目:库存现金　　　　　　　201×年 4 月　　　　　　　汇付第 1 号

贷方科目	分句资料	合计金额(元)	总账页次
其他应收款	(略)	1 200	(略)
应付职工薪酬		40 000	
管理费用		10 000	
合计		51 200	

表 6 - 88

汇总付款凭证

贷方科目:银行存款　　　　　　　　201×年 4 月　　　　　　　　汇付第 2 号

贷方科目	分句资料	合计金额(元)	总账页次
原材料		50 000	
应交税费		8 500	
应付账款		50 000	
库存现金	(略)	40 000	(略)
制造费用		4 000	
管理费用		7 000	
销售费用		3 000	
应付利息		9 000	
合计		171 500	

　　根据上述汇总记账凭证登记库存现金、银行存款总分类账如表 6 - 89 至 6 - 90 所示。

表 6 - 89

总分类账

会计科目:库存现金

日期	凭证	摘要	借方	贷方	借或贷	余额
4/1		期初余额			借	12 000
4/30	汇收 1		40 300			
4/30	汇付 1			51 200	借	1100

表 6 - 90

总分类账

会计科目:银行存款

日期	凭证	摘要	借方	贷方	借或贷	余额
4/1		期初余额			借	120 000
4/30	汇收 2		354 600			
4/30	汇付 2			171 500	借	303 100

五、优缺点及适用范围

　　汇总记账凭证核算组织程序与记账凭证核算组织程序相比,其优点是:①可以简化总分类账的登记工作；②收款凭证以借方科目汇总、付款凭证和转账凭证以贷方科目汇总，并且分类平衡，使记账数字不容易失误；③在汇总凭证和总账账页中明确反映账户的对应关系，便于分析经济业务内容，而且发生差错也容易寻找。其缺点是：主要是汇总记账凭证的编制工作比较复杂，工作量较大。所以，汇总记账凭证核算组织程序适用于规模较大、经济业务较多的单位采用。

第五节　　多栏式日记账核算组织程序

一、多栏式日记账核算组织程序的特点

库存现金日记账和银行存款日记账均采用多栏式，根据收款凭证和付款凭证将收付款业务逐笔登记多栏式库存现金日记账和多栏式银行存款日记账，并根据多栏式日记账登记总分类账，其他业务可根据转账凭证或编制转账凭证科目汇总表，并据以登记总分类账。

二、多栏式日记账核算组织程序

（1）根据原始凭证或原始凭证汇总表填制记账凭证。

（2）根据收款凭证和付款凭证逐笔登记多栏式库存现金日记账和多栏式银行存款日记账。

（3）根据原始凭证或原始凭证汇总表以及记账凭证逐笔登记各种明细分类账。

（4）月末，根据多栏式库存现金日记账和多栏式银行存款日记账登记有关总分类账。

（5）根据转账凭证或转账凭证科目汇总表登记有关总分类账。

（6）月末，各种明细分类账的余额合计数，应分别与总分类账中有关账户余额核对相符。

（7）月末，根据总分类账和有关明细分类账的记录编制会计报表。

其程序如图 6-4 所示。

三、优缺点和和适用范围

多栏式日记账核算组织程序的优点是：根据多栏式日记账的各专栏登记总账，减少了登记总账的工作量。多栏式日记账核算组织程序减少了对记账凭证进行汇总的工作量，收付款凭证无需另行汇总，直接作为登记多栏式日记账的依据，转账凭证不多的企业也不需进行汇总，较多时可编制转账凭证汇总表作为登记总账的依据。而且，多栏式日记账也能较好地反映账户的对应关系。其缺点

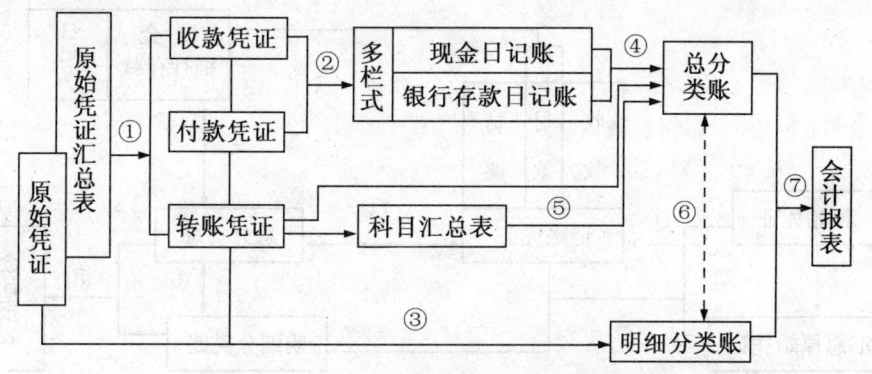

图6-4　多栏式日记账核算组织程序

是:在业务较为复杂的企业,日记账的各专栏很多,账页较庞大,不便于记账。所以,多栏式日记账核算组织程序适用于规模小、业务量少,收付款业务相对较多的单位采用。

第六节　日记总账核算组织程序

一、日记总账核算组织程序的特点

日记总账核算组织程序的特点是,设置日记总账代替总分类账,根据记账凭证逐笔登记日记总账。

二、日记总账核算组织程序

(1)根据原始凭证或汇总原始凭证,编制记账凭证(包括收款凭证、付款凭证和转账凭证)。

(2)根据收款凭证、付款凭证逐笔登记库存现金日记账和银行存款日记账。

(3)根据原始凭证、汇总原始凭证和记账凭证,逐笔登记各种明细分类。

(4)根据记账凭证逐笔登记日记总账。

(5)期末,各种明细分类账的余额与有关日记总账的余额核对相符。

(6)期末,根据日记总账和明细分类账的记录,编制会计报表。

日记总账账务处理程序,如图6-5所示。

三、日记总账的设置及其登记方法

在日记总账核算组织程序下,应设置的凭证种类和账簿格式,除日记总账

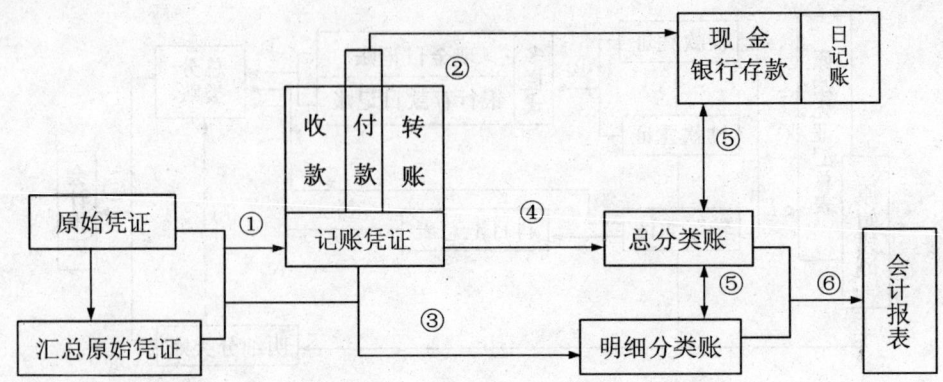

图 6-5 日记总账核算组织程序

外,其他与上述几种核算组织程序基本相同。日记总账的具体格式,如表 6-91 所示。

表 6-91

日记总账
年 月 日

年		记账凭证号数	摘 要	发生额	科目		科目		科目	
月	日				借方	贷方	借方	贷方	借方	贷方
		本月发生额合计								
		月末余额								

在表 6-91 中,日记总额的左方设置了日期、记账凭证号数、摘要、发生额等栏目,用来进行序时核算部分;日记总账的右方按总分类账户设置了专栏,每个专栏下又分别设置了"借方"栏和"贷方"栏,用来进行总分类核算部分。日记总账的登记方法是:每笔经济业务的借方发生额和贷方发生额应在同一行的借方栏和贷方栏内分别登记,并将发生额记入"发生额"栏内。每月登记完毕,应当结算出各栏的合计数,并计算各科目的月末借方余额或贷方余额。"发生额"栏所列本月发生额合计数,应与全部科目的借方发生额和贷方发生额核对相符。

四、优缺点及适用范围

日记总账核算组织程序的优点是:根据记账凭证逐日逐笔登记日记总账,且日记总账是按全部总账科目分借方和贷方设置,可以全面地反映经济业务的来龙去脉,账户对应关系清楚。其缺点是:当企业的业务量大时,涉及的会计科目增多,日记总账的账页横幅过长,不便于记账。所以,日记总账核算程序适用于规模小、业务量少、使用会计科目较少的单位采用。

第七节 普通日记账核算组织程序

一、普通日记账核算组织程序的特点

普通日记账核算组织程序的特点是,不填制记账凭证,而是设置普通日记账,根据原始凭证和汇总原始凭证以会计分录的形式登记普通日记账,然后根据普通日记账登记总分类账。

二、普通日记账核算组织程序

(1)根据原始凭证和汇总原始凭证登记普通日记账。

(2)根据原始凭证、汇总原始凭证和普通日记账,逐笔登记库存现金和银行存款日记账和各种明细分类账。

(3)根据普通日记账逐笔登记总分类账。

(4)月末,将各种明细分类账的余额合计数与总分类账的余额核对相符。

(5)根据核对无误的总分类账和明细分类账的记录编制会计报表。

普通日记账核算组织程序如图6-6所示。

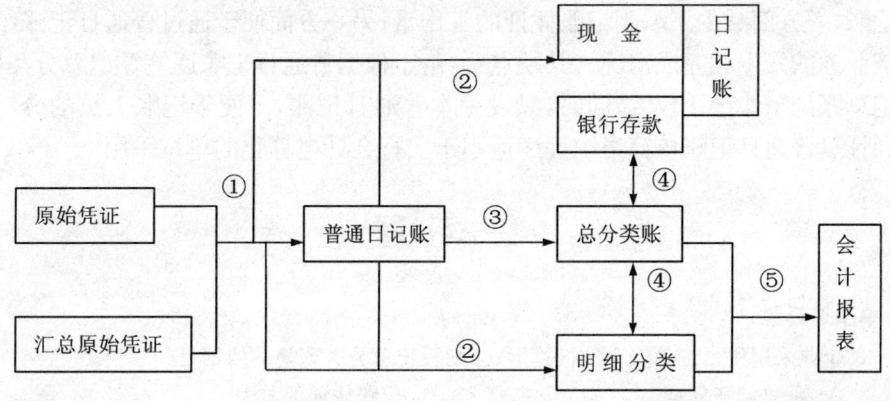

图6-6 普通日记账核算组织程序

三、普通日记账的设置及登记方法

普通日记账是记账凭证与日记账的联合。其格式如表 6 - 92 所示。

表 6 - 92

普通日记账

199××年		摘要	账户名称	借方金额	贷方金额	过账
月	日					
6	1	提取现金	现金			
			银行存款	1 500		
	2	购入材料	材料采购		1 500	
	……		银行存款	5 000		
	……		……		5 000	

根据原始凭证或汇总原始凭证,将经济业务以会计分录的形式计入普通日记账,其登记方法是:

(1) 日期栏:登记经济业务发生的时间。

(2) 摘要栏:经济业务的内容。

(3) 会计科目栏:经济业务应借应贷的会计科目,先填写借方科目,后填写贷方科目。

(4) 金额栏:将应借金额记入"借方"栏,将应贷金额记入"贷方"栏。

(5) 过账栏:在普通日记账登记总分类账中后记"√",避免重复或漏记。

四、优缺点及运用范围

普通日记账核算组织程序的优点是:将经济业务以会计分录的形式记入普通日记账;一方面减少了编制记账凭证的工作量;另一方面便于通过普通日记账了解经济业务的发生和完成情况。其缺点是:由于根据普通日记账逐笔登记总分类账,登记总账的工作量比较大;同时,只设一本普通日记账,不便于记账人员的分工协作,所以,普通日记账核算组织程序适用于实行会计电算化的单位采用。

练 习 题

一、单项选择题

1. 企业采用科目汇总表会计核算形式,则登记总分类账簿的依据是(　　)。

　　A. 汇总记账凭证　　　　　　　　B. 记账凭证汇总表

  C. 汇总转账凭证　　　　　　　　　　D. 原始凭证汇总表

2. 各种会计核算形式的主要区别是(　　)。

  A. 编制会计报表的方法不同　　　　B. 填制会计凭证的程序不同

  C. 登记日记账的依据和人员不同　　D. 登记总分类账簿的依据和方法不同

3. 汇总记账凭证会计核算形式下,反映企业从银行提现的记账凭证应汇总在(　　)。

  A. 汇总收款凭证　　　　　　　　　　B. 汇总付款凭证

  C. 汇总转账凭证　　　　　　　　　　D. 记账凭证汇总表

4. 为了简化核算,记账凭证不多、业务量少的企业可以采用(　　)。

  A. 记账凭证会计核算形式　　　　　　B. 科目汇总表会计核算形式

  C. 汇总记账凭证会计核算形式　　　　D. 多栏式日记账会计核算形式

5. 科目汇总表作为会计核算的一种资料,按其用途属于(　　)。

  A. 原始凭证　　B. 记账凭证　　　　C. 会计账簿　　　　D. 会计报表

6. 运用电子技术进行会计核算的企业一般适采用的会计核算形式是(　　)。

  A. 记账凭证会计核算形式　　　　　　B. 科目汇总表会计核算形式

  C. 日记总账会计核算形式　　　　　　D. 普通日记账会计核算形式

7. 下列各项中,(　　)中的总账的格式一般应采用多栏式。

  A. 汇总记账凭证会计核算形式　　　　B. 日记总账会计核算形式

  C. 多栏式日记账会计核算形式　　　　D. 记账凭证会计核算形式

8. 记账凭证会计核算形式的特点是根据记账凭证逐笔登记(　　)。

  A. 现金、银行存款日记账　　　　　　B. 明细账

  C. 日记账和明细账　　　　　　　　　D. 总账

9. 采用记账凭证核算组织程序,需要设置的总分类账和日记账多采用(　　)。

  A. 三栏式　　　B. 多栏式　　　　　C. 数量金额式　　　D. 两栏式

10. 多栏式日记账核算组织程序中,根据(　　)来填制记账凭证。

  A. 原始凭证和汇总原始凭证　　　　B. 收款凭证和付款凭证

  C. 转账凭证　　　　　　　　　　　　D. 银行存款日记账和现金日记账

二、多项选择题

1. 会计循环的基本程序有(　　)。

  A. 填制和取得原始凭证,并编制记账凭证

  B. 过账,对账、调账和结账

  C. 编制试算平衡表

  D. 编制会计报表

2. 采用记账凭证核算组织程序,需要设置的明细分类账多采用(　　)。

  A. 三栏式　　　B. 多栏式　　　　　C. 数量金额式　　　D. 两栏式

3. 记账凭证核算组织程序多应用于(　　)。

  A. 经营规模小的单位　　　　　　　　B. 经营规模较大的单位

  C. 业务量较大的单位　　　　　　　　D. 业务量较少的单位

4. 下列各项中,属于科目汇总表核算组织程序的优点的有(　　)。

　　A. 每月根据科目汇总表登记总账,大大减少了登记总账的工作量

　　B. 能清楚地反映账户的对应关系,了解经济业务的来龙去脉

　　C. 起到了试算平衡的作用

　　D. 便于核对账目

5. 多栏式日记账核算组织程序可以根据(　　)来登记总分类账。

　　A. 多栏式银行存款日记账　　　　　B. 多栏式现金日记账

　　C. 转账凭证科目汇总表　　　　　　D. 汇总转账凭证

6. 日记总账核算组织程序中,日记总账是分别根据(　　)来逐日逐笔登记的。

　　A. 收、付款凭证　　　　　　　　　B. 转账凭证

　　C. 银行存款日记账　　　　　　　　D. 现金日记账

7. 在编制科目汇总表时,通常是(　　)汇总一次,每月编制一张汇总表。

　　A. 每5天　　　B. 每10天　　　　C. 每旬　　　　　　　D. 每月

8. 下列账务处理程序中,适用于业务量较大的企业的有(　　)。

　　A. 日记总账核算组织程序　　　　　B. 多栏日记账核算组织程序

　　C. 汇总记账凭证核算组织程序　　　D. 科目汇总表核算组织程序

9. 下列各项中,属于普通日记账核算组织程序的有(　　)。

　　A. 根据原始凭证和汇总原始凭证登记普通日记账

　　B. 根据原始凭证、汇总原始凭证和各种日记账登记明细分类账

　　C. 根据原始凭证、汇总原始凭证和普通日记账,登记现金日记账、银行存款日记账和
　　　各种明细分类账

　　D. 根据普通日记账逐笔登记总分类账

10. 各种会计核算形式相比较,它们的相同点有(　　)。

　　A. 会计凭证填制的程序和方法相同

　　B. 会计报表编制的依据和方法相同

　　C. 明细账的登记依据和方法相同

　　D. 总账的登记依据和账页格式相同

三、判断题

1. 记账凭证会计核算形式是其他各种会计核算形式的基础。　　　　　　　　　(　　)

2. 各种账簿都是直接根据记账凭证登记的。　　　　　　　　　　　　　　　　(　　)

3. 企业无论采用何种会计核算形式,其最终的核算结果是一致的。　　　　　　(　　)

4. 科目汇总表和汇总记账凭证表都能起到试算平衡的作用。　　　　　　　　　(　　)

5. 各种会计核算形式的主要区别在于登记账簿的依据和方法不同。　　　　　　(　　)

6. 记账凭证会计核算形式适用于每一个企业。　　　　　　　　　　　　　　　(　　)

7. 科目汇总表会计核算形式的特点是登记账簿的依据是科目汇总表。　　　　　(　　)

8. 企业采用普通日记账会计核算形式,则不需要编制记账凭证。　　　　　　　(　　)

9. 企业无论采用哪种会计核算形式,其日记账的设置都应采用三栏式。　　　　(　　)

10.汇总转账凭证一般是按贷方科目来汇总其对应的各借方科目。　　　　　　（　　　）

四、实务题

1.目的:熟悉会计核算组织程序。

资料:华星工厂某年2月份各账户的期初余额如下:

资料:华星工厂某年2月份各账户的期初余额如下:

库存现金	500	累计折旧	48 240
银行存款	40 000	短期借款	25 000
应收账款	24 000	应付账款	8 895
其他应收款	75	应付职工薪酬	5 000
原材料	14 350	应交税费	11 300
生产成本	12 967	应付利润	5 000
库存商品	48 150	应付利息	740
周转材料	240	实收资本	190 000
固定资产	200 000	盈余公积	46 107

其中有关明细账的期初余额如下:

甲材料100千克计6 350元,乙材料200千克计8 000元;

A在产品200件,"生产成本——A产品"明细账的余额为12 967元,其中直接材料7 245元,直接人工3 555元,制造费用2 167元;

完工产品A产品100件,其明细账余额为14 400元,B产品225件,其明细账余额为33 750元;

应收立新公司账款9 000元,应收丽美公司账款15 000元;

"其他应收款"账户的余额是保管员失职造成的材料损失;

应付宏达公司账款7 410元,应付精诚公司账款1 485元。

该公司3月份发生下列业务:

(1)1日,向宏达公司购入甲材料100千克,已验收入库,收料单第01号,货款6 360元尚未支付。开出支票付讫运杂费140元,材料按实际采购成本转账。

(2)3日,开出支票,支付税金11 300元。另外开出支票支付应付利润5 000元。

(3)4日,受到立新公司所欠账款9 000元。丽美公司所欠账款15 000元,存入银行。另外,开出支票7 410元,偿还宏达公司账款。

(4)5日,发出乙材料150千克,领料单01号,用于B产品生产。另外,以现金50元,支付零星管理费用。

(5)6日,售出A产品75件给立新公司,价款16 500元受到存入银行,发货单01号。

(6)7日,售给丽美公司B产品50件,价款10 000元尚未收到,发货单02号。同时,开出支票支付销售运费500元。同时,发出甲材料50千克,领料单02号,用于A产品生产。

(7)8日,购入乙材料50千克,已验收入库,收料单02,货款2 250元已用银行存款支付,材料按实际成本转账。

(8)9日,发出甲材料125千克,领料单03号,其中制造A产品用料100千克,车间一般耗用 25 千克。

(9) 10 日,向宏达公司购入乙材料 100 千克,已验收入库,收料单 03 号,货款 4 250 元未支付,运杂费 400 元用银行存款付讫,材料按实际采购成本转账。

(10) 11 日,开出支票付精诚公司账款 1 485 元。

(11) 12 日,向精诚公司购入甲材料 150 千克,材料已入库,货款 9 300 元尚未支付,收料单 04 号。运杂费 600 元以银行存款付讫,材料按实际成本结账。

(12) 13 日,完工 A 产品 100 件,验收入库,产成品入库单 01 号。

(13) 14 日,售出 A 产品 50 件,货款 11 500 元已收到并存入银行,发货单 03 号。同日,开出银行支票 5 000 元,提取现金。另外,用现金购买办公用品 65 元,直接交行政管理部门使用。

(14) 15 日,向宏达公司购入乙材料 150 千克,货款 6 000 元尚未支付,材料已验收入库,收料单 05 号。开出支票支付运杂费 690 元,材料按采购成本转账。

(15) 16 日,收到丽美公司账款 10 000 元。同日,开出支票偿付宏达公司货款 6 360 元。

(16) 17 日,售出 B 产品 75 件,货款 15 000 元已收到并存入银行,发货单 04 号。另外,开出支票付运杂费 600 元。

(17) 18 日,发出甲材料 100 千克,其中 A 产品生产用 75 千克,B 产品生产用 25 千克,领料单 04 号。发出乙材料 150 千克,用于 B 产品生产,领料单 05 号。

(18) 20 日,仓库保管员交来现金 75 元。

(19) 21 日,开出支票,支付宏达公司账款 4 250 元。另外,开出支票支付车间机器设备修理费 250 元。

(20) 22 日,完工 A 产品 75 件,验收入库,产品入库单 02 号。

(21) 24 日,开出支票,支付职工报销医药费 780 元。

(22) 26 日,开出支票 9 700 元,提取现金,以准备发放工资。

(23) 28 日,售给立新公司 A 产品 50 件,货款 11500 元尚未收到,发货单 05 号;开出支票支付销售运费 525 元。同时,以现金付讫本月工资 9 700 元。

(24) 30 日,完工 A 产品 25 件,验收入库,产品入库单 03 号。

(25) 31 日经计算本月份生产工人工资为 6 800 元(按产品生产工时比例分配:A 产品 800 工时,B 产品 900 工时),车间管理人员工资 600 元,行政管理人员工资 2 300 元。

(26) 31 日,计提本月固定资产折旧费 1 751.50 元,其中生产用固定资产折旧 1 181 元,管理部门用固定资产折旧 570.50 元。

(27) 31 日,摊销应由本月负担的管理费用 60 元。

(28) 31 日,预提本月应负担的借款利息 370 元。

(29) 31 日,结转本月制造费用,并按产品生产工时比例在 A、B 两种产品间进行分配。

(30) 31 日,A 产品 200 件全部完工,结转其制造成本。

(31) 31 日,结转本月产品销售收入和有关的成本,计算确定本月实现的产品销售利润。

(32) 31 日,结转本月管理费用和财务费用。

(33) 31 日,根据本月实现的利润,按 25 % 的税率计算应交所得税。

(34) 31 日,按税后利润的 10 % 提取盈余公积。

(35) 31 日,应付投资者利润 3 000 元。

要求:采用记账凭证核算组织程序。

(1) 开设三栏式现金日记账和银行存款日记账;开设各有关总分类账户和材料、生产成本、产成品明细分类账户,登记各有关账户的期初余额。(发出材料及产成品按加权平均法计价)。

(2) 根据 3 月份发生的各项经济业务,分别填制现金收、付款凭证,银行存款收、付款凭证和转账凭证,并据以登记各有关账户。

(3) 月末,统计各账户的本期发生额及期末余额。

(4) 进行试算平衡,编制资产负债表及利润表。

五、思考题

(1) 什么是会计循环? 会计循环包括哪些环节?

(2) 会计循环有哪些组织形式? 设计合理的账务处理程序应遵循哪些原则?

(3) 试比较各种账务处理程序,说明各种账务处理程序的特点、一般程序、优缺点、适用范围。

(4) 各种账务处理程序需要设置哪些会计凭证和账簿。

(5) 如何编制科目汇总表?

(6) 如何编制汇总记账凭证?

(7) 如何登记日记总账、多栏式日记账、普通日记账?

第七章 主要经济业务的会计核算

【学习目标和要求】

1. 了解企业主要的经济活动以及相互的关系；
2. 掌握资金筹集业务的账户设置和会计核算；
3. 掌握资产购置业务的账户设置和会计核算；
4. 掌握生产业务的账户设置和会计核算，了解生产费用的归集和分配；
5. 掌握销售业务的账户设置和会计核算；
6. 掌握财务成果和利润分配的账户设置和会计核算。

    企业为了进行生产经营，必须拥有一定数量的资金或资本，那么就需要进行筹资。有了资金才能开展生产经营。企业生产经营过程是以生产为中心的供应、生产、销售环节的统一体，经营的目的是为了获得利润。利润是指企业在生产经营过程中形成的财务成果，如果企业有利润就应当向国家交纳所得税，并对税后利润即净利润进行分配。因此，企业主要经营过程核算的内容包括：资金筹集业务、资产购置业务、生产业务、销售业务、财务成果和利润分配业务。

第一节 资金筹集业务的核算

一、资金筹集业务核算的具体内容

    企业资产的资金来源主要有两条渠道：一是投资人的投资及其在经营过程中所形成的增值，形成投资人的权益，该部分业务可以被称为权益资金筹集业务；二是从债权人借入的资金，形成债权人的权益，该部分业务可以被称为负债资金筹集业务。会计上一般将债权人的要求权和投资人的要求权统称为权益。

    企业从投资人那里筹集到的资金形成企业的所有者权益的重要组成部分，企业的所有者权益包括实收资本、资本公积、盈余公积和未分配利润四个部分。其中实收资本和资本公积是所有者直接投入企业的资本和资本溢价，一般将实收资本和资本公积统称为投入资本；盈余公积和未分配利润是企业在经营过程中所实现的利润留存于企业的部分,称为留存收益。

二、投入资本的核算

(一)投入资本概述

1. 投入资本的类型

投入资本是企业实际收到的投资者投入企业的资本金。从不同角度出发,可将其分为不同类型。

(1)按投资主体不同,投入资本可分为国家资本金、企业资本金、个人资本金和外商资本金。它们反映了不同的产权关系,表明不同所有者对企业应享有的权利和应承担的义务。

(2)按接受投入资本所表现的资产的形式不同,可将其分为货币资金投资(包括投资人购股票投入的货币资金)、实物资产投资(包括固定资产、存货等)和无形资产投资等。

2. 投入资本的计价

不同形式的投资其计价方法不同,企业实际收到投资者投入的各种投资,都应按下列原则计价入账:

(1)以货币资金投资的,应按实际收到或者存入企业开户银行的金额作为实收资本。实际收到或存入企业开户银行的金额超过其在该企业注册资本中所占份额的部分,计入资本公积。

(2)以非现金资产(即实物资产和无形资产)投资的,应按投资各方确认的价值作为实收资本。为首次发行股票而接受投资者投入的无形资产,应按该无形资产在投资方的账面价值入账。

(3)通过发行股票接受的投资,应按股票面值作为投入资本,即股本,超过面值发行取得的收入,其超过面值的部分扣除发行股票支付的手续费、印刷费等费用后的余额,作为股本溢价,计入资本公积。

(二)投入资本核算

1. 设置的主要账户

为了反映企业实际收到的投入资本增减变动情况及其结果,应设置的主要账户是"实收资本"(在股份有限公司设"股本")、"资本公积"账户;同时,为了反映企业实际收到的投入资本所形成资产的增减变动情况及其结果,还应设置"银行存款"、"固定资产"、"无形资产"等账户。

"实收资本(或股本)"账户属于所有者权益类账户,用来核算企业按章程规定投资者投入企业的资本,即企业在工商行政管理部门登记的注册资金。该账户贷方登记企业实际收到的投资者投入的资本(或股本),借方登记企业退回投资者的资本(或股本),该账户期末贷方余额反映企业实收资本或股本总额。"实收资本"账户按投资人、投资单位设置明细账。

"固定资产"账户属于资产类账户,用来核算企业为生产商品、提供劳务、出租或经营管理而持有的、使用寿命超过一个会计年度的有形资产。该借方登记固定资产增加的原价,贷方登记固定资产减少的原价,期末借方余额反映企业结存的固定资产原价。该账户按固定资产品种设置明细账。

"无形资产"账户属于资产类账户,用来核算企业持有的无形资产成本,包括专利权、非专利技术、商标权、著作权、土地使用权等。该账户的借方登记增加的无形资产的成本,贷方登记减少的无形资产的成本,该账户的期末借方余额反映企业无形资产的成本。该账户按无形资产项目设置明细账进行明细核算。

2. 投入资本的账务处理

现举例说明投入资本的核算。

【例 7 - 1】　红光制造厂 201×年 12 月份发生的投入资本的经济业务为:

(1) 企业收到国家投入货币资金 800 000 元,收到银行的收款通知,该款项已存入企业存款户。该笔业务发生,引起银行存款增加 800 000 元,应记入"银行存款"账户借方,同时引起投入资本增加 800 000 元,应记入"实收资本"账户贷方。其会计分录为:

借:银行存款　　　　　　　　　　　　　　　　　　　　800 000
　　贷:实收资本——国家资本金　　　　　　　　　　　　　　800 000

(2) 企业收到 H 公司投入专利技术一项,账面净值为 60 000 元,双方确认价为 60 000 元。该笔业务发生后,企业接受的投资为专利技术属于无形资产,应按双方确认价计价入账。一方面引起企业无形资产增加 60 000 元,应记入"无形资产"账户借方;另一方面引起投入资本增加 60 000 元,记入"实收资本"账户贷方。其会计分录为:

借:无形资产　　　　　　　　　　　　　　　　　　　　70 000
　　贷:实收资本——H 公司　　　　　　　　　　　　　　　70 000

(3) 企业收到 M 公司投入新机器 5 台,价值 200000 元。该笔业务发生后,企业接受的投资为新机器,一方面引起企业固定资产增加,应记入"固定资产"账户借方;另一方面引起投入资本增加,记入"实收资本"账户贷方。其会计分录为:

借:固定资产　　　　　　　　　　　　　　　　　　　　200 000
　　贷:实收资本——M 公司　　　　　　　　　　　　　　　200 000

三、借入资金的核算

借入资金是企业向银行或非银行的其他金融机构等债权人借入的款项。借入资金到期必须偿还，并支付利息。企业借款，按偿还时间的长短，分为短期借款和长期借款。企业借入的款项，必须按贷款单位的借款规定办理手续，支付利息，到期归还本息。

（一）短期借款的核算

1. 设置的主要账户

短期借款的核算内容包括取得借款、支付利息和偿还本金三项主要业务。为了反映短期借款的取得、负担的利息和偿还等情况，应设置"短期借款"、"财务费用"和"应付利息"等账户。

"短期借款"账户属于负债类账户，用来核算企业向银行或其他金融机构等借入的期限在1年以下（含1年）的各种借款本金。该账户的贷方登记借入的各种借款的本金数，借方登记归还的各种借款的本金数，贷方期末余额反映企业尚未偿还的短期借款的本金数。该账户按借款种类、贷款人和币种进行明细核算。

实际工作中，由于银行一般于每季末收取短期借款利息，企业的短期借款利息一般采用月末预提的方式进行核算。短期借款利息，月末预提时应记入"财务费用"账户借方，同时记入"应付利息"账户贷方。季末时可不预提，直接列为财务费用。

"财务费用"账户属于损益类账户，用来核算企业为筹集生产经营所需资金等而发生的筹资费用，包括利息支出（减利息收入）、汇兑损益以及相关手续费等。该账户借方登记企业发生的财务费用，贷方登记期末转入"本年利润"账户的数额，结转后应无余额。该账户可按费用项目进行明细核算。

2. 短期借款的账务处理

【例7-2】 红光制造厂201×年1月1日发生的有关短期借款业务如下：

（1）企业向某商业银行借入期限为半年，年利率为7.2％的借款100 000元，到期一次还本付息。所借款项存入银行。

该笔业务发生后，一方面引起资产类的银行存款增加100 000元，记入"银行存款"账户借方；另一方面引起负债类的短期借款增加100 000元，记入"短期借款"账户贷方。其会计分录为：

借：银行存款　　　　　　　　　　　　　　　　100 000
　　贷：短期借款　　　　　　　　　　　　　　　　100 000

（2）预提1、2月份应负担的短期借款利息。

预提1、2月份负担的短期借款利息，一方面引起费用类的财务费用的增加

600 元,记入"财务费用"账户借方;另一方面引起负债类的应付利息增加 600 元,记入"应付利息"账户贷方。其会计分录为:

借:财务费用　　　　　　　　　　　　　　　　　　　　　　　　600
　　贷:应付利息　　　　　　　　　　　　　　　　　　　　　　　　600

(3) 3 月末支付一季度利息,3 月份利息不再预提,直接列为财务费用,同时冲销 1、2 月份预提的借款利息 1 200 元。其会计分录为:

借:财务费用　　　　　　　　　　　　　　　　　　　　　　　　600
　　应付利息　　　　　　　　　　　　　　　　　　　　　　　1 200
　　贷:银行存款　　　　　　　　　　　　　　　　　　　　　　1 800

第二季度的利息处理方法与以上同。

(4) 归还本金时。

借:短期借款　　　　　　　　　　　　　　　　　　　　　　100 000
　　贷:银行存款　　　　　　　　　　　　　　　　　　　　　100 000

(二) 长期借款的核算

1. 设置的主要账户

长期借款的核算内容包括借款取得、利息计提和到期还本付息等业务。为了反映长期借款的取得、负担的利息和偿还等情况,应设置"长期借款"等账户。

"长期借款"账户属于负债类账户,用来核算企业向银行或其他金融机构等借入的期限在 1 年以上(不含 1 年)的各种借款,该账户的贷方登记长期借款的增加额,借方登记长期借款的减少额,贷方余额表示企业尚未偿还的长期借款。本账户应按照贷款单位和贷款种类,分别按"本金"、"利息调整"进行明细核算。

长期借款利息费用按以下原则计入有关成本、费用:属于筹建期间的,计入管理费用;属于生产经营期间的,计入财务费用。如果长期借款用于购建固定资产,在固定资产尚未达到预定可使用状态之前,所发生的应当资本化的利息支出,计入在建工程;固定资产达到预定可使用状态后发生的利息支出,以及按规定不能予以资本化的利息支出,计入财务费用。应付未付的利息,记入"应付利息"贷方。

2. 长期借款的账务处理

【例 7-3】　红光制造厂 201× 年 12 月发生的有关长期借款业务如下:

(1) 企业向某商业银行借入期限为 2 年的借款 50 万元,实际年利率为 8%,合同年利率为 7%,到期一次还本付息。所借款项存入银行,该项借款用于企业改造工程设备。

该笔业务发生后,一方面引起资产类的银行存款增加 500 000 元,记入"银

行存款"账户借方;另一方面引起负债类的长期借款增加 500 000 元,记入"长期借款"账户贷方。其会计分录为:

借:银行存款   500 000
  贷:长期借款——本金   500 000

(2)用于改造设备工程时,其会计分录为:

借:在建工程   500 000
  贷:银行存款   500 000

(3)年末计提利息时,其会计分录为:

借:在建工程(500 000×8%)   40 000
  贷:应付利息(500 000×7%)   35 000
    长期借款——利息调整   5 000

第二节　资产购置业务的核算

一、资产购置业务核算的内容

企业筹集资金是为了运用资金实现其经营目标。将筹集的资金进行使用,如购建固定资产、购买原材料,为生产准备必要的劳动资料和劳动对象,所以企业的资产购置业务核算的主要内容包括固定资产购建业务和材料采购业务。

二、固定资产购建业务的核算

固定资产是指同时具有为生产商品、提供劳务、出租或经营管理而持有,使用寿命超过一个会计年度特征的有形资产。固定资产同时满足下列条件的,才能予以确认:"与该固定资产有关的经济利益很可能流入企业;该固定资产的成本能够可靠地计量。"

固定资产应当按照成本进行初始计量。外购固定资产的成本包括购买价款、相关税费、使固定资产达到预定可使用状态前所发生的可归属于该项资产的运输费、装卸费、安装费和专业人员服务费等。自行建造的固定资产的成本由建造该项资产达到预定可使用状态前所发生的必要支出构成。

(一)设置的主要账户

为了反映和监督固定资产原始价值的增减变化及其结存情况,需设置"固定资产"账户,该账户核算企业持有的固定资产原价。该账户借方登记固定资产取得成本的增加,贷方登记固定资产取得成本的减少,期末余额在借方,表示固定资产原值的结余额。该账户应按照固定资产的种类和项目设置明细账进行明细核算。

为了反映和监督购建固定资产的实际支出,还需设置"在建工程"账户。在建工程是指企业正在施工、安装中的尚未达到预计可使用状态的基建工程、安装工程等。该账户的借方登记各项在建工程的实际支出,贷方登记完工工程转出的实际支出,期末借方余额反映企业尚未完工的在建工程发生的实际支出。该账户按工程项目或内容设置明细账,进行明细核算。

(二)固定资产购建业务的账务处理

【例 7-4】 利华制造厂 201×年 12 月发生的有关固定资产购建业务如下:

(1)企业购入一台不需安装的生产用的新设备,价 50 000 款元,另外支付运输途中保险费、运输费及相关的税费共计 10 000 元,款项全部用银行存款支付。

该笔业务后发生,一方面引起资产类固定资产的增加 60 000 元(50 000+10 000),应直接记入"固定资产"账户的借方;另一方面引起资产类银行存款的减少 60 000 元,应记入"银行存款"账户的贷方。其会计分录为:

借:固定资产		60 000
贷:银行存款		60 000

(2)企业购入一台需要安装的生产用的新设备,价值 35 000 元,支付运输费及途中保险费、有关税费等 7 000 元,设备已交付安装,并支付安装费 2 000 元,款项全部用银行存款支付。

该笔业务发生后,一方面引起资产类的在建工程增加 44 000 元(35 000+7 000+2 000),应记入"在建工程"账户的借方;另一方面引起资产类银行存款的减少 44 000 元,应记入"银行存款"账户的贷方。其会计分录为:

借:在建工程		44 000
贷:银行存款		44 000

(3)设备安装完毕,交付使用,结转工程成本 44 000 元。

企业购入设备安装完毕交付使用时,结转工程成本,表明企业固定资产增加,应自"在建工程"账户的贷方转入"固定资产"账户的借方。其会计分录为:

借:固定资产		44 000
贷:在建工程		44 000

三、材料采购业务的核算

(一)材料采购业务核算的具体内容

企业要进行正常的生产经营活动,就必须采购一定种类和数量的材料。在采购时,企业要支付购入材料的买价和各项采购费用,并与供应单位等发生货款结算关系;材料运到企业后验收入库并结转材料的采购成本,就成为企业可供生产消耗的库存材料。因此,材料采购业务核算的具体内容包括:

(1) 材料的购买价。材料的购买价是指企业购入各种材料时,供货单位开出的发票上确认的购货价格。

(2) 进项税额。进项税额是企业购进材料时应支付给供货方的增值税税额。

$$进项税额＝购买价×增值税税率$$

(3) 材料的采购费用。材料采购费是指企业在采购材料过程中发生的,除购买价、进项税额之外所需支付的各项费用,包括购入材料的运输费、包装费、保险费、检验费、装卸费以及入库前的整理挑选费用等,它是材料采购成本的组成内容。

采购费用可分为直接采购费用和共同采购费用两种。直接采购费用是指发生时能直接确认应由某种材料负担的费用,该种费用发生后直接记入各种材料的采购成本。共同采购费用是指应由多种材料共同负担的采购费用,该种费用发生后应按一定标准分配记入各种材料的采购成本,分配标准主要有采购数量、价格等。

共同采购费用的分配方法和步骤是:

第一步,计算分配率:

$$分配率＝共同采购费用总额÷分配标准(各种材料的采购数量或买价)之和$$

第二步,计算某材料应负担共同采购费用:

$$某材料应负担共同采购费用＝该材料分配标准(数量或买价)×分配率$$

(4) 材料的采购成本。材料采购成本是指企业购入材料的购买价与采购费用之和。

$$某种材料的采购总成本＝该种材料的买价＋该种材料的采购费用$$
$$某种材料的采购单位成本＝该种材料的采购总成本÷该种材料的采购数量$$

(二) 材料采购业务核算

1. 设置的主要账户

材料日常核算有计划成本和实际成本两种。材料品种繁多的企业一般采用计划成本进行日常核算,对某些品种不多,但占产品生产成本比重较大的原料或主要材料,可以单独采用实际成本进行日常核算。规模较小、材料品种简单、采购业务不多的企业也可以采用实际成本进行日常核算。

　　为了反映和监督材料采购及相关业务,一般应设置的主要账户有"材料采购"、"在途物资"、"原材料"、"应付账款"、"预付账款"、"应交税费——应交增值税"等。企业采用计划成本进行日常核算材料的,还应设置"材料成本差异"账户,以核算计划成本与实际成本的差额。

　　"材料采购"账户属于资产类账户,材料按计划成本核算的企业,应设置此账户。该账户的借方登记购入材料的买价和采购费用即实际成本和结转入库材料实际成本小于计划成本的节约差异,贷方登记验收入库材料的计划成本和结转入库材料的实际成本大于计划成本的超支差异,期末余额在借方,表示尚未运达企业或者已经运达企业但尚未验收入库的在途材料的成本。该账户应按材料类型设置明细账进行明细核算。

　　"材料成本差异"账户属于资产类账户,是"原材料"账户的备抵账户。材料按计划成本核算的企业,应设置此账户。该账户是原材料的调整账户,用来核算企业已入库各种材料的实际成本与计划成本的差异。该账户借方登记超支差异及发出材料应分配的节约差异,贷方登记节约差异及发出材料应负担的超支差异。期末余额如在借方,表示库存材料实际成本大于计划成本的超支差异;如为贷方余额,表示库存材料实际成本小于计划成本的节约差异。

　　"原材料"账户属于资产类账户,用来反映和监督各种材料的收发结存情况,借方登记验收入库材料成本,贷方登记领用材料成本,期末借方余额表示期末库存材料的实际成本或计划成本。该账户应按材料的保管地点、材料类型或规格等分设明细账,以反映每种材料的收发结存情况。

　　"在途物资"账户属于资产类账户,材料按实际成本核算的企业,应设置此账户。该账户用来核算企业已经付款或已开出、承兑商业汇票,但尚未到达尚未验收入库的原材料。该账户借方登记已支付或已开出、承兑商业汇票的原材料的实际成本,贷方登记已验收入库的原材料的实际成本,期末借方余额反映已经付款或已开出、承兑商业汇票,但尚未验收入库的在途物资的实际成本。该账户应按供货单位设置明细科目,进行明细核算。

　　"应付账款"账户属于负债类账户,用于核算企业与供应单位结算货款时相应发生的结算债务的增减变动和结余情况。该账户贷方登记债务的增加,借方登记债务的减少,期末贷方余额表示尚未清偿的债务,该账户应按债权人或供应单位名称分设明细账进行明细核算。

　　"预付账款"账户属于资产类账户,用来核算企业按照合同规定向供应单位预付购料款而与供应单位发生的结算债权的增加变动及其结余情况。该账户借方登记结算债权的增加即预付款的增加,贷方登记收到供应单位提供的材料而应冲销的预付款。期末余额一般在借方,表示尚未结算的预付款的结余额。该账户应按照供应单位的名称设置明细账户,进行明细核算。

"应交税费——应交增值税"账户属于负债类账户,是专门用来核算企业的增值税的明细账户,该账户的借方登记企业购进应税产品等而向销售企业支付的增值税进项税额,贷方登记企业销售应税产品等而向购买单位收取的增值税销项税额。

2. 按实际成本核算材料采购业务的账务处理

【例7-5】 201×年12月利民制造厂发生的材料采购业务如下:

(1)向外地 A 公司购入甲种材料,200 吨,每吨 800 元,买价 160 000 元,并按 17%增值税税率向供应商支付增值税,增值税专用发票上注明增值税税款为27 200 元,材料尚未运到,全部款项以银行存款支付。

该笔业务发生后,一方面引起资产类在途物资增加 160 000 元,按规定记入"在途物资"账户借方,增值税税款 27 200 元是购料时发生的进项税额,记入"应交税费——应交增值税"账户借方;另一方面引起银行存款减少 187 200 元,应记入"银行存款"账户贷方。其会计分录为:

```
借:在途物资——甲材料                            160 000
    应交税费——应交增值税(进项税额)              27 200
    贷:银行存款                                        187 200
```

(2)向外地 B 公司购入乙材料 100 吨,单价 400 元,买价 40 000 元并按17%增值税税率向供货单位支付增值税,增值税专用发票上注明增值税税款为6 800 元,材料尚未运到,款项尚未支付。

该笔业务发生后,一方面引起资产类在途物资增加 40 000 元,按规定应记入"在途物资"账户借方;发生的增值税进项税额 6 800 元,记入"应交税费——应交增值税"账户借方;另一方面全部款项尚未支付,引起企业对供货单位——B公司债务的增加,应记入"应付账款"账户贷方。其会计分录为:

```
借:在途物资——乙材料                            40 000
    应交税金——应交增值税(进项税额)               6 800
    贷:应付账款 ——B公司                                46 800
```

(3)按合同规定,以银行存款向 C 单位预付订购丙材料的款项 42 120 元。

该笔业务发生后,一方面引起银行存款减少 42 120 元,应分别记入"银行存款"账户贷方;另一方面引起企业对供货单位——C 公司的一项债权的增加,应记入"预付账款"账户借方。其会计分录为:

```
借:预付账款——C公司                             42 120
    贷:银行存款                                        42 120
```

（4）以银行存款偿还欠 B 公司购入乙材料的全部款项 46 800 元。

该笔业务发生后，一方面引起银行存款减少 46 800 元，应记入"银行存款"账户贷方；另一方面引起企业对供货单位债务的减少，应记入"应付账款"账户借方。其会计分录为：

借：应付账款——B公司　　　　　　　　　　　　　　　　　46 800
　　贷：银行存款　　　　　　　　　　　　　　　　　　　　　　　46 800

（5）购进的甲材料 200 吨，乙材料 100 吨共发生运费为 1 500 元，已用银行存款支付。

该笔业务的发生后，表明运费为 1 500 元，应由甲、乙两种材料共同负担，需要按一定的标准在它们之间进行分配。现以其重量为标准进行分配。

分配率＝1 500÷（200＋100）＝5（元/吨）

甲材料应负担运杂费 ＝ 5×200＝1 000（元）

乙材料应负担运杂费 ＝ 5×100＝500（元）

经分配后，甲、乙材料各自负担的采购费用均构成各自的采购成本，应记入"在途物资"账户借方；同时，银行存款减少 1500 元，应记入"银行存款"账户贷方。其会计分录为：

借：在途物资——甲材料　　　　　　　　　　　　　　　　　1 000
　　　　　　——乙材料　　　　　　　　　　　　　　　　　　500
　　贷：银行存款　　　　　　　　　　　　　　　　　　　　　1 500

（6）购进的甲材料、乙材料全部运到验收入库，计算结转其实际采购成本。

甲、乙材料实际采购成本分别为：

甲材料总成本＝160 000＋1 000＝161 000（元）

甲材料单位成本＝161 000÷200＝805（元/吨）

乙材料总成本＝40 000＋500＝40 500（元）

乙材料单位成本＝40 500÷100＝405（元/吨）

该笔业务发生后，表明甲、乙材料采购过程已经完成，材料采购成本已经计算确定，结转其实际采购成本，应从"在途物资"账户的贷方转入"原材料"账户的借方。

借：原材料——甲材料　　　　　　　　　　　　　　　　　161 000
　　　　　——乙材料　　　　　　　　　　　　　　　　　　40 500
　　贷：在途物资——甲材料　　　　　　　　　　　　　　　161 000
　　　　　　　　——乙材料　　　　　　　　　　　　　　　　40 500

（7）收到 C 公司发来的丙材料 100 吨，单价 360 元，增值税款专用发票上注明增值税税款为 6 120 元,全部款项以原预付款抵付。

该笔业务发生后,丙材料的购买价 36 000 元,记入"在途物资"账户借方;增值税款 6 120 元,记入"应交税费——应交增值税"账户借方;以预付款抵付全部款项,引起预付账款减少了 42 120 元,应记入"预付账款"账户贷方。其会计分录为:

借:在途物资——丙材料　　　　　　　　　　　　　　　　36 000
　　应交税费——应交增值税(进项税额)　　　　　　　　 6 120
　　贷:预付账款　　　　　　　　　　　　　　　　　　　　　42 120

(8) 用现金支付丙材料装卸费 200 元。

该笔业务发生后,一方面构成丙材料的采购费用,应记入"在途物资"账户借方;另一方面现金减少 200 元,应记入"现金"账户贷方。其会计分录为:

借:在途物资——丙材料　　　　　　　　　　　　　　　　　 200
　　贷:现金　　　　　　　　　　　　　　　　　　　　　　　　 200

(9) 丙材料验收入库完毕,计算结转丙材料的实际采购成本。

丙材料实际采购成本为:

丙材料总成本＝36 000＋200＝36 200(元)

丙材料单位成本＝36 200÷100＝362(元/吨)

该笔业务发生后,丙材料采购过程已经完成,材料采购成本已经计算确定,结转丙材料的实际采购成本,应从"在途物资"账户的贷方转入"原材料"账户的借方。其会计分录为:

借:原材料——丙材料　　　　　　　　　　　　　　　　　36 200
　　贷:在途物资——丙材料　　　　　　　　　　　　　　　　36 200

第三节　生产过程业务的核算

一、生产业务核算的内容

产品生产是制造企业生产经营活动的中心环节,是制造企业生产经营活动的第二个阶段。这一阶段是人们借助于劳动资料,作用于劳动对象,创造出新产品的过程。可见,生产过程既是企业新产品的生产过程,也是活劳动和物化劳动的消耗过程。企业为生产产品所发生的各项耗费,最终都要归集分配到具体的产品成本计算对象上去。所以,产品生产业务核算的内容,就是生产费用的归集与分配和产品生产成本的计算。

（一）生产费用

企业在一定时期的生产经营活动中发生的各项耗费统称为费用。费用按是否构成产品的生产成本（或按经济用途）划分，可分为生产费用和期间费用。

（1）生产费用是指企业在一定时期为生产产品所发生的各项费用。具体包括：有关劳动对象消耗的费用，如消耗的原料、燃料、辅助材料等；有关劳动资料消耗的费用，如固定资产折旧费、修理费等；有关劳动者消耗的费用，如支付给职工的薪酬等；其他有关费用，如办公费、水电费、差旅费、租金支出、书报费，等等。

以上各项费用，有的能够直接计入产品的生产成本，有的需要分配后才能计入产品的生产成本。能够直接计入产品生产成本的生产费用称为直接生产费用，需要分配后才能计入产品生产成本的生产费用称为间接生产费用，间接生产费用也称为制造费用。

（2）期间费用是指与产品生产无直接关系，属于某一期间耗费的费用，不计入产品成本，而是直接计入当期损益。期间费用包括管理费用、财务费用、销售费用。管理费用是指企业行政管理部门为组织和管理生产经营活动而发生的费用，包括行政管理人员工资和福利费、行政部门固定资产折旧费和修理费、工会经费、业务招待费、职工教育经费、劳动保险费、待业保险费、无形资产摊销、坏账损失等，这些费用发生后，按月汇集，月末直接转入当期损益。财务费用是指企业为筹集生产经营所需资金等而发生的费用，包括借款利息支出（减利息收入）、发行债券的利息支出及相关手续费、支付给金融机构的手续费等，这些费用发生后，按月汇集，月末直接转入当期损益。销售费用是指企业专设销售机构的各项经费和销售商品、提供劳务等日常活动中发生的除营业成本以外的各项费用。

（二）生产成本

生产成本亦称制造成本，是企业为生产一定种类和数量的产品所发生的生产费用。即将生产费用按照一定的产品成本计算对象进行归集分配，便形成该产品的生产成本。简言之，生产成本就是对象化的生产费用。

生产成本的基本项目由直接材料费、直接人工费和制造费用三个部分构成，这三项成本项目简称为料、工、费。

直接材料费是指企业在生产产品和提供劳务的过程中所消耗的、直接用于产品生产，构成产品实体的各种原材料及主要材料、外购半成品以及有助于产品形成的辅助材料等。由于这些费用发生时就能判明属于哪种产品消耗的，因此，这些费用发生后直接归集到各该产品成本中去。

直接人工费是指企业在生产产品和提供劳务过程中，直接从事产品生产的工人的工资、津贴、补贴等。由于生产工人直接从事产品生产，人工费用的发生能够判明应由哪种产品负担。因此，这些费用发生后直接归集到各产品成本中去。

制造费用是指企业生产车间为组织和管理生产活动而发生的各项间接生产费用。它包括车间管理人员的工资、提取的福利费，车间一般消耗的材料费用，车间机器设备等固定资产折旧费、修理费，车间发生的办公费、水电费、劳动保护费等。这些费用通常不能直接认定应由哪种产品负担，因此，平时按月归集、汇总，月末再按一定标准分配计入各种产品成本中去。分配的主要标准有生产工人的工资、生产工时等。

二、企业生产业务的核算

(一) 设置的主要账户

制造业为了进行生产费用的归集与分配和产品生产成本的计算，需要设置的主要账户有"生产成本"、"制造费用"、"应付职工薪酬"、"累计折旧"、"管理费用"、"库存商品"等。

"生产成本"账户属于成本类账户，用于核算产品生产过程中所发生的各项生产费用，确定产品实际生产成本。该账户借方登记应计入产品生产成本的全部生产费用，包括直接计入产品生产成本的直接材料费、直接人工费，以及期末按照一定的方法分配计入产品生产成本的制造费用，贷方登记结转完工入库产品的实际成本。期末如有余额在借方，表示尚未完工产品的生产成本。该账户按产品品种分别开设明细账进行明细核算。

"制造费用"账户属于成本类账户，用于核算企业生产车间或部门为组织和管理生产活动而发生的间接生产费用。该账户的借方登记车间发生的机物料消耗、管理人员的工资等职工薪酬、发生的季节性停工损失、办公费、水电费等，贷方登记期末分配结转至"生产成本"账户，期末一般无余额。该账户应按各生产部门设置明细分类账户，进行明细核算。

"应付职工薪酬"账户属于负债类账户，核算企业根据有关规定应付给职工的各种薪酬。它包括工资、职工福利、社会保险费、住房公积金、工会经费、职工教育经费、非货币性福利等。该账户的借方登记向职工支付的工资、奖金、津贴、福利费等及扣还的各种款项，贷方登记应分配的职工薪酬的数额，余额在贷方表示企业应付未付的职工薪酬。该账户可按职工薪酬的种类进行明细核算。

"累计折旧"账户属于资产类账户，用来核算企业固定资产的累计折旧。该账户的贷方登记按期(月)计提的固定资产的折旧额，借方登记处置固定资产的累计折旧的转销额，期末贷方余额，反映企业固定资产的累计折旧额。该账户可按固定资产的类别或项目进行明细核算。

"管理费用"账户属于损益类账户，用来核算企业为组织和管理生产经营所发生的管理费用,包括企业在筹建期间内发生的开办费、董事会和行政管理部门在企业的经营管理中发生的或者应由企业统一负担的公司经费、工会经费、董事会费、诉讼费、矿产税、车船税、城镇土地使用税、印花税、技术转让费、矿产资源补偿费、研究费用、排污费等。该账户的借方登记发生的各项管理费用,贷方登记期末结转至"本年利润"账户的费用,期末一般无余额。该账户可按费用项目进行明细核算。

"库存商品"账户属于资产类账户,用来核算企业库存的外购商品、自制产成品、自制半成品等的实际成本或计划成本的增减变动和结余情况。该账户的借方登记验收入库商品成本的增加,贷方登记库存商品成本的减少,期末余额在借方,表示库存商品成本的期末结余额。该账户应按商品的种类、名称以及存放地点等设置明细账,进行明细核算。

(二)生产业务的账务处理

【例7-6】 以红星制造厂201×年12月的生产业务为例说明生产费用的归集和产品成本计算原理。

(1)根据发料汇总表,企业本月领用甲、乙材料分别用于制造 A. B 产品及其他用途,其具体情况如表7-1所示。

表7-1

发料汇总表

用途	材料类别	数量	单价	金额
A产品	甲材料	65 吨	3 000	195 000
B产品	乙材料	25 吨	6 000	150 000
车间一般耗用	甲材料	5.6 吨	3 000	16 800
管理部门耗用	甲材料	2.8 吨	3 000	8 400
合计				370 200

该笔业务发生后,使企业库存材料减少 370 200 元,记入"原材料"账户贷方。本月领用的材料按用途和领用部门进行归集分配,计入有关的成本、费用账户,其中直接用于 A 产品生产的 195 000 元和 B 产品生产的 150 000 元属直接材料费,记入"生产成本"及所属明细账户的借方;车间一般消耗的 16 800 元,属制造费用,记入"制造费用"账户借方,行政管理部门领用的 8 400 元,属管理费用,记入"管理费用"账户借方。其会计分录为:

借:生产成本——A产品　　　　　　　　　　　　　　195 000

　　　　　——B产品　　　　　　　　　　　　　　150 000

制造费用		16 800
管理费用		8 400
贷:原材料——甲材料		220 200
——乙材料		150 000

（2）计算分配本月应付职工薪酬总额共计 40 000 元。其中,生产 A 产品工人的工资 19 200 元;生产 B 产品工人的工资 12 800 元;车间管理人员的工资 4 000 元;行政管理部门人员的工资 4 000 元。

该笔业务发生后,本月应付职工薪酬增加 40 000 元,记入"应付职工薪酬"账户贷方。另一方面工资费用增加了 40 000 元,应按用途和部门进行归集分配并计入有关的成本、费用账户。其中生产工人的工资记入"生产成本"及所属明细账借方,车间管理人员的工资应记入"制造费用"账户借方,行政管理人员的工资应记入"管理费用"账户借方。其会计分录为:

借:生产成本——A 产品	19 200
——B 产品	12 800
制造费用	4 000
管理费用	4 000
贷:应付职工薪酬	40 000

（3）分别按工资总额的 12％、2％ 的比例计提养老保险费、失业保险费。计提比例合计 14％。

按 A 产品工人工资计提的数额＝19 200×14％＝2 688

按 B 产品工人工资计提的数额＝12 800×14％＝1 792

按车间管理人员工资计提的数额＝4 000×14％＝560

按行政人员工资计提的数额＝4 000×14％＝560

合　　　计　　　　　　　　　　　　　　5 600

该笔业务发生后,一方面引起负债类的应付职工薪酬增加 5 600 元,应记入"应付职工薪酬"账户贷方;另一方面引起成本、费用增加 5 600,其中,按生产工人工资为依据计提的属直接人工费 4 480 元,直接记入"生产成本"及所属明细账借方;按车间管理人员工资为依据计提的 560 元,应记入"制造费用"账户借方;按行政人员工资为依据计提的 560 元,应计入"管理费用"账户借方。其会计分录为:

借:生产成本——A 产品	2 688
——B 产品	1 792
制造费用	560
管理费用	560

　　　　贷:应付职工薪酬——社会保险费　　　　　　　　　　　　　5 600

　　(4)计算提取本月固定资产折旧费6 000元。其中生产车间用固定资产折旧费4 000;行政管理部门用固定资产折旧费2 000。

　　该笔业务发生后,一方面引起固定资产折旧额增加6 000元,应记入"累计折旧"账户贷方;另一方面引起折旧费用增加,应按用途分别计入有关的成本、费用账户。其中生产车间用固定资产计提的折旧费4 000元,由于无法分清具体与生产哪种产品相关,应作为间接生产费用记入"制造费用"账户借方,行政管理用固定资产计提的折旧费2 000元,属管理费用,记入"管理费用"账户借方。其会计分录为:

　　　　借:制造费用　　　　　　　　　　　　　　　　　　　　　4 000
　　　　　　管理费用　　　　　　　　　　　　　　　　　　　　　2 000
　　　　　　贷:累计折旧　　　　　　　　　　　　　　　　　　　　6 000

　　(5)本月以银行存款支付本月车间书报订阅费300元。

　　该笔业务发生后,一方面引起企业银行存款减少300元,应记入"银行存款"账户贷方,另一方面支付的是本月的费用,间接费用增加,记入"制造费用"账户的借方。其会计分录为:

　　　　借:制造费用　　　　　　　　　　　　　　　　　　　　　　300
　　　　　　贷:银行存款　　　　　　　　　　　　　　　　　　　　　300

　　(6)以银行存款3 500元支付本月水电费,其中:车间负担2 500元,行政管理部门负担1 000元。

　　该笔业务发生后,一方面引起银行存款减少3500,记入"银行存款"账户贷方;另一方面车间负担的水电费属于间接生产费用、应记入"制造费用"账户借方,管理部门负担的水电费作为期间费用,记入"管理费用"账户借方。其会计分录为:

　　　　借:制造费用　　　　　　　　　　　　　　　　　　　　　2 500
　　　　　　管理费用　　　　　　　　　　　　　　　　　　　　　1 000
　　　　　　贷:银行存款　　　　　　　　　　　　　　　　　　　　3 500

　　(7)支付由本月负担的财产保险费400元,其中车间负担250元,行政管理部门负担150元。

　　该笔业务发生后,一方面由于支付引起银行存款的减少,记入"银行存款"账户的贷方;另一方面车间负担的财产保险费属于间接生产费用,记入"制造费用"账户的借方,行政管理部门负担的财产保险费属于管理费用,记入"管理费用"账户的借方。其会计分录为:

借:制造费用		250
管理费用		150
贷:银行存款		400

（8）支付本月的固定资产大修理费1 000元，其中生产用固定资产大修理费800元，行政管理部门用固定资产大修理费200元。

该笔业务发生后，一方面由于支付引起银行存款的减少，应记入"银行存款"账户贷方；另一方面，大修理费用引起企业的成本费用增加，应按固定资产的用途分别记入有关的成本费用账户。其中，生产用固定资产大修理费属于间接生产费用，应记入"制造费用"账户的借方，行政管理部门用固定资产大修理费，属管理费用，记入"管理费用"账户借方。其会计分录为：

借:制造费用		800
管理费用		200
贷:银行存款		1 000

（9）月末，将本月归集的制造费用总额29 210元转入"生产成本"账户（按工时为标准进行分配，A产品生产工时12 000，B产品生产工时8 000）。

表7-2

制造费用分配表

产品名称	分配标准	分配率	分配额
A产品	12 000		17 526
B产品	8 000		11 684
合计	20 000	1.460 5	29 210

根据"制造费用分配表"的分配结果，这笔业务的会计分录如下：

借:生产成本——A产品		17 526
——B产品		11 684
贷:制造费用		29 210

（10）计算结转完工产品成本，其中A产品有9414元在产品成本，B产品有在产品6 276元（均为直接材料），其余产品全部完工入库。这笔业务的会计分录如下：

借:库存商品——A产品		240 000
——B产品		200 000
贷:生产成本——A产品		240 000
——B产品		200 000

（11）月末结转管理费用 16 310 元。这笔业务的会计分录如下：

借：本年利润　　　　　　　　　　　　　　　　　　　16 310
　　贷：管理费用　　　　　　　　　　　　　　　　　　16 310

表 7 - 3

生产成本明细账（一）

产品名称：A 产品

××年		凭证号数	摘要	借方（成本项目）			
月	日			直接材料	直接人工	制造费用	合计
略		略	期初余额	15 000			15 000
			领用材料	195 000			195 000
			生产工人工资		19 200		19 200
			社会保险费		2 688		2 688
			负担制造费用			17 526	17 526
			结转完工产品成本	200 586	21 888	17 526	240 000
			期末余额	9 414	0	0	9 414

表 7 - 4

生产成本明细账（二）

产品名称：B 产品

××年		凭证号数	摘要	借方（成本项目）			
月	日			直接材料	直接人工	制造费用	合计
略		略	期初余额	30 000			30 000
			领用材料	150 000			150 000
			生产工人工资		12 800		12 800
			社会保险费		1 792		1 792
			负担制造费用			11 684	11 684
			结转完工产品成本	173 724	14 592	11 684	200 000
			期末余额	6 276	0	0	6 276

第四节　销售过程业务的核算

一、销售过程业务核算的内容

销售过程是企业生产经营过程的最后一个阶段。企业销售业务按其销售对象的不同可以分为商品销售业务和其他销售业务两大类。

（一）产品销售业务核算的内容

产品销售是企业销售过程的主要业务活动，在这一过程中，企业销售产品，取得收入，并按售价向购买单位收取货款和增值税税款，以及计算确定销售成本和应交纳的各种税金及附加，如应交纳的增值税、消费税、城市维护建设税、教育费附加等。因此，产品销售业务核算的内容主要包括：

（1）主营业务收入。制造企业的主营业务收入，是指企业将其生产的产成品销售给购货方而实现的收入。主营业务收入总额是销售量与单位售价的乘积。

（2）主营业务成本。制造企业的主营业务成本，是指企业销售产品的实际成本。

$$主营业务成本＝销售量×单位成本$$

（3）销项税额。销项税额是指企业在销售商品时向购货方收取的增值税税额。

$$销项税额＝销售额×增值税税率$$

销售额为不含税的销售额，若为含税的销售额应换算成不含税的销售额

$$不含税的销售额＝含税销售额÷（1＋增值税税率）$$

一般纳税人的增值税税率为 17%。

（4）销售费用。它是指企业在销售商品过程中发生的相关费用，包括广告宣传费、展览费、运杂费等。

（5）应交纳的增值税。

$$当期应交纳的增值税＝当期的销项税额－当期的进项税额$$

（6）应交纳的消费税。消费税是生产销售应税消费品应交纳的税金。

$$应交纳消费税＝销售额×适用税率$$
$$或应纳消费税额＝销售量×单位税额$$

（7）应交纳的营业税。营业税是提供应税劳务、让渡无形资产使用权、销售不动产，就其营业额征收的一种流转税。

$$应交纳的营业税＝营业额×适用税率$$

（8）城市维护建设税。它是以应交纳的增值说、消费税、营业税为计税依据，计算交纳的一种税。

$$应纳的城市维护建设税＝（当期应交纳的增值税＋消费税＋营业税）×适用税率（5%～7%）$$

（9）教育费附加。它是国家为了加快教育事业的发展，向单位和个人征收的附加费。教育费附加也是以应交纳的增值说、消费税、营业税为依据，计算交纳的一种费。

$$教育费附加＝（当期应交纳的增值税＋消费税＋营业税）\times 附加率（3\%）$$

（二）其他销售业务核算的内容

其他销售业务是指企业除产品销售以外的其他销售业务，主要包括原材料销售、包装物出租、无形资产使用权的让渡、固定资产出租等。其他销售业务核算的内容包括：

（1）其他业务收入。其他业务收入是指企业销售原材料、出租包装物、转让无形资产使用权、出租固定资产等取得的收入。

（2）其他业务成本。其他业务成本是指企业因销售材料、出租包装物、转让无形资产使用权、出租固定资产等发生的成本，以及需要承担的各种税金。

二、销售过程的业务核算

（一）设置主要账户

为了反映和监督企业的销售业务，应设置"主营业务收入"、"主营业务成本"、"营业税金及附加"、"应收账款"、"预收账款"、"应交税费"、"其他业务收入"和"其他业务成本"、"销售费用"等账户。

"主营业务收入"账户属于损益类账户，用来核算企业销售产品和提供劳务等所实现的收入。该账户的贷方登记企业实现的主营业务收入的增加，借方登记发生的销售退回和销售折让时应冲减的本期主营业务收入和期末转入"本年利润"账户的主营业务收入净额，结转后该账户期末无余额。该账户应按产品类型或品种设置明细账户，进行明细核算。

"主营业务成本"账户属于损益类账户，用于核算已销售的产品的实际生产成本及其结转情况。该账户的借方登记已销售产品的实际生产成本，贷方登记期末转入"本年利润"账户的结转数，该账户结转后期末无余额。该账户应按产品类型或品种设置明细账户，进行明细核算。

"营业税金及附加"账户属于损益类账户，用来核算企业经营业务而应负担的各种税金及附加的计算及其结转情况。该账户借方登记按照有关的计税依据计算的各种税金及附加额，贷方登记期末转入"本年利润"账户的营业税金及附加额。结转后，该账户期末无余额。

"应收账款"账户属于资产类账户，用来核算企业与购货方进行的货款结算。该账户的结方登记由于销售商品或提供劳务等而发生的应收账款的增加数，包括应收取的价款、税款和代垫款等,贷方登记已经收回的应收账款。期末余额如果在借方,表示企业尚未收回的应收账款;期末余额如果在贷方,表示预收的账款。该账户应按照债务人设置明细账户,进行明细核算。

"预收账款"账户属于负债类账户,用来核算企业按照合同的规定预收购货单位订货款的增减变动及其结余情况。该账户贷方登记预收购买单位订货款的增加数,借方登记销售实现时冲减的预收货款。期末余额如果在贷方,表示企业预收款的结余数;期末余额如果在借方,表示购货单位应补付的款项。该账户应按照购货单位设置明细账,进行明细核算。

"应交税费"属于负债类账户,用来核算企业应负担的各种税金的情况。该账户贷方登记企业负担的各种税金,借方登记企业已经支付的各种税金,期末余额一般在贷方,表示企业尚欠缴的税金。该账户应按照各种税金的不同设置明细账户,进行明细核算。

"其他业务收入"账户属于损益类账户,用来核算企业其他业务收入的实现及其结转情况。该账户贷方登记其他业务收入的实现,借方登记期末转入"本年利润"账户的其他业务收入额,经过结转后,期末没有余额。该账户应按照其他业务的种类设置明细账户,进行明细核算。

"其他业务成本"账户属于损益类账户,用来核算企业其他业务成本及其转销情况。该账户借方登记其他业务成本,包括材料销售成本、提供劳务的成本费用以及相关的税金及附加等的发生,贷方登记期末转入"本年利润"账户的其他业务成本额,经过结转后,期末没有余额。该账户应按照其他业务的种类设置明细账户,进行明细核算。

"销售费用"账户属于损益类账户,用来核算产品销售过程中发生的费用。该账户借方登记销售费用的发生数,贷方登记销售费用在期末转入"本年利润"账户的结转数,期末无余额。该账户应按费用项目设置明细账户,进行明细核算。

(二)销售过程业务的账务处理

【例7-7】 M制造厂201×年12月发生销售业务如下:

(1)M制造厂本期共销售A产品50件,单价1 200元,B产品45件,单价1 000元。并按17%的税率向购货方收取增值税。其中销售给立新公司B产品2件,款项未收回,其余款项均已收到并存入银行。

该笔业务发生后,实现收入105 000元(1 200×50+1 000×45),引起主营业务收入增加,应记入"主营业务收入"账户贷方;销项税额为17 850元(105 000×17%),应记入"应交税费——应交增值税"账户贷方;价款和税款共计122 850元(105 000+17 850),其中尚未收到的款项为2 340元(1 000×2+1 000×2×

17%），引起应收账款增加 2 340 元，应记入"应收账款"账户借方，收到的款项为 120 510 元(105 000＋17 850－2 340)，引起银行存款增加 120 510 元，应记入 "银行存款"账户借方。其会计分录为：

借：银行存款　　　　　　　　　　　　　　　　　　　120 510
　　应收账款——立新公司　　　　　　　　　　　　　　2 340
　贷：主营业务收入　　　　　　　　　　　　　　　　　105 000
　　　应交税金——应交增值税（销项税额）　　　　　　17 850

（2）预收宏达公司购货款项 56 160 元，存入银行。

该笔业务发生后，一方面引起银行存款增加 56 160 元，应记入"银行存款" 账户借方；另一方面预收购买单位款项，引起预收账款增加 56 160 元，应记入 "预收账款"账户贷方。其会计分录为：

借：银行存款　　　　　　　　　　　　　　　　　　　56 160
　贷：预收账款——宏达公司　　　　　　　　　　　　　56 160

（3）向宏达公司发出 A 产品 4 件，单位售价 1 200 元，并按 17% 的增值税税率向购货方收取增值税，全部款项以预收账款抵付。

该笔业务发生后，实现销售收入 48 000 元(1 200×40)，记入"主营业务收入"账户贷方，增值税销项税额为 8 160 元(48 000×17%)，应记入"应交税费——应交增值税"账户贷方；全部款项 56 160(48 000＋8 160)元，以预收款抵付，引起预收账款减少 56 160 元，应记入"预收账款"账户借方。其会计分录为：

借：预收账款——宏达公司　　　　　　　　　　　　　56 160
　贷：主营业务收入　　　　　　　　　　　　　　　　　48 000
　　　应交税费——应交增值税（销项税额）　　　　　　8 160

（4）用银行存款支付广告费 5 000 元。

该笔业务发生后，一方面引起企业银行存款的减少 5 000 元，应记入"银行存款"账户贷方；另一方面广告费的发生属于营业费用内容之一，应记入"销售费用"账户借方。其会计分录为：

借：销售费用　　　　　　　　　　　　　　　　　　　5 000
　贷：银行存款　　　　　　　　　　　　　　　　　　　5 000

（5）月末计算结转已销 A. B 产品的销售成本。本月共销售 A 产品 90 件、单位成本 800 元；B 产品 45 件，单位成本 600 元。

结转已销 A. B 产品的销售成本，该笔业务发生后，一方面引起主营业务成本增加 99 000 元(72 000＋27 000)，按规定记入"主营业务成本"账户借方；另一

方面引起库存商品减少 99 000 元,记入"库存商品"账户贷方。其会计分录为:

借:主营业务成本　　　　　　　　　　　　　　　　　　　99 000
　　贷:库存商品　　　　　　　　　　　　　　　　　　　　　　99 000

(6) M 制造厂生产销售的 A. B 产品为非应税消费品,因此,不需要交纳消费税。本月按 7％税率、3％附加率分别计算应交纳的城市维护建设税和教育费附加,并结转城市维护建设税和教育费附加。

计算本期应交纳的城市维护建设税=(本期应交纳增值税、消费税、营业税之和)×7％
本期应交纳的增值税=(本期的销项税额-本期的进项税额)
　　　　　　　　　=(17 850+8 160)-20 060(假设)
　　　　　　　　　=5 950(元)

本期应交纳的消费税和营业税均为 0。
本期应交纳的城市维护建设税=(5 950+0+0)×7％=416.50(元)
本期应交纳的教育费附加=5 950×3％=178.50(元)

结转城市维护建设税和教育费附加,该笔业务发生后,已销 A. B 商品应交纳的城市维护建设税和教育费附加按规定记入"营业税金及附加"账户借方;同时应交纳的城市维护建设税和教育费附加在未交纳之前引起企业的负债增加,应分别记入"应交税费"和"其他应交款"账户贷方。其会计分录为:

借:营业税金及附加　　　　　　　　　　　　　　　　　　595
　　贷:应交税费——应交城市维护建设税　　　　　　　　　416.50
　　　　其他应交款　　　　　　　　　　　　　　　　　　　178.50

(7) 企业转让无形资产使用权,取得收入 10 000 元,存入银行。
该笔业务发生后,一方面引起银行存款增加,应记入"银行存款"账户借方;另一方面转让无形资产使用权属于其他销售业务,取得的收入应记入"其他业务收入"账户贷方。其会计分录为:

借:银行存款　　　　　　　　　　　　　　　　　　　　　10 000
　　贷:其他业务收入　　　　　　　　　　　　　　　　　　　10 000

(8) 用现金支付转让无形资产使用权的转让费 279 元。
该笔业务发生后,一方面支付的转让费属于无形资产使用权的转让成本,引起其他业务成本的增加,应记入"其他业务成本"账户借方;另一方面引起现金减少,应记入"现金"账户贷方。其会计分录为:

借:其他业务成本　　　　　　　　　　　　　　　　　　　279
　　贷:库存现金　　　　　　　　　　　　　　　　　　　　　279

（9）按 3％税率计算本期应交纳的营业税，按 7％税率、3％附加率分别计算应交纳的城市维护建设税和教育费附加，并结转营业税、城市维护建设税和教育费附加。

$$应交纳的营业税＝10\ 000×3\％＝300（元）$$
$$应交纳的城市维护建设税＝300×7\％＝21（元）$$
$$应交纳的教育费附加＝300×3\％＝9$$

该笔业务发生后，一方面转让无形资产使用权负担的营业税、城建税和教育费附加按规定应记入"其他业务成本"账户借方；另一方面应交纳的营业税、城建税和教育费附加在未交纳之前属于企业的负债增加，应分别记入"应交税金"和"其他应交款"账户贷方。其会计分录为：

借：其他业务成本　　　　　　　　　　　　　　　　　　　　　330
　　贷：应交税费——应交营业税　　　　　　　　　　　　　　300
　　　　　　　　——应交城市维护建设税　　　　　　　　　　　21
　　　其他应交款　　　　　　　　　　　　　　　　　　　　　　9

第五节　财务成果的形成和利润分配的核算

一、财务成果的形成和利润分配业务核算的内容

财务成果是企业一定时期经营活动的最终成果，即实现的利润或发生的亏损。企业的利润或亏损在很大程度上反映了企业经营的效益和经营管理水平的高低。企业若实现利润，首先应交纳所得税，然后再将税后利润按照规定程序进行分配：一部分留归企业自行支配，一部分分给企业的所有者；企业若发生亏损，应按规定进行弥补。

（一）财务成果形成业务核算的内容

企业一定时期的全部收入减去与之相配比的全部费用就形成了企业的利润，即利润总额。企业的利润从构成来看，既有通过生产经营活动获得的，也有通过投资活动获得的，还有那些与生产经营无直接关系的事项所引起的盈亏。

1. 营业收入

营业收入由主营业务收入和其他业务收入组成。

2. 营业利润

营业利润是企业利润的主要来源，营业利润是由营业收入减去营业成本、营业税金及附加、销售费用、管理费用、财务费用、资产减值损失，再加上公允价值

变动收益、投资收益。

3. 投资收益

投资收益是企业对外投资所取得的收益减去发生的投资损失的净额。投资收益包括股票投资分得的股利、债券投资取得的利息、其他投资分得的利润以及转让投资的收回款项大于投出款项的差额；投资损失主要包括因被投资企业发生亏损而应由投资企业承担的份额、转让投资的收回款项小于投出款项的差额等。

4. 利润总额

营业利润加上营业外收入，减去营业外支出，即为利润总额。

5. 营业外收支

营业外收入是指与企业生产经营活动没有直接关系的各项收入，具体包括主要包括非流动资产处置利得、非货币性资产交换利得、债务重组利得、政府补助、盘盈利得、捐赠利得等。

营业外支出是指与企业生产经营活动没有直接关系的各项支出，包括固定资产盘亏、处理固定资产净损失、处置无形资产净损失、罚款支出、捐赠支出、非常损失等。

6. 净利润

利润总额减去所得税费用，即为净利润。

7. 所得税费用

所得税费用是指根据税法的规定对企业的生产经营所得和其他所得征收的一种税。

8. 每股收益

每股收益包括基本每股收益和稀释每股收益。

(二) 利润分配业务核算的内容

企业实现的净利润，应按照规定程序进行分配。企业实现的净利润，按照下列顺序分配：

(1) 提取法定盈余公积金。法定盈余公积金按照当期净利润 10% 提取，盈余公积金已达到注册资本 50% 时可不再提取。法定盈余公积金用于生产发展、弥补亏损、转增资本等。

(2) 向投资者分配股利。企业实现的净利润在扣除上述项目后，加上年初的未分配利润和其他转入数，形成可供投资者分配的利润。包括支付的优先股股利、普通股股利（在提取任意盈余公积之后）。

(3) 提取任意盈余公积。任意盈余公积主要是股份制企业按照股东大会的决议提取的，其用途与法定盈余公积金相同。

（4）未分配利润。实现的净利润经过上述各项扣除后其余额即为未分配利润。它是企业留于以后年度分配的利润或待分配的利润。与盈余公积相同,这两者均是属于留在企业内部的留存收益。不同之处,未分配利润没有明确专门的用途。

二、财务成果形成和利润分配业务的核算

（一）财务成果形成业务的核算

1. 设置的账户

除前面设置的损益类账户"主营业务收入"、"主营业务成本"、"营业税金及附加"、"销售费用"、"其他业务收入"、"其他业务成本"、"管理费用"、"财务费用"外,还应设置的账户有"投资收益"、"营业外收入"、"营业外支出"、"所得税费用"、"本年利润"等

"投资收益"账户属于损益类账户,用来核算企业确认的投资收益或投资损失。投资收益包括长期股权投资、持有交易性金融资产等所获得的收益（或损失）。该账户贷方登记企业已经取得的投资收益,借方登记投资损失及期末转入"本年利润"账户的数额,结转后应无余额。该账户可按投资项目进行明细核算。

"营业外收入"账户属于损益类账户,用类核算企业发生的各项营业外收入,主要包括非流动资产处置利得、非货币性资产交换利得、债务重组利得、政府补助、盘盈利得、捐赠利得等。该账户的贷方登记各项营业外收入发生额,借方登记期末转入"本年利润"账户的数额,结转后无余额。该账户可按营业外收入项目进行明细核算。

"营业外支出"账户属于损益类账户,用类核算企业发生的各项营业外支出,主要包括非流动资产处置损失、非货币性资产交换损失、债务重组损失、公益性捐赠支出、盘盈损失、非常损失等。该账户的借方登记各项营业外支出发生额,贷方登记期末转入"本年利润"账户的数额,结转后无余额。该账户可按营业外支出项目进行明细核算。

"所得税费用"账户属于损益两类账户,用来核算企业确认的应从当期利润总额中扣除的所得税费用。该账户借方登记企业按照税法规定计算确定的当期应交所得税,贷方登记期末转入"本年利润"账户的数额,结转后应无余额。

"本年利润"账户属于所有者权益类账户,用来核算企业当期实现的净利润（或发生的净亏损）。期末将各损益类账户的余额转入本账户,结平各损益类账户。结转后本账户的贷方余额为当期实现的净利润;如果是借方余额为当期发生的净亏损。年度终了,将"本年利润"账户的贷方余额或借方余额转入"利润分配"账户,结转后应无余额。

2. 财务成果形成业务的账务处理

【例 7 - 8】　H 制造厂 201×年 12 月份发生的财务成果形成业务如下：

（1）企业收到对外长期股权投资的股利 4 500 元，存入银行。该股利确认为本期的投资收益。

该项业务发生后，一方面引起银行存款增加，应记入"银行存款"账户的借方；另一方面引起投资收益相应的增加，应记入"投资收益"账户的贷方。其分录为：

　　借：银行存款　　　　　　　　　　　　　　　　　　　4 500
　　　　贷：投资收益　　　　　　　　　　　　　　　　　　　　　4 500

（2）取得罚款收入 500 元，作为营业外收入。

该项业务发生后，一方面引起现金增加，应记入"库存现金"账户的借方；另一方面引起营业外收入相应的增加，应记入"营业外收入"账户的贷方。其分录为：

　　借：库存现金　　　　　　　　　　　　　　　　　　　500
　　　　贷：营业外收入　　　　　　　　　　　　　　　　　　　　500

（3）向希望工程捐款 5 000 元，开出现金支票支付。

该笔业务发生后，一方面捐赠支出属于营业外支出，引起营业外支出增加，应记入"营业外支出"账户的借方；另一方面开出现金支票引起银行存款减少，应记入"银行存款"账户的贷方。其会计分录为：

　　借：营业外支出　　　　　　　　　　　　　　　　　　5 000
　　　　贷：银行存款　　　　　　　　　　　　　　　　　　　　　5 000

（4）期末将损益类账户的本期发生额转入"本年利润"账户，并计算本期的利润总额。

假定 H 制造厂 12 月末有关收入类账户的发生额分别为：主营业务收入345 000元、其他业务收入 200 000 元、投资收益 4 500 元、营业外收入 500 元。

结转收入类账户，将引起本年利润的增加，应记入"本年利润"账户的贷方；同时各收入转出时，应记入各收入账户的借方（取得时已登记在贷方）。其会计分录为：

　　借：主营业务收入　　　　　　　　　　　　　　　　　345 000
　　　　其他业务收入　　　　　　　　　　　　　　　　　200 000
　　　　投资收益　　　　　　　　　　　　　　　　　　　　4 500
　　　　营业外收入　　　　　　　　　　　　　　　　　　　　500
　　　　贷：本年利润　　　　　　　　　　　　　　　　　　　　550 000

　　假定 H 制造厂有关费用类账户的发生额分别为：主营业务成本 200 000 元、营业税金及附加 83 400 元、其他业务成本 18 000 元、销售费用 23 000 元、管理费用 13 680 元、财务费用 1 000 元、营业外支出 3 000 元。

　　结转费用类账户，一方面引起本年利润的减少，应记入"本年利润"账户的借方；另一方面各费用转出时，应记入各费用账户的贷方（发生时已登记在借方）。其会计分录为：

```
借：本年利润                                    342 080
    贷：主营业务成本                               200 000
        营业税金及附加                               83 400
        其他业务成本                                 18 000
        销售费用                                    23 000
        管理费用                                    13 680
        财务费用                                     1 000
        营业外支出                                    3 000
```

　　　　　　　　利润总额＝550 000－342 080＝207 920（元）

　　（5）按 25％的所得税税率计算本期应交纳的所得税（假定企业税前利润无纳税调整事项）。

　　　　　　　　本月应纳的所得税额＝207 920×25％＝51 980（元）

　　该笔业务发生后，一方面引起企业所得税费用增加，应记入"所得税费用"账户的借方；另一方面在所得税尚未交纳之前引起企业负债——应交税费的增加，应记入"应交税费"账户的贷方。其会计分录为：

```
借：所得税费用                                   51 980
    贷：应交税费——应交所得税                        51 980
```

　　（6）期末将所得税转入"本年利润"账户并计算本月净利润。

　　所得税是企业的一项费用，它的发生将引起利润的减少，结转时应记入"本年利润"账户的借方；同时，应记入"所得税费用"账户的贷方。其会计分录为：

```
借：本年利润                                     51 980
    贷：所得税费用                                  51 980
```

　　　　　　　　本月净利润＝ 207 920－51 980＝155 940（元）

　　（二）利润分配业务的核算

　　1. 设置的账户

　　为了反映和监督企业净利润的分配，包括法定盈余公积金、法定公益金的提取情况以及向投资者分配利润等情况,应设置"利润分配"、"盈余公积"、"应付股利"等账户。

"利润分配"账户属于所有者权益类账户,用来核算企业利润的分配(或亏损的弥补)和历年分配(或弥补)后的余额。该账户借方登记按规定提取的盈余公积、应付股利以及年终时从"本年利润"账户转入的全年净亏损额,贷方登记盈余公积补亏以及年终从"本年利润"转入的全年实现的净利润总额;年末贷方余额表示历年积存的未分配利润,如为借方余额,则表示历年积存的未弥补亏损。该账户应设置"提取盈余公积"、"应付股利"、"盈余公积补亏"、"未分配利润"等明细账,并进行明细核算。

"盈余公积"账户属于所有者权益类账户,用来核算企业从净利润中提取的盈余公积。该账户的贷方登记盈余公积的提取数,借方登记用盈余公积弥补亏损或转增资本;期末贷方余额,表示企业的盈余公积结存数。该账户可按"法定盈余公积"和"任意盈余公积"进行明细核算。

"应付股利"账户属于负债类账户,用来核算企业应付股利或利润。该账户的贷方登记应支付的股利或利润,借方登记实际支付的股利或利润,期末贷方余额,表示企业应付未付的股利或利润。该账户可按投资者进行明细核算。

2. 利润分配业务的账务处理

【例 7 - 9】　旭光制造厂有关利润分配业务如下:

(1) 年终将本年实现的净利润 155 940 元,转入"利润分配——未分配利润"账户。

年度终了应将本年度实现的净利润自"本年利润"账户借方转入"利润分配——未分配利润"账户贷方。因为"本年利润"、"利润分配"账户均为所有者权益类的账户,增加记贷方、减少记借方。经结转后"本年利润"账户年末无余额。其会计分录为:

借:本年利润　　　　　　　　　　　　　　　　　　　155 940
　　贷:利润分配——未分配利润　　　　　　　　　　　　　155 940

(2) 按净利润的按 10% 的比例提取法定盈余公积。

该业务发生后,一方面引起盈余公积金增加,记入"盈余公积——法定盈余公积"账户的贷方,另一方面,提取的法定公积金是利润分配的一个项目,应记入"利润分配——提取法定盈余公积"账户借方。其会计分录为:

借:利润分配——提取法定盈余公积　　　　　　　　　　15 594
　　贷:盈余公积——法定盈余公积　　　　　　　　　　　　15 594

(3) 按净利润 5% 比例提取任意盈余公积。

该业务发生后,一方面引起盈余公积金增加,记入"盈余公积——任意盈余公积"账户的贷方,另一方面,提取的法定公益金是利润分配的一个项目,应记入"利润分配——提取任意盈余公积"账户借方。其会计分录为:

借:利润分配——提取任意盈余公积　　　　　　　　　　7 797
　　贷:盈余公积——任意盈余公积　　　　　　　　　　　　7 797

(4) 按本年实现的净利润经提取盈余公积后的余额的40%的比例向投资者分配利润(普通股股利)。

应分给投资者的普通股股利＝[155 940－(15 594＋7 797)]×40％＝53 019.60(元)

该笔业务发生后,一方面,向投资者分配的利润是利润分配的内容之一,记入"利润分配——应付普通股股利"账户借方;另一方面在未支付前形成企业对投资者的债务增加,记入"应付股利"账户的贷方。其会计分录为:

借:利润分配——应付普通股股利　　　　　　　　　　53 019.60
　　贷:应付股利　　　　　　　　　　　　　　　　　　53 019.60

(5) 将利润分配的其他明细账户转入"未分配利润"明细账户,并计算年末未分配利润。

本年度内已分配的利润已登记在"利润分配"所属"提取法定盈余公积"、"提取任意盈余公积"、"应付普通股股利"明细账户的借方,年末应从这些明细账户的贷方转入"未分配利润"明细账户的借方,结转后"利润分配"账户所属的"提取法定盈余公积"、"提取任意盈余公积"、"应付普通股股利"三个明细账户年末无余额。其会计分录为:

借:利润分配——未分配利润　　　　　　　　　　　76 410.60
　　贷:利润分配——提取法定盈余公积　　　　　　　　15 594
　　　　　　　　——提取任意盈余公积　　　　　　　　7 797
　　　　　　　　——应付普通股股利　　　　　　　　53 019.60

年末"利润分配"账户所属"未分配利润"明细账户的贷方余额即为年末未分配利润。

年末经分配后本年的未分配利润＝155 940－76 410.60＝79 529.40(元)

练 习 题

一、单项选择题

1."长期待摊费用"账户是根据(　　)原则的要求,为了划清各个会计期间的费用界限而设置的。

    A. 收入与费用配比   B. 谨慎性

    C. 划分收益性支出与资本性支出   D. 权责发生制

  2. 车间管理人员的工资作为( )应记入"制造费用"账户的借方。

    A. 直接费用   B. 间接费用   C. 管理费用   D. 期间费用

  3. "主营业务成本"账户的借方登记从( )账户中结转的本期已售产品的生产成本。

    A. "库存商品"   B. "生产成本"

    C. "生产成本"和"销售费用"   D. "销售费用"

  4. 企业实际发生的职工福利费,应在( )账户中核算。

    A. "应付职工薪酬"   B. "应付福利费"

    C. "应付账款"   D. "应付股利"

  5. 企业购入材料发生的运杂费等采购费用,应计入( )。

    A. 管理费用   B. 材料采购成本

    C. 生产成本   D. 产品销售成本

  6. 企业从净利润中提取盈余公积金时,应通过( )账户核算。

    A. "资本公积"   B. "盈余公积"   C. "应付利润"   D. "本年利润"

  7. 下列各项中,不影响本期营业利润的项目是( )。

    A. 主营业务成本   B、管理费用   C. 主营业务收入   D. 所得税

  8. 企业年终结转后,( )账户应无余额。

    A. "利润分配"   B. "固定资产"   C. "本年利润"   D. "实收资本"

  9. 营业外收支净额是( )的组成部分。

    A. 产品销售利润   B. 营业利润   C. 利润总额   D. 其他业务利润

  10. "利润分配"账户在年终结转后出现贷方余额,表示( )。

    A. 未分配的利润额   B. 未弥补的亏损额

    C. 已分配的利润额   D. 已实现的利润额

二、多项选择题

  1. 企业的资本金按照投入资本的不同物质形态,可分为( )。

    A. 货币资金投资   B. 实物投资

    C. 证券投资   D. 无形资产投资

  2. 采购材料的实际成本,一般由( )构成。

    A. 买价   B. 采购费用

    C. 运杂费   D. 增值税的进项税额

  3. 企业预付材料款时,可以( )账户。

    A. 借记"预付账款"   B. 借记"应付账款"

    C. 贷记"预付账款"   D. 贷记"应收账款"

  4. 与"应付职工薪酬"账户贷方发生对应关系的账户有( )。

    A. "生产成本"   B. "制造费用"   C. "管理费用"   D. "银行存款"

5. 月末结转后无余额的账户有(　　)。

    A. "主营业务收入"　　　　　　　　　　B. "主营业务成本"

    C. "累计折旧"　　　　　　　　　　　　D. "财务费用"

6. 下列费用中,可能构成产品生产成本的有(　　)。

    A. 直接材料费　　　B. 直接人工费　　　C. 制造费用　　　D. 管理费用

7. 为了具体地核算企业利润分配和历年分配后的结存金额,"利润分配"账户应设置的明细账户有(　　)。

    A. "应交所得税"　　　　　　　　　　B. "提取法定盈余公积"

    C. "提取任意盈余公积"　　　　　　　D. "应付利润"

8. 企业的留存收益包括(　　)。

    A. 实收资本　　　B. 资本公积　　　C. 盈余公积　　　D. 未分配利润

9. 下列各项中,与制造费用账户不可能发生对应关系的有(　　)。

    A. "应付利息"　　　　　　　　　　　B. "长期待摊费用"

    C. "库存商品"　　　　　　　　　　　D. "应付职工薪酬"

10. 企业发生的下列费用中,需直接计入当期损益的有(　　)。

    A. 车间办公费　　　　　　　　　　　B. 借款手续费

    C. 产品广告费　　　　　　　　　　　D. 采购人员差旅费

三、判断题

1. 长期借款和短期借款账户的贷方余额都反映了企业期末尚未归还的借款本金。

                            (　　)

2. 直接材料指的是车间为生产产品而耗用的材料。　　　　　　　　　(　　)

3. 管理费用账户期末一般无余额,这是因为期末需要将全部的管理费用转入生产成本。

                            (　　)

4. 期末结转完工入库产品的生产成本后,"生产成本"总账及所属明细分类账户应无余额。　　　　　　　　　　　　　　　　　　　　　　　　　　　　　　(　　)

5. 盈余公积是从销售收入中提取的公积金。　　　　　　　　　　　(　　)

6. 从理论上讲,采购人员的差旅费应该构成材料采购成本的内容,我国会计制度规定,为简化核算工作,采购人员的差旅费不构成材料采购成本,直接记入"管理费用"账户。

                            (　　)

7. 构成产品制造成本的是"直接材料"、"直接人工"两个项目,"制造费用"属于管理费用,不构成产品成本。　　　　　　　　　　　　　　　　　　　　　　　(　　)

8. 财务成果是企业生产经营活动的最终成果,即利润或亏损。　　　(　　)

9. 核算企业向银行或其他金融机构借入的款项,应通过"短期借款"或"长期借款"账户进行核算。　　　　　　　　　　　　　　　　　　　　　　　　　　　　(　　)

10. 企业发生的与日常经营活动无直接关系的各项利得,如盘盈利得、捐赠利得等应作为其他业务收入。　　　　　　　　　　　　　　　　　　　　　　　　　(　　)

四、实务题

1. 目的:练习筹集资金业务的核算。

资料:红光工厂某年12月份发生的有关筹资业务如下:

(1) 企业收到国家投入货币资金 250 000 元,该款项已存入企业存款户。

(2) 企业收到利华公司投入新设备 2 台,价值 125 000 元;收到立新公司投入专利技术一项,按双方确认价为 70 000 元入账。

(3) 企业月初向某商业银行借入期限为 3 个月,年利率为 6% 的借款 40 000 元,到期一次还本付息。所借款项存入银行。编制借款、每月计提利息、到期还本付息的分录。

(4) 企业向某商业银行借入期限为 2 年,年利率为 10% 的借款 90 000 元,到期一次还本付息。所借款项存入银行,该项借款用于企业生产经营。编制借款、计提利息、到期还本付息的分录。

要求:根据上述经济业务编制会计分录。

2. 目的:练习固定资产购置业务的核算。

资料:红光工厂某年12月份有关固定资产采购经济业务如下:

(1) 企业购入一台不需安装的新设备,买价 40 000 元,另支付运输途中保险费、运输费及相关的税费共计 7 800 元。全部款项用银行存款支付。

(2) 企业购入一台需要安装的设备,价值 50 000 元,支付运输费、途中保险费、相关的税费共计 9 500 元,支付安装费 3 000 元,以上款项均以银行存款支付。

(3) 设备安装完毕,已交付使用。

要求:根据上述经济业务编制会计分录。

3. 目的:练习材料采购业务的核算。

资料:红光工厂某年12月份有关材料采购业务如下:

(1) 采购员张某赴外地采购材料预支差旅费 2 000 元,当即用现金支付。

(2) 向中华工厂购进甲材料 1 000 千克,每千克 20 元,买价 20 000 元,增值税款 3 400 元,共计 23 400 元。款项已用银行存款支付。

(3) 向新星工厂购进乙材料 1 500 千克,每千克 30 元,买价 45 000 元,增值税款 7 650 元,共计 52 650 元,款项尚欠。

(4) 用银行存款支付上述材料的运输费、装卸费 5 000 元。运输费、装卸费按材料重量比例分配。

(5) 向宏远工厂购入丙材料 1 000 千克,单价 40 元,共计 40 000 元,增值税款 6 800 元。款项尚未支付。

(6) 用现金支付购入丙材料的运输费、装卸费 4 000 元。

(7) 用银行存款支付欠新星工厂购进乙材料货款及增值税款共计 52 650 元。

(8) 本期购进的甲、乙、丙材料,均已运到并验收入库,现结转实际采购成本。

要求:根据上列经济业务编制会计分录。

4. 目的:练习生产过程核算和产品生产成本的计算。

资料:红光工厂某年12月份有关产品生产的经济业务如下:

(1) 本月领用材料如表 7 - 5 所示。

表7-5

材料耗用表

单位:元

用途＼材料	甲材料	乙材料	合　计
A产品	4 000	3 000	7 000
B产品	6 000	4 000	10 000
车间一般耗用	400	600	1 000
合　计	10 400	7 600	18 000

(2) 计算分配本月工资60 000元。

其中:生产A产品工人工资　　　　　　　30 000元

生产B产品工人工资　　　　　　　20 000元

车间管理人员工资　　　　　　　　3 000元

厂部管理人员工资　　　　　　　　7 000元

(3) 分别按工资总额的12‰、2‰的比例计提养老保险费、失业保险费。

(4) 从银行提取现金60 000元。

(5) 用现金发放职工工资60 000元。

(6) 用银行存款支付下年度的书报杂志费2 400元。

(7) 摊销本月应负担的书报杂志费200元。

(8) 企业固定资产大修理采用预提的方法,预提生产用机器设备大修理费1 000元。

(9) 用银行存款支付本月水电费计3 000元,其中厂部管理部门负担1 000元,车间负担2 000元。

(10) 按规定标准计提本月固定资产折旧费4 620元,其中生产用固定资产折旧费为3 600元,厂部管理部门固定资产折旧费1 020元。

(11) 计算分配结转本月制造费用(以生产A、B产品生产工人的工资为标准,在A、B产品之间进行分配)。

(12) 本月投资A、B产品各10台,已全部完工入库,计算结转A、B产品的生产成本。

要求:根据上述经济业务编制会计分录。

5. 目的:练习销售过程和财务成果的核算。

资料:红光工厂某年12月份发生下列经济业务:

(1) 销售A产品10台,单价6 500元,货款65 000元,应向购货方收取的增值税税款11 050元,款项全部收到存入银行。

(2) 销售B产品8台,单价5 000元,计40 000元,应向购货方收取的增值税税款6 800元,款项尚未收到。

(3) 用银行存款支付销售费用计3 000元。

(4) 结转已销A、B产品的销售成本。

　　(5) 销售丙种材料 1 000 千克,货款 50 000 元、增值税款 8 500 元,款项全部收到存入银行。

　　(6) 结转销售丙种材料的成本。

　　(7) 按本期应交纳的增值税的 7%、3% 的比例计算本期应交纳的城建税和教育费附加。

　　(8) 盘亏 1 台设备,原值 3 000 元,已提折旧 1 400 元,批准净值转作营业外支出处理。

　　(9) 月末将有关收入转入"本年利润"账户。

　　(10) 月末将有关费用转入"本年利润"账户。

　　(11) 计算利润总额。

　　(12) 按纳税所得额的 25% 计算应交所得税,并转账。

　　(13) 将所得税转入"本年利润"账户并计算净利润。

　　(14) 结转本年净利润。

　　(15) 按净利润 10% 的比例提取法定盈余公积。

　　(16) 按提取法定盈余公积后的净利润的 30% 比例向股东分配利润。

　　(17) 将"利润分配"账户的其他明细账户转入"未分配利润"明细账户,计算年末经分配后的未分配利润。

　　要求:根据上述经济业务编制会计分录。

五、思考题

　　1. 企业主要经营过程核算的内容是什么?

　　2. 筹资业务核算的具体内容是什么? 进行筹资业务的核算应设置哪些账户? 这些账户如何运用? 筹资业务如何进行账务处理?

　　3. 资产购置业务核算的具体内容是什么? 资产购置业务的核算应设置哪些账户? 这些账户如何运用? 如何进行账务处理?

　　4. 生产业务核算的具体内容是什么? 进行生产业务的核算应设置哪些账户? 这些账户如何运用? 如何进行账务处理?

　　5. 销售业务核算的具体内容是什么? 进行销售业务的核算应设置哪些账户? 这些账户如何运用? 销售业务如何进行账务处理?

　　6. 财务成果的形成与分配业务核算的具体内容是什么? 进行财务成果的形成与分配业务的核算应设置哪些账户? 这些账户如何运用? 如何进行账务处理?

第八章 账项调整

【学习目标和要求】

1. 了解需要调整的账项；
2. 理解收入和费用的收支期间和应归属期间；
3. 掌握权责发生制和收付实现制；
4. 掌握对有关账项的调整。

第一节 权责发生制与收付实现制

一、收入和费用的收支期间和应归属期间

按期结算账目，提供会计信息，是会计核算的基本前提之一。期末可以根据账簿记录，将本期的营业收入和本期的成本费用进行比较，以计算本期盈亏。但是，在将本期发生的每笔业务全部入账后，直接根据账簿中所登记的收入和费用来计算本期的盈亏，有时不一定符合实际情况。这是因为各项收入和费用的收支期间与其应归属期间有时产生不一致而造成的。

收入和费用的收支期间，是指发生了收到货币收入和用货币实际支付了费用的会计期间；收入和费用的应归属期间，是指有权利获得收入和有义务负担费用的会计期间。根据收入和费用的收支期间与其应归属期间是否一致，可分为两种情况。

（一）收入和费用的收支期间与其应归属期间一致

在这种情况下，本期内有权利获得的收入已经在本期收到了货币收入，本期内有义务负担的费用已经在本期内用货币实际支付了。这样可以使本期费用与本期收入进行比较，计算的盈亏能够反映实际情况。

（二）收入和费用的收支期间与其应归属期间不一致

1. 预收收入

预收收入是指本期内预先收到了本期无权获得的收入，使收入的收到期间与其应归属期间发生不一致。如果企业在1月份预先向购货单位收取购货定金

10000 元,合同规定 3 月份向对方提供货物。这里收入 10 000 元是 1 月份的预收收入,其应归属期间是 3 月份的收入。这就需要采用某种方法和原则对这项收入予以恰当地计量和确认。

2. 预付费用

预付费用是指本期内预先支付了应由本期和以后各期共同承担的费用。如企业在 1 月份支付了全年的房屋租金 12 000 元。从支出的受益期间或是否有义务负担的期间来看,租金 12 000 元应由 1 月份和以后各月共同负担,1 月份应负担 1 000 元的费用,余下的由以后各月平均分摊的 11 000 元,对 1 月份来说就是 1 月份的预付费用。

3. 应计收入

应计收入是指本期内应获得或有权获得的收入在本期内尚未收到。如果企业 3 月份销售产品价款 8 000 元,产品已发出,货款尚未收到。这里的 8 000 元的收入应归属于 3 月份,但未收到,可以称它为 3 月份的应计收入。

4. 应计费用

应计费用是指应由本期负担但在本期尚未支付的费用。如企业本月负担的银行贷款利息,需要到下年初到期时一并还本付息。这部分应由本月负担但尚未实际支付的利息费用,就称为本月的应计费用。

在会计主体的经济活动中,经济业务的发生和货币的收支不是完全一致的,即存在着现金流动与经济活动的分离。由此而产生两个确认和记录会计要素的标准,一个标准是根据货币收支是否发生作为收入确认和费用确认和记录的依据,称为收付实现制;另一个标准是以取得收款权利付款责任作为记录收入或费用的依据,称为权责发生制。

二、权责发生制

权责发生制又称应计制或应收应付制,是指会计核算中确定本期收入和费用的基础。即凡属本期的收入,不论款项是否收到,均作为本期收入处理;不属本期的收入,即使本期收到的款项也只作为预收款项处理,而不作为本期收入。凡属本期的费用,不论款项是否支出,均作为本期费用处理;不属本期的费用,即使在本期支出,也不能列入本期费用。权责发生制原则是从时间上规定会计确认的基础。其核心是根据权责关系的实际发生的影响期间来确认企业单位的收支和收益。根据权责发生制原则进行收入和成本、费用的核算,能够更准确地反映各个会计期间真实的财务状况和经营成果。

权责发生制原则在企业会计处理中处处可见。如本期销售出一批产品,期末款项尚未收到,但在会计处理上应把它作为本期营业收入。又如,企业提取固定资产折旧,是符合权责发生制原则的,尽管固定资产在本期尚未毁损,不必更新,但它的一部分价值已在本期消耗掉,因此要将这部分价值以折旧的形式提取出来,记入本期费用。

权责发生制是依据持续经营和会计分期两个基本前提来正确划分不同会计期间收入、费用要素的归属,并运用一些诸如应收、应付、预提、待摊等项目来记录由此形成的资产和负债等会计要素。企业经营不是一次而是多次,而其损益的记录又要分期进行,每期的损益计算理应反映所有属于本期的真实经营业绩,权责发生制能更加准确地反映特定会计期间实际的财务状况和经营业绩。

权责发生制在反映企业的经营业绩时有其合理性,几乎完全取代了收付实现制;但在反映企业的财务状况时却有其局限性:一个在利润表上看来经营很好,效率很高的企业,在资产负债表上却可能没有相应的变现资金而陷入财务困境。这是由于权责发生制把应计的收入和费用都反映在利润表上,而其在资产负债表上则部分反映为现金收支,部分反映为债权债务。为提示这种情况,应编制以收付实现制为基础的现金流量表,以弥补权责发生制的不足。

三、收付实现制

收付实现制又称现金制或实收实付制,是以现金收到或付出为标准,来记录收入的实现和费用的发生。按照收付实现制,收入和费用的归属期间将与现金收支行为的发生与否,紧密地联系在一起。凡在本期实际以现款付出的费用,不论其应否在本期收入中获得补偿均应作为本期应计费用处理;凡在本期实际收到的现款收入,不论其是否属于本期均应作为本期应计的收入处理;反之,凡本期还没有以现款收到的收入和没有用现款支付的费用,即使它归属于本期,也不作为本期的收入和费用处理。

这种处理方法的好处在于计算方法比较简单、也符合人们的生活习惯,但按照这种方法计算的盈亏不合理、不准确,所以《企业会计准则》规定企业不予采用,它主要应用于行政事业单位和个体户等。

在现金收付基础上,会计在处理经济业务时不考虑预收收入、预付费用以及应计收入和应计费用的问题,会计期末也不需要进行账项调整,因为实际收到的款项和付出的款项均已登记入账,所以可以根据账簿记录来直接确定本期的收入和费用、并加以对比以确定本期盈亏。

收付实现制提供的信息较权责发生制具有以下方面的优越性:

(1)用收付实现制确定企业的收入、费用及利润具有客观性和可比性。用权责发生制确定企业的收入、费用及利润时,费用必须依其同收入的关系分摊到各个会计期间,就必须采用折旧方法、摊销方法和存货计价方法等人为的方法,

使会计中采用了许多的估计、预测数据,从而其提供的数据也较收付实现制丧失了一定的客观性和可比性

(2) 收付实现制反映企业实实在在拥有的现金,而企业能否按期偿还债务、支付利息、分派股利等很大程度上取决于企业所实际拥有的现金。

(3) 以收付实现制为基础的现金流量是长期投资的决策目标。长期投资涉及时间长、风险高,投资者不仅要考虑投资的收益水平,更关心投资的回收问题。而期间利润指标只关系到投资额在本期所分摊份额的回收,并且利润指标受权责发生制下应收、应付项目的影响,主观性太强。因此,投资者注重现金的实际流入或流出。只有投资期限内现金流入量超过现金流出量,投资方案才是能够被接受的。

假设企业于 2000 年 7 月出租一台设备,租期半年,但到 2001 年 1 月才收到租金。按收付实现制,这笔租金收入应记入 2001 年 1 月,而不管赚取收入的活动是在什么时候完成的;相应地,对租入设备的那一方来说,即使它是在 2000 年 7~12 月使用了租入的设备,但支付租金的行为发生在 2001 年 1 月,因此这笔租金只能记作 2001 年 1 月的费用。由于收付实现制未收取现金的收入和未支付现金的费用,均不列入当期损益,也不入账,所以不能准确地表达会计主体各期的经营成果。

四、权责发生制与收付实现制的比较

(一) 权责发生制与收付实现制的区别

权责发生制和收付实现制在处理收入和费用时的原则是不同的,所以同一会计事项按不同的会计处理基础进行处理,其结果可能是相同的,也可能是不同的。例如,本期销售产品一批价值 5 000 元,货款已收存银行,这项经济业务不管采用权责发生制还是收付实现制,5 000 元货款均应作为本期收入,因为一方面它是本期获得的收入,应当作本期收入,另一方面现款也已收到,亦应当列作本期收入,这时就表现为两者的一致性。但在另外的情况下两者则是不一致的,例如,本期收到上月销售产品的货款存入银行,在这种情况下,如果采用收付实现制,这笔货款应当作为本期的收入,因为现款是本期收到的,如果采用权责发生制,则此项收入不能作为本期收入,因为它不是本期获得的。

具体来说,采用权责发生制和收付实现制有以下不同:

(1) 设置的会计科目不同。采用权责发生制,需要设置"预收账款"、"长期待摊费用"、"应收账款"等账户。采用收付实现制,无须设置这些账户。

(2) 本期收入和费用的确认金额不同,并导致本期盈亏计算结果也不相同。

【例 8-1】 某企业 20××年 6 月份发生下列业务:①以银行存款支付上月

水电费 3 000 元;②以银行存款预付下半年报纸杂志费 600 元;③预提本月份借款利息 400 元;④计算本月份折旧费 600 元;⑤预收下月份货款 30 000 元;⑥收回上月销货款 10 000 元;⑦本月销售产品货款 10 000 元,收回 5 000 元,其余尚未收到。根据上述资料分别按权责发生制和收付实现制计算本月的收入、费用和利润,填入表 8-1 中。

表 8-1

权责发生制与收付实现制对比表

6 月份经济业务	权责发生制			收付实现制		
	收入	费用	盈亏	收入	费用	盈亏
(1) 以存款支付上月水电费					3 000	
(2) 预付下半年报纸杂志费					600	
(3) 预提本月利息		400				
(4) 计算本月折旧		600				
(5) 预收下月份货款				30 000		
(6) 收回上月销货款				10 000		
(7) 本月销售产品,收回货款 5 000 元,其余尚未收到	10 000			5 000		
合　计	10 000	1 000	9 000	45 000	3 600	41 400

(3) 期末是否需要对账项调整不同。权责发生制,需要在期末对账簿记录进行调整,收付实现制,期末不需要对账项进行调整。

(二)权责发生制与收付实现制的关系

对一笔收入或费用,权责发生制所描述的是收入的获取权利或费用的支付义务已经形成,它具有收入或费用的真正经济含义,是从本质内容上加以确定。当然,它还要与具体会计期间联系。而收付实现制所描述的只是收入的收取行为或费用的支出行为已经发生,它只是表面形式上的确认,并没有收入或费用的真正经济含义。权责发生制与收付实现制之间的关系不是根本对立的,而是辩证统一的。其差异主要是权利、义务的形成时间与现金收付行为的发生时间不一致所引起的。权责发生制和收付实现制实质上是内容与形式、本质与表象的辩证统一关系。它们之间既不是互相孤立、毫无联系的,也不是截然相反、根本对立的,而是同一记账对象的两个不同方面。权责发生制以权利或义务的形成为标准,从本质内容上确认了收入或费用;收付实现制以现金的收付行为的发生为标准,从表面上确认为收入或费用。这充分说明两者是能够统一、有机结合起来的。

对投资者和债权人来讲,最关心的是企业的盈利性和流动性。同样,对企业经营管理者而言,企业的盈利性和流动性也是极为重要的两个指标。既然按权责发生制报告的信息,在盈利性和流动性方面存在不足之处,那么就应该寻找弥补手段,这就是收付实现制。收付实现制在反映流动性方面是明显优于权责发生制的。在反映企业的盈利性方面,收付实现制和权责发生制存在着时间性差异。从长期来看,两者确认的收益是一致的,从某一个会计期间来看,两者所确认的收益存在差别。因此,要全面、准确地反映企业的盈利性和流动性,必须兼顾权责发生制和收付实现制。在现行财务报表体系中,资产负债表和利润表都是以权责发生制为基础,反映了企业的财务状况和经营成果。现金流量表是以收付实现制为基础的,它向投资者和债权人提供了一套比较完整的现金流量资料,以帮助报表使用者更好地评价企业的财务状况。

第二节　账项调整

在采用权责发生制的情况下,期末结账以前,必须对有关收入、费用项目进行必要的调整。所谓账项调整,就是根据各项收入费用的应归属期,合理地确认和计量各期的收入和费用,从而正确地计算出各期的盈亏。账项调整需要在记账凭证或日记账中作出调整分录,并据以记账。企业应当调整的账项有以下几种。

一、预收收入的调整

本期已收款入账,因尚未向购买单位提供商品或劳务,这种不属于本期收入的预收款项,是一种负债性质的预收收入。在计算本期收入时,应将其进行调整。预收收入不属于或不完全属于本期收入,不能直接全部计入有关的收入科目,应通过负债类的"预收账款"账户予以核算。待确认为本期收入后,再从"预收账款"账户转入有关的收入账户。

【例8-2】　某企业×年1月10日,预收承租房屋单位第一季度的房屋租金4 200元,已存入银行。

在1月10日,预收房屋租金时,会计分录如下:

借:银行存款　　　　　　　　　　　　　　　　　　　　　　　　4 200
　贷:预收账款　　　　　　　　　　　　　　　　　　　　　　　　　　4 200

1月30日进行账项调整,将应属本月份获得的收入,从"预收账款"账户转入"其他业务收入"账户的贷方。调整分录如下:

| 借:预收账款 | 1 400 |
| 贷:其他业务收入 | 1 400 |

以上业务也可以采用下列方法处理,即在 1 月 10 日收到 4 200 元时,区分本月的收入和以后各月的收入分别入账。会计分录如下:

借:银行存款	4 200
贷:其他业务收入	1 400
预收账款	2 800

二、预付费用的调整

本期已付款入账,但应由本期和以后各期分别负担的费用,在计算本期费用时,就应该将这部分费用进行调整。预付的各项支出不属于或不完全属于本期费用,就不能直接全部计入本期有关费用账户,应根据摊销期的长短分别记入"长期待摊费用"等账户。

【例 8-3】　×年 4 月 1 日,某企业以经营租赁方式租入一项固定资产,租赁期限为 5 年,该项固定资产尚可使用年限为 10 年。为了提高该项固定资产的生产效率,该企业于购进时对租赁资产进行了改良,并支出了 192 000 元的改良费用。账务处理为:

4 月 1 日发生改良支出时:

| 借:长期待摊费用 | 192 000 |
| 贷:银行存款 | 192 000 |

每月摊销时,

| 借:管理费用 | 3 200 |
| 贷:长期待摊费用 | 3 200 |

三、应计收入的调整

企业在本期已向其他单位或个人提供商品或劳务,应当获得属于本期的收入,但由于尚未完成结算过程,或延期付款等原因,使得本期的收入款项尚未收到,如应收金融机构的存款利息、应收的销售货款等。依据权责发生制,应当将这部分尚未收到的款项作为本期的收入调整入账。

【例 8-4】　某企业 1 月 20 日销售产品一批,价款 10 000 元,产品已经发出,贷款尚未收到。

1 月 20 日,销售产品时,应编制如下会计分录:

借:应收账款　　　　　　　　　　　　　　　　　　　　　10 000
　贷:产品销售收入　　　　　　　　　　　　　　　　　　　　10 000

【例 8-5】　某企业 1 月末经估算本月份的存款利息为 80 元,将其调整入账。

按现行制度规定银行存款利息收入和银行借款利息支出均在每季末才进行结算,但为了正确计算本月的收入,应在银行结账之前将本月份应获得的存款利息收入调整入账。所以,这笔调整分录如下:

借:其他应收款　　　　　　　　　　　　　　　　　　　　80
　贷:财务费用　　　　　　　　　　　　　　　　　　　　　80

等到第一季度末,根据银行结出的存款利息,应记入"银行存款"账户的借方和"其他应收款"账户的贷方。

四、应计费用的调整

企业本期已经耗用,或本期已受益的支出,应当归属本期的费用,但由于这些费用尚未支付,期末应将这些属于本期的费用调整入账。对应计费用的调整,应设置"应付利息"账户。

【例 8-6】　某企业 1 月份应负担利息费用 400 元。银行借款的利息费用不能按月向银行支付,预提时应记入"财务费用"账户的借方。月末,这笔调整分录应为:

借:财务费用　　　　　　　　　　　　　　　　　　　　　400
　贷:应付利息　　　　　　　　　　　　　　　　　　　　　400

【例 8-7】　某企业 1 月末计算本月车间使用的厂房、机器设备固定资产应提折旧 8 400 元,管理部门使用的固定资产应提折旧 4 000 元。

借:制造费用　　　　　　　　　　　　　　　　　　　　　8 400
　管理费用　　　　　　　　　　　　　　　　　　　　　　4 000
　贷:累计折旧　　　　　　　　　　　　　　　　　　　　　12 400

五、《企业会计准则》的变化

财政部颁布的《企业会计准则应用指南》附录"会计科目和主要账务处理"中删除了"待摊费用"和"预提费用"科目,并在资产负债表中也相应取消了这两个项目,这种做法符合新准则中会计要素的定义。待摊费用是企业已经发生、应当由当期以及以后各期负担的费用,直接表现为经济利益流出企业,企业资产、所有者权益减少,预期不会给企业带来任何经济利益,因此不能被划为资产范畴。

同样,预提费用是企业按照规定从成本费用中预先提取但尚未支付的费用,虽然这些费用预期会导致经济利益流出企业,但它们并不是企业过去的交易或事项形成的现时义务,其同样不能划为负债范畴。那么,新准则下原有的待摊费用和预提费用的有关业务应当如何处理呢?

涉及待摊费用和预提费用的业务主要有几项:

1. 固定资产修理费用

原制度将其分为日常修理费用和大修理费用,对于日常修理费用由于金额较小,在发生时计入当期损益,对于大修理费用可以采用待摊或预提的方式进行处理;按照新准则规定,固定资产的日常维护支出只是确保固定资产处于正常工作状态,通常不满足固定资产的确认条件,应当在发生时计入管理费用或销售费用,不得采用预提或待摊方式处理。新准则应用指南又规定,企业生产车间和行政管理部门等发生的固定资产修理费用等后续支出,如不满足资本化条件,应当直接计入管理费用;企业发生的与专设销售机构相关的固定资产修理费应等后续支出,直接计入销售费用。因此,待摊费用和预提费用不再属于资产和负债要素,而是属于费用要素,分别从资产负债表中的资产和负债中消失。

2. 预付保险费、经营租赁的预付租金、预付报纸杂志费

原制度采用待摊的方式进行处理,即在预付上述款项时,借记"待摊费用"科目,贷记"银行存款"科目;各期分摊时,借记"制造费用"、"管理费用"、"销售费用"等科目,贷记"待摊费用"科目。按照新准则的规定,不再采用待摊的方式,而是按预付的金额在预付上述款项时,分别计入有关成本或损益类科目,即借记"制造费用"、"管理费用"、"销售费用"等科目,贷记"银行存款"等科目。

3. 短期借款的利息费用

短期借款是企业向银行或其他金融机构等借入的期限在一年以下(含一年)的各种借款,按照原制度规定,其利息费用可以采取预提的方式处理,即在未到结息期时,期末预提借款利息费用时,借记"财务费用"科目,贷记"预提费用"科目,实际支付利息时,借记"预提费用"科目,贷记"银行存款"科目。按照新准则的规定,对于短期借款利息费用,设置"应付利息"科目进行核算。

练 习 题

一、单项选择题

1. 我国《企业会计准则——基本准则》规定,企业的会计核算应当以(　　)为基础。

　　A. 永续盘存制　　　B. 权责发生制　　　C. 收付实现制　　　D. 实地盘存制

2. 按照收付实现制的要求,规定各项收入和费用归属期的标准是(　　)。

    A. 实际发生的收支   B. 实际收付的业务

    C. 实际款项的收付   D. 实现的经营成果

  3. 企业于 4 月初用银行存款 1 200 元支付第二季度房租,4 月末仅将其中的 400 元计入本月费用,这符合( )。

    A. 配比原则   B. 权责发生制   C. 收付实现制   D. 历史成本计价

二、多项选择题

  1. 按照权责发生制要求,下列收入或费用中,归属于本期的有( )。

    A. 对方暂欠的本期销售产品的收入   B. 预付明年的保险费

    C. 本月收回的上月销售产品的货款   D. 尚未付款的本月借款利息

    E. 摊销前期已付款的报刊费

  2. 按照收付实现制要求,下列收入或费用中,归属于本期的有( )。

    A. 本期提供劳务已收款   B. 本期提供劳务未收款

    C. 本期欠付的费用   D. 本期预付后期的费用

    E. 本期支付上期的费用

  3. 不管在权责发生制还是收付实现制下均作为本期收入或费用的有( )。

    A. 上月售货,价款本月收到   B. 以银行存款支付本月保险费

    C. 本月售货,价款本月已收到   D. 以银行存款预付下月办公楼租金

    E. 尚未付款的本月借款利息

三、判断题

  1. 在权责发生制和收付实现制下都需要调整账项。   ( )

  2. 利润表示遵循权责发生制基础编制的。   ( )

  3. 通常政府事业单位会计遵循收付实现制。   ( )

  4. 企业按期计提坏账准则是遵循权责发生制。   ( )

  5. 在收付实现制下,收支发生的期间与应归属期间一致。   ( )

四、实务题

  1. 目的:掌握权责发生制和收付实现制。

    资料:大地公司某年 5 月份发生下列业务:

  (1) 收到上月提供劳务收入 600 元。

  (2) 支付本月的水电费 720 元。

  (3) 本月销售产品实现收入 18 000 元,货款已于上月预收。

  (4) 支付上月借款利息 300 元。

  (5) 本月提供加工服务,价值 1 000 元,款项尚未收到。

  (6) 预提本月负担的修理费 200 元,将于下月支付。

  (7) 本月负担年初已支付的书报费 100 元。

  (8) 预收货款 25 000 元,将于下月提供产品。

  (9) 预付下半年房屋租金 2 000 元。

  (10) 销售产品 34 000 元,其中 20 000 元已收到并存入银行,余款尚未收到。

要求：

(1) 分别按权责发生制和收付实现指计算 5 月份的收入、费用和利润。

(2) 简要评述权责发生制和收付实现制的区别。

2. 目的：练习账项调整。

资料：新月公司某年 12 月份调账前的试算平衡表如下：

账户名称	借方余额	贷方余额
库存现金	1 000	
银行存款	30 740	
应收账款	53 400	
原材料	56 000	
生产成本	13 000	
制造费用	8 000	
库存商品	60 000	
长期待摊费用	12 460	
固定资产	650 000	
累计折旧		150 000
短期借款		20 000
应付账款		60 550
应交税费		16 000
应付利息		2 000
长期借款		200 000
实收资本		366 550
盈余公积		15 000
主营业务收入		85 000
销售费用	2 000	
主营业务成本	32 000	
其他业务收入		500
管理费用	2 000	
本年利润		5 000
合　计	920 600	920 600

(1) 生产车间使用的机器设备应计提折旧 4 000 元，行政管理部门使用的房屋应计提折旧 1 000 元。

(2) 支付第四季度短期借款利息 300 元，10、11 月份已预提利息共计 200 元。

(3) 9 月份曾支付一年期财产保险费 1 200 元，每月均匀分摊。

(4) 本月应付未付销售税金 4 250 元。

(5) 11 月份出租办公楼，每月租金收入 1 000 元，11 月份预收半年租金。

（6）本月份应计存款利息 600 元。

（7）12 月份进行设备大修，实际支出 6 000 元，1～11 月份每月已平均预提 450 元。

要求：

（1）编制会计分录。

（2）编制调整后的试算平衡表。

（3）假定该公司 12 月末无在产品，编制有关的结转分录，并编制结账后的试算平衡表。

五、思考题

1. 什么是收付实现制和权责发生制？试述两者的区别和联系。

2. 权责发生制下为什么需要进行账项调整？试述账项调整的内容。

第九章　财产清查

　　1. 了解财产清查的种类和清查前的准备工作；

　　2. 理解财产清查的原因和必要性；

　　3. 掌握实地盘存制和永续盘存制下本期发出存货和期末存货数量的确定；

　　4. 掌握各种实物资产、货币资金和往来款项的清查方法及对清查结果的账务处理。

第一节　财产清查概述

一、财产清查的概念

　　财产清查是通过对实物资产、现金的实地盘点和对银行存款、往来款项的账目核对，来确定各项财产物资和往来款项的实际存量，查明账存数与实存数是否相符的一种专门方法。财产清查是会计核算方法之一，可以起到反映和监督财产物资的保管和使用情况、保护企业财产物资的安全完整和提高各项财产物资的使用效果的作用。

　　企业现有的各项财产物资是进行经济活动的基础，包括现金、银行存款等各项货币资金和固定资产、材料、在产品、产成品等各项实物资产以及各项应收应付结算款项。为了保证账簿记录的正确，应加强会计凭证的日常审核，定期地核对账簿记录，做到账证相符、账账相符和账实相符。

　　但是，由于在管理财产物资过程和业务经营中收发商品数量和金额有时会出现错误、检验计量不准或保管、运输过程中的自然损耗以及企业管理不善等原因，有时会发生账实不符的现象，这不仅会影响会计资料的准确性，也会给单位带来不应有的损失。因此，必须在账簿记录的基础上，运用财产清查这一方法，对本单位的各项财产物资和货币资金等进行定期或不定期的清查，使账簿记录和实存数额相一致，保证会计核算资料的真实性、完整性。在实际工作中，造成企业财产物资账实不符主要有两类原因：主观原因和客观原因。

（一）主观原因

（1）由于会计人员工作疏忽，出现错记、漏记、重记等情况。

（2）由于责任者的过失而造成财产物资的短缺、毁损、腐烂变质等。

（3）由于管理者或有关人员贪污、盗窃、舞弊等造成财产物资的短缺。

（二）客观原因

（1）在财产物资的运输和保管过程中发生的自然损耗。

（2）在财产物资收发过程中由于计量或检验不准确而造成的数量、品种、规格等方面的差错。

（3）由于自然或意外灾害而造成的非正常损失。

（4）结算过程中由于未达账项的存在造成银行存款及应收、应付款项账实不符。

二、财产清查的意义

（一）可以保证各项财产物资的安全完整

企业所拥有的财产物资是企业正常生产经营必备的物质基础。对财产物资的正确使用可以提高企业资产的使用效率与效益。在财产清查中，一旦发现账实不符，应及时指出，并进一步查明原因，同时上报审批，根据批复意见做出适当的处理。通过财产清查，还可以检查各项财产物资的储备情况。

（二）可以确保会计资料的真实可靠

会计通过对企业采购入库的每一笔财产物资都必须及时进行记录，并经常与保管人员的记录进行核对，以保证会计账簿记录的真实性。但是，由于客观存在着引起企业财产物资账实不符的原因，会计账簿记录与实际结存的财产物资数量与金额经常会发生差异，通过财产清查可以及时发现这些差异以及差异产生的原因，并根据不同情况进行账务调整，从而保证了会计记录能够真实地反映企业的实际情况。

（三）保证结算制度的执行

通过财产清查，可以掌握各项债权、债务的结算情况。查明有无长期拖欠或不合理的债权、债务的存在。对于查明的应交付国家的各项税款，应及时、足额地上交；对于各项应收款项，应及时催收避免出现坏账损失；对于各项应付款项，应及时清偿，避免长期拖欠。从而促使企业遵守财经纪律，认真执行结算制度。

三、财产清查的种类

由于企业进行财产清查的对象与范围不同、目的不同、时间不同，因此，从不同角度出发，可将财产清查分为以下不同的种类。

（一）按财产清查的对象和范围分，分为全面清查和局部清查两种

1. 全面清查

全面清查是指对企业全部财产物资、货币资金、往来款项所进行的盘点和核对。全面清查范围广，工作量极大，一般来说，会在以下几种情况下进行：①年终决算前；②单位撤销、合并或改变隶属关系；③企业合资、联营时；④清产核资；⑤单位主要负责人调离工作时，等等。一般来说，全面清查包括：

（1）现金、银行存款、各种有价证券、其他货币资金以及银行借款等。

（2）所有的固定资产、未完工程、原材料、在产品、产成品及其他物资。

（3）各项在途材料、在途商品和在途物资。

（4）各项债权、债务等结算资金。

（5）租入使用、受托加工保管或代销的财产物资。

（6）出租使用、委托其他单位加工保管或代销的财产物资等。

2. 局部清查

局部清查是根据企业管理需要、对部分财产物资进行的重点清查。尤其是流动性强，变化频繁的存货、贵重物资、现金、银行存款等，除了要做年度全面清查外，还要进行局部重点清查。比如：①对现金的清查，应由出纳人员在每日业务终了时进行清点，并做到日清月结；②对于银行存款和银行借款，出纳人员应定期同银行之间进行核对，每月至少一次；③对于材料、在产品和产成品，除年度清查外，应有计划地每月重点抽查；对于贵重的财产物资，应每月清查盘点一次；④对于债权债务，通过函证核对，应在年度内至少核对一至两次往来款项，等等。

（二）按财产清查的时间划分，分为定期清查和不定期清查两种

1. 定期清查

定期清查是指根据管理制度的规定或预先计划安排的时间对财产物资所进行的清查。这种清查的对象不定，可以是全面清查，也可以是局部清查。清查的目的在于保证会计核算资料的真实正确。一般是在年末、季末或月末结账时进行。如出纳人员每天进行的现金盘点和每月进行的与银行的对账工作，就是属于定期清查。

2. 不定期清查

不定期清查是指根据需要所进行的临时性清查，其目的在于分清责任，查明情况。不定期清查的对象可以是企业的全部财产物资，也可以是企业的某个局部。一般来说，不定期清查在以下情况下进行：①更换出纳员时对现金、银行存款所进行的清查；②更换保管员时对其所保管的财产物资所进行的清查；③上级机关、审计部分和金融部门根据工作需要对企业进行的会计检查；④进行清产核资时进行财产清查；⑤兼并、重组、清算、迁移以及改变隶属关系时等。

四、财产清查的组织与准备工作

财产清查是一项复杂的工作，其工作内容涉及面广、涉及的人员多，为了有计划地开展这项工作，在财产清查之前，应该充分做好准备工作。

（一）成立财产清查领导小组

应在财务总监或总会计师及有关主管厂长的领导下，成立由财务部门牵头、有设备、技术、生产、行政及各有关部门参加的财产清查领导小组，具体负责财产清查的领导和组织工作。财产清查领导小组的主要任务是：根据财产清查的目的和管理制度或有关部门的要求，拟定财产清查工作的详细计划，确定财产清查对象和范围，安排清查工作的详细步骤，配备财产清查的具体人员等；组织有关部门准备好计量器具，并进行严格的检查校正，以保证计量的准确性，同时，还应事先印制好各种登记表单，以作清查盘点用；在财产清查过程中，及时了解掌握工作进度；检查和督促工作、研究财产清查工作中出现的问题；在财产清查工作结束后，写出财产清查工作的书面报告，对发生的盘盈和盘亏提出处理意见。

（二）财会部门和会计人员应为财产清查提供充分完备的账簿资料

财会部门和会计人员主要的准备工作是：将所有的经济业务登记入账，将有关账簿登记齐全，结出余额；账账核对，总分类账中反映货币资金、财产物资和债权债务的有关数据应与所属明细分类账核对清楚，做到账账相符；账证核对，将财产清查对象的账簿资料与会计凭证核对相符，等等。

（三）财产物资保管部门和人员应为清查工作的顺利开展做好准备工作

财产物资保管部门和人员，应将截止到财产清查时点之前的各项财产物资的出入办好凭证手续，全部登记入账，结出各科目余额，并与会计部门的有关总分类账核对相符，同时，财产物资保管人员应将其所保管的各种财产物资堆放整齐，挂上标签，标明品种、规格和结存数量，以进行实物盘点。

第二节　财产清查的方法

财产清查是一项细致复杂的工作，因企业财产种类不同，财产清查的目的和财产清查进行的程序也有所不同。一般来讲，财产清查的程序有准备阶段、实施阶段，以及财产清查结果的处理阶段。在财产清查的实施阶段，因清查对象不同，采用的清查方法也就不同。

一、实物资产的清查方法

财产清查的重要环节是盘点财产物资的实存数量，将实存数量与账存数量相比较,就可以得出清查结果。为了使盘点工作顺利进行,应建立一定的财产物资的盘存制度。一般来说,财产物资的盘存制度有两种:永续盘存制和实地盘存制。这是企业用来确定财产物资账面结存数量的两种方法。

(一)确定财产物资账面结存数量的方法

1. 永续盘存制

永续盘存制也叫账面盘存制,是指平时对企业单位各项财产物资分别设立明细账,根据会计凭证连续记载其增减变化并随时结出余额的一种管理制度。在这种方式下,财产物资的增加、减少,平时都要根据会计凭证在明细账中连续登记,并根据账簿记录,随时结出账面金额结存数。

在永续盘存制下,账面余额的结出是根据下述公式进行的:

$$账面期末余额＝账面期初余额＋本期增加额－本期减少额$$

【例 9-1】 某企业 201×年 A 种存货明细账如表 9-1 所示,采用先进先出法计算本期发出存货成本和期末库存存货成本。

表 9-1

存货明细账

存货名称及规格:A　　　　　　　　　　　　　　　　　　　　　　计量单位:千克

日期	凭证	摘要	收入			发出			结余		
			数量	单价	金额	数量	单价	金额	数量	单价	金额
1/1	略	余额							400	50	20 000
1/10		购入	1 000	60	60 000				400	50	20 000
									1 000	60	60 000
1/11		发出				400	50	20 000			
						500	60	30 000	500	60	30 000
1/18		购入	800	70	56 000				500	60	30 000
									800	70	56 000
1/20		发出				500	60	30 000			
						500	70	35 000	300	70	21 000
1/23		购入	200	80	16 000				300	70	21 000
									200	80	16 000
1/31		合计	2 000		132 000	1 900		115 000	300	70	21 000
									200	80	16 000

这种盘存制度要求对财产物资的管理有严格的进出手续,它的优点是:便于加强会计监督,便于随时掌握财产物资的占用情况及其动态,有利于加强对财产物资的管理;另外,还可以将明细账上的结存数与预定的最高和最低库存限额进行比较,以便取得库存不足或积压的详细资料,及时组织库存财产物资的购销或处理,加速资金周转。不足之处在于账簿记录的财产物资的增减变动及结存情况都是根据有关会计凭证登记的,可能发生账实不符的情况,同时,登记明细账的工作量大。因此,采用这种方法进行账面结存的计算时,必须经常对各项财产物资进行定期清查,以查明账实是否相符,如出现账实不符,应查明原因,及时进行处理。

2. 实地盘存制

实地盘存制是指在日常簿记核算中,只根据会计凭证在财产物资明细账中登记财产物资的增加数,不登记减少数,期末,根据对财产物资进行实地盘点确定的实存数,倒挤出本期财产物资的减少数。这种方法又称为"以存计销制"或"以存计耗制"。

采用这种方法时,会计期末,对各项财产物资进行实地盘点,根据实地盘点所确定的实存数,确定本会计期各项财产物资的减少数。即:

$$本期减少数=期初账面结存数+本期增加数-期末实际结存数$$

【例 9-2】 某企业 20××年 1 月份 B 种存货明细账如表 9-2 所示,假定企业采用加权平均法计算发出存货成本和期末库存存货成本。

表 9-2

存货明细账

存货名称及规格:B　　　　　　　　　　　　　　　　　　　　　　　　　计量单位:千克

日期	凭证	摘要	收入			发出			结余		
			数量	单价	金额	数量	单价	金额	数量	单价	金额
1/1	略	余额							300	50	15 000
1/10		购入	900	60	54 000						
1/18		购入	600	70	42 000						
1/23		购入	200	80	16 000						

假定 B 存货期末盘点实际库存为 400 千克。

加权平均单价=(15 000+54 000+42 000+16 000)/(300+900+600+200)=63.50(元)

期末库存存货成本=400×63.50=25 400(元)

本月发出存货数量＝300＋900＋600＋200－400＝1 600(千克)

本月发出存货成本＝1 600×63.50＝101 600(元)

将计算结果登记入账,如表9-3所示。

表9-3

存货明细账

存货名称及规格:B　　　　　　　　计量单位:千克　　　　　　金额单位:元

日期	凭证	摘要	收入			发出			结余		
			数量	单价	金额	数量	单价	金额	数量	单价	金额
1/1	略	余额							300	50	15 000
1/10		购入	900	60	54 000						
1/18		购入	600	70	42 000						
1/23		购入	200	80	16 000						
1/31		合计	1 700		112 000	1 600	63.50	101 600	400	63.50	25 400

实地盘存制的最大优点是:根据期末实际盘点得出的财产物资期末数字作为账存数倒挤出本期减少(发出)数并登记有关账簿,不会出现账实不符的情况,可以简化会计核算工作。但是,也正是由于在这种方法下,企业各项财产物资的减少是根据实际盘点出的期末数倒挤出来的,财产物资的出库没有严格的手续,其中的成分比较复杂,除了正常耗用外,可能还有非正常的损失或丢失,因此,其缺点也十分明显:一是在这种方法下,账存数实际上也就是实存数,两者之间无法进行控制与核对;二是这种财产物资的清查制度不能随时反映库存财产物资的收入、发出与结存的动态情况;三是由于以存计耗或以存计销,倒算耗用成本或销售成本,这就容易将非耗用或非销售的存货损耗全部计入耗用或销售成本中,从而削弱了对存货的控制作用,影响了成本计算的正确性;四是它只适用定期结转耗用成本或销售成本,不能随时结转耗用成本和销售成本,所以,其适用范围窄,并应注意在使用时采取相应的管理措施。

(二) 实物资产的清查方法

不同品种的财产物资,由于其实物形态、体积、重量以及堆放方式不同,可采用不同的清查方法。一般地,可采用实地盘点和技术推算两种方法。

1. 实地盘点法

实地盘点法是指在财产物资堆放的现场进行逐一清点或用计量仪器确定实存数的一种方法。这种方法适用的范围广,数字准确可靠,清查质量高,但工作量大,需要在清查之前作好充分准备,以提高清查速度。这种方法一般适用于对固定资产、材料、在产品、库存商品等各项实物资产。

2. 技术推算法

技术推算法是指利用技术方法对财产物资的实存数进行推算的一种方法。采用这种方法时,需事先对库存财产物资进行科学堆放,以便采用器具或利用技术方法进行测量。这种方法一般适用于大量成堆的煤、矿石、生铁等。

盘点实物资产时要注意:①为了明确经济责任,进行财产物资盘点时,有关财产物资的保管人员都必须在场,并参加盘点工作;②在账实相符的情况下,还要注意财产物资有无缺损、霉烂、变质等;③明确清查的范围,区分本企业的财产物资与代其他单位保管的财产物资。

对各项财产物资的盘点结果,应逐一如实地填制凭证,作为分析盈亏原因和调整账面记录的重要依据。需要填制的凭证主要有:

(1)盘存单。盘存单是记录财产物资盘点结果的书面证明,是清查工作的原始凭证之一,参加盘点的人员和实物资产保管人员都必须在"盘存单"上签名。

盘存单的格式如表9-4所示。

表9-4

盘存清单

单位名称:

编号:　　　　　盘点时间:　　　　　财产类别:　　　　　存放地点:

编号	名称	计量单位	数量	单价	金额	备注

盘点人签章:　　　　　　　　　　　　　　实物保管人签章:

(2)实存账存对比表。将"盘存单"的实存数与账存数进行核对,如果不符,还需要填制"实存账存对比表",该表是分析盈亏和明确经济责任的书面证明,是调整账簿记录的原始凭证。实存账存对比表的格式如表9-5所示。

表9-5

实存账存对比表

单位名称:　　　　　　　年　月　日　　　　　　　财产类别:

编号	名称	计量单位	单价	实存		账存		盘盈		盘亏		盈亏原因
				数量	金额	数量	金额	数量	金额	数量	金额	

会计主管:　　　　　　　　盘点人签章:　　　　　　　　会计签章:

二、货币资金的清查方法

货币资金清查包括清查库存现金、银行存款、其他货币资金和银行借款等款项。清查时要求货币资金的收入、付出和结存符合企业财务管理制度的要求。

1. 库存现金的清查

库存现金的清查，是通过实地盘点的方法，确定库存现金的实存数，再与现金日记账的账面余额核对，以查明盈亏情况。

具体的步骤和方法是：①在盘点前，停止现金收付业务，由出纳人员按要求填制"现金出纳报告表"。②盘点现金时，清查人员、出纳人员和财务主管应同时在现场，并共同登记"现金盘点报告表"。该表既起"盘存单"的作用，又起"实存账存对比表"的作用，是重要的原始凭证。③根据清点的实存数与现金日记账账面余额进行核对，并核对现金出纳报告书和会计部门现金账户余额，发现问题及时查明原因。

"现金盘点报告表"是会计工作中重要的原始凭证，具有盘存单和实存账存对比表的双重作用。其格式如表9-6所示。

表9-6

现金盘点报告表

单位名称：　　　　　　年　月　日

实存金额	账存金额	实存与账存对比		备　注
		盘盈	盘亏	

盘点人签章：　　　　　　　　　　　　　　出纳员签章：

2. 银行存款的清查

银行存款的清查是采用与开户银行核对账目的方法进行的，即将本单位的银行存款日记账与开户银行转来的对账单逐笔进行核对的。但即使双方记账都没有错误，银行存款日记账的余额和银行对账单的余额也往往不一致。这种不一致的原因，主要是因为存在未达账项。由于可能存在未达账项，所以要编制"银行存款余额调节表"。编制好的银行存款余额调节表的左右两侧金额必须相同，如果出现了左右两侧金额不同的情况，表明企业或者银行记账有误，这时应及时查明原因并加以处理。

未达账项是指由于企业与银行之间对于同一项业务,由于取得凭证的时间不同,导致记账时间不一致而发生一方已登记入账,而另一方由于尚未取得结算凭证,尚未入账的款项。

企业与银行之间发生的未达账项有以下四种情况:

第一,企业已收,银行未收。如企业销售产品收到支票,送到银行后即可根据银行盖章后退回的"进账单"回单登记银行存款的增加,而银行则不能马上记增加,要等款项收到后才能记增加。如果此时对账,则形成了企业已收,银行没来得及收账的款项。

第二,企业已付,银行未付。例如,企业开出一张支票支付购买材料款,企业可根据支票存根、发货票及收料单等到凭证,记银行存款的减少,而此时银行尚未接到支付款项的凭证,尚未登记减少,如果此时对账,则形成企业已付,银行未付的款项。

第三,银行已收,企业未收。如外地某单位给企业汇来的款项,银行收到汇款后,马上登记银行存款增加,企业由于尚未收到汇款凭证,尚未记银行存款的增加。如果此时对账,就形成了银行已收,企业未收的款项。

第四,银行已付,企业未付。如银行代企业支付款项(如代付水电费),银行已取得支付款项的凭证,已记了银行存款减少,企业尚未接到凭证,尚未记银行存款的减少。如果此时对账,则形成银行已付,企业未付的款项。

上述任何一种未达账项的存在,都会使企业银行存款日记账的余额与银行转来的对账单的余额不符。因此,在与银行对账时,应首先查明是否未达账项。如果有,可编制"银行存款余额调节表",对未达账项进行调整后,再确定企业与银行双方记账是否一致,双方的账面余额是否相符。如有不符,说明此时记账有错误,应及时进行更正。

可以采用下面公式进行调整:

银行存款日记账余额＋银行已收企业未收款－银行已付企业未付款＝银行对账单余额＋企业已收银行未收款－企业已付银行未付款

利用这种等式关系,可以通过编制银行存款余额调节表进行调整,保证账实相符。现举例说明银行存款余额调节表的编制方法:

【例 9 - 3】　某企业 201×年 10 月 30 日银行存款日记账余额为 35 000 元,银行对账单余额为 42 000 元,查明有以下未达账项:

(1) 10 月 20 日企业送存转账支票 5 200 元,银行尚未入账。

(2) 10 月 25 日企业开出转账支票 5 300 元,持票人尚未到银行办理转账手续。

　　(3) 10 月 26 日委托银行收款 9 700 元,银行收妥并入账,但收款通知尚未到达企业。

　　(4) 10 月 28 日银行代付水费 2 800 元,但银行付款通知尚未到达该企业。

　　根据以上资料编制"银行存款余额调节表",调节双方余额。银行存款余额调节表的格式如表 9-7 所示。

表9-7

银行存款余额调节表

单位:××企业　　　　　　　　201×年10月31日　　　　　　　　金额单位:元

项目	金额	项目	金额
银行存款日记账余额	3 5000	对账单余额	42 000
加:银行已收企业未收款	9 700	加:企业已收银行未收款	5 200
减:银行已付企业未付款	2 800	减:企业已付银行未付款	5 300
调节后的存款余额	41 900	调节后的存款余额	41 900

会计主管:　　　　　　　　　　　　　　会计员:

　　银行存款余额调节表只起对账的作用,不是调整账簿记录的凭证。对于未达账项只有在接到有关凭证后才进行账务处理。这种对银行存款清查的方法也适用于对银行借款的清查工作。

　　3. 往来款项的清查

　　企业与其他单位的各种结算往来款项的清查应采用同对方核对账目的方法进行。一般采取"函证核对法"进行清查,即通过函证同往来单位核对账目。单位应按每一个经济往来单位编制"往来款项对账单"一式两份,送往各经济往来单位,对方经过核对相符后,在回联单上加盖公章后退回,表示已核对;如果经核对数字不相符,对方应在回单上注明情况,或另抄对账单退回本单位,进一步查明原因,再进行核对,直到相符为止。对于查出的错账,应予以更正。通过往来账项的清查,要及时催收该收回的账款,并偿还该偿还的欠款,对呆账和坏账要也应及时处理。

　　在对往来款项进行清查后,应根据结果及时填写"结算资金清查结果报告单"或"应收应付款项清查报告表"。表内除所列各项应收或应付款项的余额外,对于未达账项、双方有争议的款项以及没有希望收入的款项、无须支付的款也应在备注中加以说明,并报请单位主管人员进行处理。

　　结算资金清查结果报告单的格式如表 9-8 所示。

表9-8

结算资金清查结果报告单

清查日期：　　　　　　　　　　　　制表日期：

总分类账户名称：　　　　　　　　　总账结余金额：

明细账户名称	账面结存金额	清查结果		核对不符的原因和金额				备注
		核对相符金额	核对不符金额	有争议的账项	未达账项	……	合计	

第三节　财产清查结果的处理

一、财产清查结果的处理步骤

财产清查中发现的盘盈、盘亏、毁损、变质、超储积压等问题，以及有争议或长期不清的债权债务，必须按照有关财务制度的规定，认真进行处理。具体的步骤如下：

（1）在发现账实不符时，先调整账簿记录。根据编制的全部清查结果的实存账存对比表，核准盈亏数字，编制记账凭证，并据以登记账簿，使各项财产物资账实相符。一般地，盘亏和毁损的财产物资要从反映该种财产物资账户上予以冲减，盘盈的财产物资要从反映该种财产物资的账户上予以调增。但对于往来款项的账实不符，待报经批准以后再进行账务处理。

（2）查清原因，提出处理方案，并报领导批准。调整账簿记录以后，应认真分析各项差异的原因，明确经济责任，提出处理意见，然后将实存账存对比表及提出的处理意见呈报有关领导和部门批准。

（3）根据批准的处理方法进行财务处理。一般情况下，由于财产物资管理制度不善和财产物资定额内的损耗，应计入当期损益；由于有关工作人员工作失职造成的损失，应追究其责任由其赔偿，记入"其他应收款"账户；对于由于自然灾害或者意外事故造成的非正常损失，应由保险公司提供赔偿，净损失再计入当期损益；对于财产物资的盘盈，一般计入当期损益，增加本期收益。

二、账户设置

在对财产清查结果的账务处理中，应设置专门的账户"待处理财产损益"，以全面核算财产清查的盘盈、盘亏和毁损等情况。该账户的借方登记已经发生但尚未处理的财产物资的盘亏或毁损数额,以及批准转销的盘盈数额;贷方登记已经发生但尚未处理的财产物资的盘盈数额,以及批准转销的盘亏或毁损数额;期末借方余额为尚未处理的财产物资的净损失,如为贷方余额则是尚未处理的财产物资的净溢余。该账户设置"待处理流动资产损益"和"待处理固定资产损益"两个明细账户,分别反映流动资产和固定资产的盘盈、盘亏和毁损的发生和处理情况。

"待处理财产损溢"账户结构如表9-9所示。

表9-9

待处理财产损益

借方	货方
期初余额:期初尚未批准处理的财产 　　　　　物资净损失 本期发生额: 　　　(1) 本期发生的盘亏数 　　　(2) 报经批准处理的盘盈数	期初余额:期初尚未批准处理的财产 　　　　　物资净溢余 本期发生额:(1) 本期发生的盘盈数 　　　　　　　(2) 报经批准处理的盘亏数
期末余额:期末尚待处理的净损失	期末余额:期末尚待处理的净溢余

三、财产清查结果的账务处理

(一) 财产物资盘盈的核算

各种财产物资盘盈,在批准处理之前,应借记"库存现金"、"原材料"、"库存商品"、"固定资产"等账户,贷记"待处理财产损溢"等有关账户;报经领导批准后按批复的意见进行处理,固定资产的盘盈净值增加"营业外收入"处理,存货盘盈则作冲减"管理费用"处理,属于无法查明原因的现金溢余,经批准后记入"营业外收入"处理。

【例9-4】 某企业在财产清查中发现多余甲材料10千克,该材料单价80元。

会计部门应根据实存账存对比表编制如下会计分录:

借:原材料　　　　　　　　　　　　　　　　　　　　　　　　　800

　　贷:待处理财产损溢——待处理流动资产损益　　　　　　　　　　800

领导批准后,根据批复的意见,编制会计分录如下:

借:待处理财产损溢——待处理流动资产损益　　　　　　　　　　800

　　贷:管理费用　　　　　　　　　　　　　　　　　　　　　　　800

【例 9 - 5】　某公司在财产清查中,发现库存现金长款 1 000 元,无法查明现金溢余原因。其会计分录如下:

借:库存现金　　　　　　　　　　　　　　　　　　　　　1 000
　　贷:待处理财产损溢——待处理流动资产损益　　　　　　　　1 000

经上报审批,根据批复意见所作的会计分录如下:

借:待处理财产损益——待处理流动资产损益　　　　　　　　1 000
　　贷:营业外收入　　　　　　　　　　　　　　　　　　　1 000

固定资产的盘盈,原制度规定,与库存现金、存货一样设置"待处理财产损益"科目进行核算,企业盘盈的固定资产,在按管理权限报经批准前,应按同类或类似固定资产的市场价格,减去该项资产的新旧程度估计的价值损耗后的余额后所确认的固定资产的入账价值,如果同类或类似固定资产不存在活跃市场的,按该项规定资产的预计未来现金流量,作为入账价值,借记"固定资产"账户,贷记"待处理财产损益"账户;在报经批准后或期末结账前,借记"待处理财产损益"账户,贷记"营业外收入"账户。

【例 9 - 6】　某企业在财产清查中,发现账外机器一台,重估完全价值为 8 000 元,现值为 4 000 元。

在批准前,应根据"实存账存对比表"所核定的盘盈数,作如下会计分录:

借:固定资产　　　　　　　　　　　　　　　　　　　　　8 000
　　贷:累计折旧　　　　　　　　　　　　　　　　　　　　4 000
　　　待处理财产损溢——待处理固定资产损益　　　　　　　　4 000

上述账外固定资产盘盈净值查明原因,经批准后转作营业外收入。编制会计分录如下:

借:待处理财产损溢——待处理固定资产损益　　　　　　　　4 000
　　贷:营业外收入　　　　　　　　　　　　　　　　　　　4 000

新准则中规定,企业盘盈的固定资产属于前期会计差错,为使企业能够提供更加真实的会计信息,减少企业人为操纵利润的机会,应根据《企业会计准则第28 号——会计政策、会计估计变更和差错更正》的规定,采用追溯重述法更正,通过"以前年度损益调整"账户进行核算。在新准则下,固定资产盘盈的主要包括三笔会计处理:①在按管理权限报经批准前,应按固定资产的入账价值(入账价值的规定与原制度相同),借记"固定资产"账户,贷记"以前年度损益调整"科目;②按应缴纳的所得税,借记"以前年度损益调整"账户;贷记"应交税费"科目;③将"以前年度损益调整"账户的余额结转留存收益,借记"以前年度损益调整"

科目,贷记"利润分配——未分配利润"账户和"盈余公积"账户。

（二）财产物资盘亏的核算

各种财产物资盘亏,在报经批准之前,应借记"待处理财产损溢"账户,贷记"库存现金"、"库存商品"、"原材料"、"固定资产"等相关账户;报经批准之后,将盘亏或毁损净值从"待处理财产损溢"账户转出,区别不同情况分别处理:①固定资产盘亏净值记入"营业外支出"账户借方;②存货定额内损耗,记入"管理费用"账户借方;③向责任人或保险公司索赔,记入"其他应收款"账户借方;④由自然灾害或意外事故造成的损失,记入"营业外支出"账户借方。

固定资产毁损的业务处理,因为其实物仍存在,同出售、报废固定资产业务相同,需要对其清理,需要设置专门账户"固定资产清理"进行核算。固定资产清理业务的会计处理将在有关课程中作专业介绍,在此不详述。

【例 9-7】　某公司在清查中盘亏机器一台,账面原价为 5 000 元,已提折旧 4 000 元.

发现盘亏时,编制以下会计分录:

借:待处理财产损益——待处理固定资产损益	1 000
累计折旧	4 000
贷:固定资产	5 000

报经批准后,编制以下会计分录:

借:营业外支出	1 000
贷:待处理财产损溢——待处理固定资产损益	1 000

【例 9-8】　某企业在进行材料清查时,发现乙种材料短缺 10 件,毁损 3 件,乙材料单位成本 50 元;发现丙材料短缺 5 件,毁损 40 件,丙材料单位成本 60 元。经估计,丙材料毁损部分收得残料共计 1 000 元。经调查,短缺丙材料是由保管员责任所致,毁损丙材料是水灾造成的,保险公司提供赔偿 1 000 元,其余属于经营性损失。

发现盘亏和毁损时,编制会计分录如下:

借:待处理财产损益——待处理流动资产损益	3 350
贷:原材料——乙材料	650
——丙材料	2 700

报经批准后,编制如下会计分录:

借:原材料——丙材料	1 000
其他应收款——保管员	300
——保险公司	1 000

管理费用(13×50)	650
营业外支出	400
贷:待处理财产损益——待处理流动资产损益	3 350

【例 9-9】　某公司在清查中发现库存现金短缺 1 000 元,经查其中因出纳人员工作疏忽造成的损失 400 元,保险公司负责赔偿 300 元,其他短款无法查明原因。

根据清查结果,填制"库存现金盘点表",据此编制会计分录如下:

借:待处理财产损益——待处理流动资产损益	1 000
贷:库存现金	1 000

查明原因之后依据不同情况作相应的会计分录:

借:其他应收款——××责任人	400
其他应收款——保险赔款	300
管理费用	300
贷:待处理财产损益——待处理流动资产损益	1 000

（三）往来款项的核算

对应收款项清查后,如果发现有坏账,应按坏账核算的方法予以入账。企业采用备抵法核算坏账时,借记"坏账准备"账户,贷记"应收账款"账户。同时,对于应付款项中无法支付的部分,应转作"营业外收入"账户,借记"应付账款"账户,贷记"营业外收入"账户。

【例 9-10】　某企业在财产清查中,查明应收 A 公司款项 20 000 元,经催收,收回 10 000 元,其余 10 000 元已无法收回。

该企业对收回的款项,编制如下会计分录:

借:银行存款	10 000
贷:应收账款	10000

对无法收回的款项应上报审核备案,编制如下会计分录:

借:坏账准备	10 000
贷:应收账款	10 000

【例 9-11】　某公司在清查中,查明应付 B 公司的货款 9 000 元,已无法归还。经上报审批,将其转作"营业外收入",会计分录如下:

借:应付账款	9 000
贷:营业外收入	9 000

练 习 题

一、单项选择题

1. 企业发生的下列对账中,属于财产清查范围的是( )。
   A. 现金日记账与现金总账的核对 　　 B. 银行存款日记账与对账单的核对
   C. 固定资产总账与其明细账的核对 　　 D. 原材料明细账与会计凭证的核对

2. 以下情况中,采用局部清查的是( )。
   A. 企业年终决算前进行的清查 　　 B. 企业清产核资
   C. 企业更换仓库保管员时的清查 　　 D. 企业改组时的清查

3. 财产清查的目的是为了保证( )。
   A. 账账相符 　　 B. 账实相符 　　 C. 账证相符 　　 D. 账表相符

4. 在采用实地盘存制的情况下,在原材料明细账中登记减少数额的原始凭证是( )。
   A. 材料出库单 　　 B. 发出材料汇总表
   C. 盘存单 　　 D. 实存账存对比表

5. 对债权债务的清查应采用的方法是( )。
   A. 询证核对法 　　 B. 实地盘点法
   C. 技术推算盘点法 　　 D. 估算法

6. 产生未达账项的原因是( )。
   A. 双方记账的时间不一致 　　 B. 双方结账的时间不一致
   C. 双方对账的时间不一致 　　 D. 双方对账的人员不一致

7. 企业年终决算前,需要( )。
   A. 对所有财产进行实物盘点 　　 B. 对重要财产进行局部清查
   C. 对所有财产进行全面清查 　　 D. 对流动性较大的财产进行重点清查

8. 常用的大堆、笨重物资的实物数量的清查方法是( )。
   A. 永续盘存制 　　 B. 实地盘存制 　　 C. 实物盘点法 　　 D. 技术推算法

9. 对于长期挂账的应付账款,在批准转销时应记入( )账户。
   A. "营业外支出" 　　 B. "营业外收入"
   C. "资本公积" 　　 D. "待处理财产损溢"

10. 采用实地盘存制时,财产物资的期末结存数就是( )。
    A. 账面结存数 　　 B. 实地盘存数 　　 C. 收支抵减数 　　 D. 滚存结余数

二、多项选择题

1. 实地盘点法的清查对象有( )。
   A. 固定资产 　　 B. 材料 　　 C. 银行存款 　　 D. 现金

2. 企业银行存款日记账账面余额大于银行对账单余额的原因有( )。
   A. 企业账簿记录有差错 　　 B. 银行账簿记录有差错
   C. 企业已作收入入账,银行尚未入账 　　 D. 银行已作支出入账,企业尚未入账

3. 财产清查中遇到有账实不符时,用以调整账簿记录的原始凭证有(　　　)。

    A. 实存账存对比表　　　　　　　　　B. 现金盘点报告表

    C. 银行对账单　　　　　　　　　　　D. 银行存款余额调节表

4. "待处理财产损溢"账户的贷方登记(　　　)。

    A. 发生的待处理财产盘盈数　　　　　B. 发生的待处理财产盘亏数

    C. 批准处理的财产盘盈转销数　　　　D. 批准处理的财产盘亏转销数

5. 下列财产清查中,属于不定期的全面清查的有(　　　)。

    A. 企业年终决算时进行的清查　　　　B. 企业合并时进行的清查

    C. 企业主要负责人调离时进行的清查　D. 企业组织现金清查小组进行的清查

6. 下列方法中,属于财产清查方法的有(　　　)。

    A. 账面盘存制　　　B. 实地盘存制　　　C. 实地盘点法　　　D. 函证核对法

7. 财产清查后填制的实存账存对比表有(　　　)。

    A. 会计账簿的重要组成部分

    B. 调整账簿记录的原始凭证

    C. 分析财产盈亏原因、明确经济责任的重要依据

    D. 反映财产盈亏的记账凭证

8. 在财产清查中,可以采用核对账目法进行的清查项目有(　　　)。

    A. 应收账款　　　　B. 银行存款　　　　C. 现金　　　　　D. 银行借款

9. 对于存货的收入、发出的记录和账面结存数的确定,可以采用的方法有(　　　)。

    A. 实收实付制　　　B. 应收应付制　　　C. 实地盘存制　　　D. 永续盘存制

10. 在财产清查结果的账务处理中,经批准记入"营业外支出"账户的盘亏损失有(　　　)。

    A. 固定资产盘亏净损失　　　　　　　B. 自然灾害造成的流动资产损失

    C. 管理不善造成的财产损失　　　　　D. 坏账形成的损失

三、判断题

1. 全面清查可以定期进行,也可以不定期进行。　　　　　　　　　　　　(　　　)

2. 通过银行存款余额调节表可以检查账簿记录上存在的差错。　　　　　　(　　　)

3. 对于银行存款的未达账项应编制银行存款余额调节表进行调节,同时将未达账项编制记账凭证登记入账。　　　　　　　　　　　　　　　　　　　　　　　　　(　　　)

4. 在实地盘存制下,期末对存货进行清查的结果总是账实相符的。　　　　(　　　)

5. 存货的盘亏、毁损和报废,在报经批准后均应记入"管理费用"账户。　　(　　　)

6. 各种财产物资发生盘盈、盘亏和毁损,在报经批准以前都必须先记入"待处理财产损溢"账户。　　　　　　　　　　　　　　　　　　　　　　　　　　　　　　(　　　)

7. 局部清查一般适用于流动性较大的财产物资和货币资金的清查。　　　　(　　　)

8. 未达账项的产生的原因是因为企业的会计核算采用了权责发生制。　　　(　　　)

四、实务题

1. 目的:练习未达账项及对未达账项编制银行存款余额调节表。

    资料:丽华公司某年 6 月 25～30 日银行存款账面记录如下:

(1) 25 日开出支票♯1146,支付购入材料运费 800 元。

(2) 25 日开出支票♯1147,支付购入材料价款 58 500 元。

(3) 28 日存入销货款转账支票 90 000 元。

(4) 28 日开出支票♯1150,支付产品委托加工费 36 000 元。

(5) 30 日存入销货款转账支票 56 000 元。

(6) 30 日开出支票♯1153,支付修理费 928 元。

30 日银行存款账面结存余额 81 188 元。

银行对账单记录如下:

(1) 25 日支票♯1147 付出 58 500 元。

(2) 28 日转账收入 90 000 元。

(3) 28 日代交电费 6 400 元。

(4) 28 日支票♯1146 付出 800 元。

(5) 29 日存款利息收入 1 200 元。

(6) 30 日代收红星厂贷款 23 400 元。

(7) 30 日支票♯1150 付出 36 000 元。

30 日结存余额 44 316 元

要求:找出未达账项,并编制银行存款余额调节表。

2. 目的:掌握银行存款余额调节表。

资料:星美公司某年 12 月 31 日银行对账单的存款余额为 53 000 元,12 月底与银行往来的其余资料如下:

(1) 12 月 28 日,公司开出转账支票 5 000 元,支付水电费,银行尚未记账付出。

(2) 12 月 28 日,公司开出转账支票 4 400 元,持票人尚未到银行办理转账手续。

(3) 12 月 28 日,银行代公司支付房屋租金 46 000 元,银行已记账,但付款通知尚未送达公司。

(4) 12 月 29 日,公司收到其他单位的支票计 20 000 元,公司已记账,但银行未记账。

(5) 12 月 30 日,委托银行收款 1 600 元,银行已收款记入公司存款账户,但尚未通知公司。

(6) 12 月 30 日,公司开出转账支票支付购料款 20 000 元,持票人尚未到银行办理转账手续。

要求:假定公司与银行对账单存款余额调整后相符,计算该公司银行存款日记账的账面余额是多少? 并说明该公司在次年 1 月 1 日可动用的银行存款最高限额是多少?

3. 目的:练习财产清查结果的账务处理。

资料:立新工厂于年终进行财产清查,在清查过程中发现以下事项:

(1) 发现一台账外机床,重置完全价值 46 000 元,估计八成新。

(2) 发现毁损一台水泵,账面原价 5 000 元,已提折旧 1 000 元。

(3) 发现下列材料账实不符:

甲材料盘亏 7 000 元,其中属于定额内自然消耗 2 000 元,属于管理人员失职造成损失 2 000 元,由于非常灾害毁损 3 000 元。

乙材料盘亏1 400元,为保管员失职造成的。

丙材料盘盈4 000元,经查明其中3 500元为代其他单位加工剩余材料,该厂未及时提回,其余为日常收发计量差错。

(4)发现库存现金短缺100元,系出纳员工作过失造成。

(5)发现应收甲公司账款2 000元,已无法收回。

上述各盘点结果,经查明原因,报请领导审批作如下处理:

(1)账外机床尚可使用,作营业外收入处理。

(2)毁损水泵是由于自然灾害造成,作非常损失处理。

(3)材料定额内损耗及收发计量差错,列入管理费用处理,材料非常灾害作为非常损失处理,材料盘亏由造成过失人赔偿。

(4)短缺的现金责成出纳员赔偿。

(5)无法收回的应收款项,作坏账损失处理。

要求:作出有关的会计分录。

4. 目的:掌握实地盘存制和永续盘存制。

资料:新诚公司某年5月份的产成品资料如表9-10所示。

表9-10

产成品资料

日期	入库		发出销售		结存	
	数量 (件)	单位成本 (元)	数量 (件)	单位售价 (元)	数量 (件)	单位成本 (元)
5月1日					400	9.60
5月3日	1 000	10.40			1 400	
5月5日			600	14.40	800	
5月10日	2 000	9.00			2 800	
5月13日			2 400	13.00	400	
5月15日	1 600	9.40			2 000	
5月18日			2 000	13.60	——	
5月21日	1 000	10.20			1 000	
5月28日	800	10.60			1 800	
5月29日			1 600	14.00	200	

5月31日实地盘点产成品180件。

要求:用加权平均法分别计算永续盘存制和实地盘存制下产成品的库存成本,销售成本与销售毛利。

五、思考题

1. 什么是财产清查?财产清查的意义是什么?

2. 财产清查包括哪些种类?

3. 什么叫存货盘存制度?

4. 什么叫永续盘存制? 在永续盘存制下确定期末存货成本的基本做法是怎样的?

5. 永续盘存制的优点与缺点及适用范围是怎样的?

6. 什么叫实地盘存制? 在实地盘存制下确定期末存货成本的基本做法是怎样的?

7. 在实地盘存制下如何计算期末存货成本和本期发出存货的成本?

8. 实地盘存制的优点与缺点及适用范围是怎样的?

第十章 账户的分类

【学习目标和要求】

1. 理解账户按经济内容的分类；
2. 掌握账户按用途和结构的分类。

第一节 账户按经济内容的分类

账户是对会计对象的具体内容进行分类核算和监督的一种核算方法。账户分类是指为了正确地运用账户，根据一定的标志，对账户进行合理的归类。归类就是把具有共同特征的账户归在一起，分成若干类别，使为数众多的账户条理化和系统化，形成一个完整的账户体系。

会计核算中的各个账户，都有自己的名称和核算内容，它们独立地从不同的角度来确认、计量、记录和反映会计对象的某一个方面和某一个环节，人们可以根据经济业务发生所引起的某一个方面的资产和权益的变化情况，选择适当的账户予以确认、计量和记录。可以说，了解每个账户的特性，对于具体地运用各个账户是十分重要的。同时还应进一步认识到客观存在着的会计对象，作为一个完整的有机体系，并不是由个别账户，而必须由全部账户才能得到完整的反映；全部账户作为一个整体，分工协作地处理全部会计数据，执行会计核算方法体系中的账户的整体功能。就这一点看，全部账户在整体上存在着的共性，又构成了一个完整的、相互联系的账户体系。由于会计对象本身是一个完整的有机结合的整体，所以要完整地反映会计对象的具体内容，所运用的账户也必须有机地结合在一起，构成一个完整的体系，这个体系就是账户体系。

账户的分类，就是从各账户之间的区别和联系入手，采用一定的分类标准，从不同角度对账户加以分类。在账户体系中，有些账户存在着一定的共性，按照一定的标准划分，他们归属于一种类型的账户。通过账户的分类，有助于我们进一步研究账户的特点、核算内容、用途和结构等，进一步理解各类账户之间的联系和区别以及各自的使用方法，完善账户体系，进一步掌握各类账户在提供核算指标方面的规律性，明确各类账户在账户体系中的地位和作用，以便于科学地设置账户,正确地使用账户。

依据不同的标志对账户进行分类,便于从不同的角度认识账户。账户分类的标志主要有以下几种:①按账户反映和监督的经济内容进行分类;②按账户的用途和结构进行分类;③按账户与会计报表的关系进行分类;④按账户统驭与被统驭的关系进行分类。本章主要研究前两种分类。

账户的经济内容就是账户所要反映和监督的会计对象的具体内容。企业会计对象的具体内容就是会计要素,即资产、负债、所有者权益、收入、费用和利润。因此,账户按其反映和监督的经济内容,可以分为资产类账户、负债类账户、所有者权益类账户、收入类账户、费用类账户和利润类账户六大类。

会计对象具体化为会计六要素,但是由于企业在一定期间内实现的利润最终要纳入所有者权益,所以在对账户按其所反映和监督的经济内容进行分类时,往往把利润并入所有者权益类。同时对于工业企业而言,要进行产品生产,就必须对其成本进行计算和考核,所以需要专门设置用于成本计算的账户。企业在一定期间内所取得的收入(包括有关的收益),以及所发生的应直接从当期收入中扣除的各项费用(包括有关的支出和损失),都要体现在当期损益的计算中,因此可以将直接核算损益的账户单独归为一类。所以,账户按其反映和监督的经济内容,分为资产类账户、负债类账户、所有者权益类账户、成本类账户、损益类账户五大类。

一、资产类账户

资产类账户是用来反映和监督企业资产增减变动情况及其结余数额的账户。根据资产的流动性可将资产类账户分为流动资产类账户和非流动资产类账户两类。

1. 流动资产类账户

流动资产类账户是用来反映和监督企业可以在 1 年或者超过 1 年的一个营业周期内变现或耗用的资产的账户。按它存在的不同形态,又可分为以下几类:①反映和监督货币资金的账户,如"库存现金"、"银行存款"、"其他货币资金"等账户;②反映和监督短期投资的账户,如"交易性金融资产"、"买入返售金融资产"等账户;③反映和监督结算债权的账户,如"应收票据"、"应收账款"、"预付账款"、"应收股利"、"应收利息"、"其他应收款"等账户;④反映和监督存货的账户,如"材料采购"、"原材料"、"生产成本"、"库存商品"、"材料成本差异"、"商品进销差价"、"存货跌价准备"等账户。

2. 非流动资产类账户

非流动资产类账户是用来反映和监督企业不准备在 1 年或者超过 1 年的一

个营业周期内变现或耗用的资产的账户。又可以进一步划分为以下几类：①反映和监督长期投资的账户，如"长期股权投资"、"持有至到期投资"账户；②反映和监督固定资产的账户，如"固定资产"、"累计折旧"、"固定资产减值准备"、"在建工程"等账户；③反映和监督无形资产的账户，如"无形资产"、"累计摊销"、"无形资产减值准备"等账户；④反映和监督其他资产的账户，如"长期待摊费用"等账户。

长期待摊费用是指不能全部计入当年损益，应当在以后年度分期摊销的各项费用。长期待摊费用的主要内容是开办费、租入固定资产改良支出、固定资产大修理支出(摊销期在 1 年以上)等。长期待摊费用的效益，不仅涉及本年度，而且还延续到以后若干年，它的数额比较大，不能在本期全部费用化。如果全部在支出年度转为费用，与当期收入配比，将不能正确反映当期经营成果。因此，必须对其进行长期待摊处理。

二、负债类账户

负债类账户是用来反映和监督企业负债的增减变化及其结余数额的账户。根据负债偿还期的长短可将负债类账户分为流动负债账户和长期负债账户两类。

1. 流动负债账户

流动负债账户是用来反映和监督企业将在 1 年或者超过 1 年的一个营业周期内偿还的债务。按其不同形式，又可分为如下几种：①反映和监督向银行及其他金融机构借入的期限在 1 年以内(含 1 年)的各种借款的账户，如"短期借款"账户；②反映和监督债务结算的账户，如"应付票据"、"应付账款"、"其他应付款"、"预收账款"、"应付职工薪酬"、"应付利息"、"应交税费"、"应付股利"等账户；③反映和监督预先提取费用的账户，如"预提费用"账户。

2. 长期负债账户

长期负债账户是用来反映和监督企业偿还期在 1 年或者超过一年的一个营业周期以上的债务，如"长期借款"、"应付债券"、"长期应付款"等账户。

三、所有者权益类账户

所有者权益类账户是用来反映和监督企业所有者在企业资产中享有的经济利益的账户，即反映和监督所有者对企业净资产的所有权的账户。按投入与形成内容分为如下两种：①反映和监督投入资本的账户，如"实收资本"或"股本"、"资本公积"账户；②反映和监督企业留存收益的账户，如"盈余公积"、"利润分配——未分配利润"账户等。

四、成本类账户

成本类账户是用来反映和监督企业为生产产品、提供劳务、工程建设而发生的各种经济利益流出的账户，可以分为以下几种：①反映工业性生产产品成本的账户，如"生产成本"、"制造费用"等账户；②反映工程建设成本的账户，如"工程施工"、"工程结算"等账户；③反映企业其他经营行为成本的账户，如"劳务成本"、"研发支出"等账户。

五、损益类账户

损益类账户是用来反映和监督企业损益形成情况的账户。根据损益的不同性质和内容，损益类账户可以进一步划分为两类：

(1) 损益类收入账户，如"主营业务收入"、"其他业务收入"、"投资收益"、"营业外收入"等账户。

(2) 损益类费用账户，如"主营业务成本"、"营业税金及附加"、"其他业务成本"、"销售费用"、"管理费用"、"财务费用"、"营业外支出"、"所得税费用"等账户。

第二节　账户按用途和结构的分类

账户按经济内容分类，虽然可以帮助我们了解应设置哪些账户来反映和监督会计对象，明确各类账户所反映和监督的会计对象的具体内容，但是，我们还不能详细了解各类账户的作用以及如何利用各类账户提供企业内部经营管理和对外报告所需的各种核算数据。例如，"固定资产"和"累计折旧"账户按经济内容分类都是用来反映和监督固定资产方面的账户，但是，"固定资产"和"累计折旧"这两个账户在使用过程中的用途和结构不同，"固定资产"账户是用来核算固定资产的原始价值，期末余额一般是在借方；"累计折旧"账户是用来核算固定资产的磨损价值，期末余额一般是在贷方。类似的账户还有"本年利润"和"利润分配"账户、"应收账款"和"坏账准备"账户等。因此，将账户在按经济内容分类的基础上，还必须进一步按账户的用途和结构进行分类。

一、账户的用途和结构

账户的用途是指设置和运用账户的目的和作用，即通过账户记录能够提供什么核算数据。如"库存现金"账户是用来提供企业在库存现金的增减变动情况及其结存数额的账户，具体提供企业在某一会计期间库存现金增加了多少、使用了多少、期末还有多少，这些都是企业当期的实际数据。又如"应收账款"账户是用来提供企业应收账款这类资产的增减变动情况及其结存数额的账户，通过应收账款的增加数、减少数、期末结存数额可以了解企业应收账款的总的情况变化。应收账款随着时间的变化，可能会存在着收款的风险，使得应收账款部分或全部变成坏账，因此"坏账准备"账户是专门用来核算企业坏账准备的计提、核销以及期末坏账准备金的余额，"应收账款"账户期末的实际结存数，减去"坏账准备"账户期末余额后，就能得到应收账款净值。应收账款、坏账准备和应收账款净值都是资产负债表上很重要的数据，分别从"应收账款"、"坏账准备"账户及这两个账户差额中取得，这就是账户的用途。

账户的结构是指账户的借方登记什么，贷方登记什么，余额在哪一方。如"银行存款"账户，其借方登记银行存款的增加数，贷方登记银行存款的减少数，期末余额在借方表示银行存款的实有数。又如"固定资产"账户，其借方登记固定资产原始价值的增加数，贷方登记固定资产原始价值的减少数，期末余额在借方表示固定资产原始价值的实有数。而"累计折旧"账户记录的是固定资产的折旧额，折旧额是对固定资产原始价值的冲减数，所以"累计折旧"账户的结构恰恰与"固定资产"账户的结构相反，其贷方登记累计折旧的增加数，借方登记累计折旧的减少数，期末余额在贷方表示固定资产的累计折旧数。

虽然账户的用途和结构受其经济内容的制约，但账户按经济内容的分类并不能代替账户按用途和结构的分类，在按经济内容对账户进行分类的基础上，再按用途和结构对账户作进一步的分类，才能全面、正确地运用账户。

二、账户按其用途和结构的具体分类

下面以工业企业所运用的账户为例进行说明。工业企业所运用的账户，按其用途和结构可分为十二类，即盘存类账户、资本类账户、结算类账户、集合分配类账户、跨期摊配类账户、成本计算类账户、收入类账户、费用类账户、财务成果计算类账户、计价对比类账户、调整类账户和临时类账户。

（一）盘存类账户

1. 盘存类账户的用途

盘存类账户是用来反映和监督各种实物资产和货币资金增减变动及其实有数额的账户。

2. 盘存类账户的结构

盘存类账户在性质上属于资产类账户，因此，其借方登记各项财产物资和货币资金的增加数，贷方登记各项财产物资和货币资金的减少数，余额在借方，表示各项财产物资和货币资金的结存数。

盘存账户的结构,如表 10 - 1 表示。

表 10 - 1

盘存类账户

期初余额:财产物资或货币资金的期初结存数 本期发生额:财产物资或货币资金的本期增加数	本期发生额:财产物资或货币资金的减少数
期末余额:财产物资或货币资金的期末结存数	

3. 盘存类账户包括的主要账户

属于盘存类账户的有"原材料"、"生产成本"、"库存商品"、"固定资产"、"库存现金"、"银行存款"、"其他货币资金"等账户。

4. 盘存类账户的特点

(1) 各盘存账户所反映的实物资产或货币资金,都可以通过实地盘点或与对方核对账目的方法来确定其实存数与账存数是否相符。

(2) 在各项财产财物或货币资金有结存的情况下,反映各项财产物资和货币资金账户的余额应该在借方,表示各项财产物资或货币资金的结存数。如果出现贷方余额,则说明财产物资和货币资金在收发保管或账务处理上存在问题。

(3) 除货币资金外,其他盘存账户的明细分类账应提供实物和金额两类核算指标。

(二) 资本类账户

1. 资本类账户的用途

资本类账户是用来反映和监督企业投资者投入的资本以及资本增值的增减变动及实有数的账户。

2. 资本类账户的结构

资本账户在性质上属于所有者权益类,这类账户的贷方登记资本和公积金的增加数,借方登记资本和公积金的减少数,余额在贷方,表示资本和公积金的实有数。

资本账户的结构,可用表 10 - 2 所示。

表 10 - 2

资本账户

本期发生额:资本、公积金的减少数	期初余额:资本、公积金的期初实有数 本期发生额:资本、公积金的增加数
	期末余额:资本、公积金的期末实有数

3. 资本类账户包括的主要账户

属于资本账户的有"实收资本"、"资本公积"、"盈余公积"等。资本公积(一部分或全部)和盈余公积虽然不是投资者对企业的投资,但它们最终都属于企业所有者的权益,因此,将它们归为资本类的账户。

4. 资本类账户的特点

(1) 资本类账户是反映和监督企业投资者投入的资本或内部形成的资本积累的账户,因此,反映和监督企业投资者投入资本的账户一定有贷方余额,反映和监督内部形成的资本积累的账户有时可能出现贷方无余额的情况,但无论是反映和监督企业投资者投入的资本还是内部形成的资本积累的账户,都不会出现借方余额,否则就说明所有者权益受到侵犯或者账务处理上存在问题。

(2) 资本类账户的总分类账户和明细分类账户都只需提供金额数据,以反映企业投资人对企业净资产的所有权。

(三) 结算类账户

1. 结算类账户的用途

结算类账户是用来反映和监督企业与其他单位或个人以及企业内部职工之间由于业务往来而发生的债权(应收、预付款)、债务(应付、预收)结算情况的账户。

2. 结算类账户的种类

根据所反映的结算业务性质的不同,结算账户可细分为资产结算账户、负债结算账户以及资产负债结算账户三类,各类结算账户具有不同的用途和结构。

1) 资产结算账户

(1) 资产结算账户的用途。资产结算账户又称债权结算账户,是用来反映和监督企业与各个债务单位或个人之间在经济往来中发生的各种应收及预付款项的账户。

(2) 资产结算账户的结构。该类账户的借方登记各种应收及预付款项的增加数,表示债权的形成,贷方登记各种应收及预付款项的减少数,表示债权的收回或冲销,余额在借方,表示各种应收及预付款项的实有数(即应收而尚未收回的各种款项)。资产结算账户的结构如表 10-3 所示。

表 10-3

资产(债权)结算账户

期初余额:应收、预付款项的期初实有数	
本期发生额:应收、预付款项的本期增加数	本期发生额:应收、预付款项的本期减少数
期末余额:应收、预付款项的期末实有数	

（3）资产结算账户包括的主要账户。属于资产结算账户的有"应收票据"、"应收账款"、"预付账款"、"其他应收款"等账户。

2）负债结算账户

（1）负债结算账户的用途。负债结算账户又称债务结算账户，是用来反映和监督企业与各个债权单位或个人之间在经济往来中发生的各种应付、预收及借入款项的账户。

（2）负债结算账户的结构。该类账户的贷方登记各种应付、预收及借入款项的增加数，表示债务的形成，借方登记各种应付、预收及借入款项的减少数，表示债务的清偿或解除，余额在贷方，表示应付、预收款项及借入款项的实有数，即已形成但尚未清偿的债务。

（3）负债结算账户包括的主要账户。属于负债结算账户的有"短期借款"、"应付账款"、"其他应付款"、"预收账款"、"应付职工薪酬"、"应付利息"、"应交税费"、"应付股利"等账户。负债结算账户的结构如表 10 - 4 所示。

表 10 - 4

负债（债务）结算账户

本期发生额：本期偿还的债务数（减少数）	期初余额：应付、预收及借入款项的期初实有数 本期发生额：应付、预收及借入款项的本期增加数
	期末余额：应付、预收及借入款项的期末实有数

3）资产负债结算账户

（1）资产负债结算账户的用途。资产负债结算账户又称债权债务结算账户或往来结算账户，是用来反映和监督企业与其他单位或个人之间在经济往来中结算情况的账户。由于往来结算业务的性质经常发生变动，有时企业是处在债权人的位置，有时又处在债务人的位置，为了集中核算某类往来结算业务，就必须设置资产负债（或债权债务）结算账户。如企业向同一单位采购商品，有些款项是预付的，预付款项时，企业是债权人，有些款项是应付而未付的，应付未付款项构成了企业的债务，这样企业有必要设置一个明细账户"应付账款——××供货单位"（或"预付账款——××供货单位"）来集中反映企业与该供货单位的债权和债务的往来结算情况，而此时"应付账款"这一账户就是双重性账户，它既反映应付款项又反映预付款项。再比如预收款项业务不多的企业可以不单设"预收账款"账户，用"应收账款"账户既反映企业的应收款项的业务又反映企业的预收款项的业务，此时，"应收账款"账户就是一个资产负债结算账户。

（2）资产负债（债权债务）结算账户的结构。该类账户的借方登记债权的增加和债务的减少,贷方登记债务的增加和债权的减少,余额可能在借方,也可能在贷方。如果余额在借方,表示尚未收回的债权净额(即尚未收回的债权大于尚未偿付的债务的差额);如果余额在贷方,表示尚未偿付的债务净额(即尚未偿付的债务大于尚未收回的债权的差额)。

(3)资产负债(债权债务)结算账户包括的主要账户。资产负债(债权债务)结算账户除"应收账款"和"应付账款"外,还有"预收账款"、"预付账款"等账户。

资产负债(债权债务)结算账户所属明细分类账的借方余额之和与贷方余额之和的差额,应当与总分类的余额相等。资产负债结算账户的结构如表 10-5 所示。

表 10-5

资产负债(债权债务)结算账户

期初余额:期初债权大于债务的差额 本期发生额:债权的增加或债务的减少数	期初余额:期初债务大于债权的差额 本期发生额:债务的增加数或债权的减少数
期末余额:期末债权大于债务的差额	期末余额:期末债务大于债权的差额

(4)注意的问题。由于资产负债(债权债务)结算账户是资产负债双重性质的账户,其借方余额或贷方余额只是表示债权和债务增减变动后的差额,并不表示企业期初、期末债权和债务的实际数额。比如,在"应收账款"账户同时核算企业应收款项和预收款项的情况下,其期末借方余额是应收款项大于预收款项的差额;同理,在"应付账款"账户同时核算企业应付款项和预付款项的情况下,其期末贷方余额并不表示企业期末应付账款即债务的实有数,因此,在编制资产负债表时,应根据其所属明细分类账余额的方向,来具体分析余额的性质,判断是属于资产还是负债,以便如实反映企业债权和债务情况的实际情况。

3. 结算账户的特点

(1)结算账户应按照发生结算关系的单位或个人设置明细分类账进行明细核算,并且需要通过双方核对账目才能保证核算资料的正确性。

(2)由于不同类型的结算账户具有不同的用途和结构,因此,可以根据结算账户及其所属明细账户的金额方向来判别其性质:当余额在借方时,属于资产(债权)结算账户;当余额在贷方时,则属于负债(债务)结算账户。

(3)结算账户的总分类核算及明细分类核算均只需提供金额数据。

(四)集合分配类账户

1. 集合分配类账户的用途

集合分配账户是用来汇集和分配生产产品过程中发生的间接生产费用的账

户。企业在生产过程中,发生的一些不能直接计入某个成本计算对象中去,而应由几个成本计算对象共同负担的费用,这些费用应先通过集合分配账户进行归集,然后再按照一定标准分配计入各个成本计算对象中去。集合分配账户按经济内容分类属于成本类账户。

2. 集合分配类账户的结构

该类账户的借方登记本期生产产品实际发生的各种间接生产费用,贷方登记期末按一定标准分配转入"生产成本"账户借方的间接生产费用数,期末分配结转后,本账户一般应无余额。集合分配账户的结构如表 10 - 6 所示。

表 10 - 6

集合分配类账户

本期发生额:本期生产产品发生的各种间接生产费用数额	本期发生额:期末分配到各成本计算对象并转入"生产成本"的间接费用数额

3. 集合分配类账户包括的主要账户

属于集合分配的账户主要有"制造费用"账户。

4. 集合分配账户的特点

该类账户具有集合和分配两种功能,集合功能是指归集费用的功能,分配功能是指将归集的费用在期末全部分配到各成本计算对象中去的功能。通过费用的集合分配有助于考核相关费用的发生和分配结转情况。

(五)跨期摊配类账户

1. 跨期摊配类账户的作用

跨期摊配类账户是用来反映和监督应由几个会计期间(即几个月份)共同负担的费用,并将该类费用摊配到各个会计期间(即各个月份)的账户。企业有些费用的发生额比较大,受益期为几个月份,要由几个月份共同来负担,就需要设置跨期摊配账户,通过跨期摊配账户把这些费用分期摊配,以合理确定各个月份的费用及成本,以便正确计算各期的损益。

2. 跨期摊配账户包括的主要账户

属于跨期摊配账户主要有"长期待摊费用"。

①"长期待摊费用"账户的用途。"长期待摊费用"账户是用来反映和监督已经支付但应由本期及以后几个会计期间共同负担的费用的账户。

②"长期待摊费用"账户的结构。该账户的借方登记已经支付应由本期及以后各期负担摊销的费用数额,贷方登记费用的逐期摊销数额,余额在借方,表示已经支付尚未摊销的费用数额。"长期待摊费用"账户的结构如表 10 - 7 所示。

表 10-7

长期待摊费用账户

期初余额:已经支付尚未摊销的费用数额 本期发生额:本期支付应由本期及以后各期 　　　　　负担摊销的费用数额	本期发生额:应由本期负担摊销的费用数额
期末余额:已经支付尚未摊销的费用数额	

（六）成本计算类账户

1. 成本计算类账户的用途

成本计算类账户是用来反映和监督生产经营过程某一环节或某一阶段所发生的全部费用的,并确定该环节或该阶段各个成本计算对象实际成本的账户。

2. 成本计算类账户的结构

成本计算账户的借方登记某一环节或阶段所发生的应计入成本的全部费用（包括直接费用和分配转入的间接费用）数,贷方登记转出已完成某一环节或阶段的成本计算对象的实际成本数,余额一般在借方,表示尚未完成某一环节或阶段（如采购环节或生产环节）的成本计算对象的实际成本数。成本计算账户的结构如表 10-8 所示。

表 10-8

成本计算账户

期初余额:尚未完成某一环节或阶段的成本 　　　　　计算对象的实际成本, 本期发生额:归集某一环节或阶段发生的应 　　　　　计入成本的全部费用数	本期发生额:转出已完成某一环节或阶段的 　　　　　成本计算对象的实际成本数
期末余额:期末尚未完成某阶段或环节的成 　　　　　本计算对象已发生的实际成本	

3. 成本计算类账户包括的主要账户

属于成本计算账户的有"材料采购"账户和"生产成本"账户等。"材料采购"账户的期末余额一般在借方,表示期末在途材料。"生产成本"账户的期末余额一般在借方,表示期末在产品或半成品的实际生产成本。

4. 成本计算类账户特点

成本计算账户从借贷方登记的内容看,其性质属于成本类账户;从期末余额表示的内容看,其性质又属于资产类账户。因此,这类账户期末若有余额,应列于资产负债表存货类。成本计算账户应按各成本计算对象设置明细分类账进行明细分类核算，提供详细的金额和实物数量两类数据。

（七）收入类账户

1. 收入类账户的用途

收入账户是用来反映和监督企业在一定会计期间内所取得的各种收入的账户，其性质按经济内容分类属于损益类账户。

2. 收入类账户的结构

收入账户的贷方登记企业本期实际取得的收入和收益数额；借方登记收入的抵减数以及期末转入"本年利润"账户贷方的本期的全部净收入和收益数额；经结转后收入账户期末无余额。收入类账户的结构如表 10-9 所示。

表 10-9

收入账户

本期发生额：收入的抵减数以及期末转入 "本年利润"账户贷方的数额	本期发生额：本期实现的收入或收益数额

3. 收入类账户包括的主要账户

属于收入账户的有"主营业务收入"、"其他业务收入"、"营业外收入"、"投资收益"等账户。

4. 收入类账户的特点

从收入账户的结构可以看出其特点：该类账户的贷方归集收入，借方结转收入，经结转后期末无余额。

（八）费用类账户

1. 费用类账户的用途

费用账户是用来核算企业在一定期间内所发生的应计入当期损益的各项费用、成本、支出及损失的账户。费用账户的性质按经济内容分类是属于损益类账户。

2. 费用类账户的结构

借方登记费用、成本、支出以及损失的实际发生数额或增加数额；贷方登记费用、成本的减少数额以及期末转"本年利润"账户借方的本期发生的全部费用、成本、支出及损失数额；结转后期末费用账户无余额。费用账户的结构如表 10-10 所示。

表 10-10

费用账户

本期发生额：本期费用实际发生数额	本期发生额：本期费用减少数以及期末转入 "本年利润"账户借方的数额

3. 费用类账户包括的主要账户

属于费用账户的有"主营业务成本"、"营业税金及附加"、"销售费用"、"其他业务成本"、"管理费用"、"财务费用"、"营业外支出"、"所得税费用"等账户。

4. 费用类账户的特点

从费用账户的结构可以看出其特点：该类账户的借方归集费用，贷方结转费用，经结转后期末无余额。

（九）财务成果计算类账户

1. 财务成果计算类账户的用途

财务成果计算账户是用来核算企业在一定期间内全部经营活动实现的最终财务成果的账户。财务成果计算账户的性质按经济内容分类属于所有者权益类账户。

2. 财务成果计算类账户的结构

财务成果计算账户的贷方登记期末从各收入账户借方转入的各项收入（包括主营业务收入、其他业务收入、营业外收入、投资收益），借方登记期末从各费用账户贷方转入各项费用（包括主营业务成本、销售费用、营业税金及附加、管理费用、财务费用、其他业务成本、营业外支出、所得税费用），贷方发生额大于借方发生额的差额为净利润，借方发生额大于贷方发生额的差额为净亏损。年终应将本账户的余额结转到"利润分配——未分配利润"账户，若为净利润应转入"利润分配——未分配利润"账户的贷方；若为净亏损应转入"利润分配——未分配利润"账户的借方，结转后该账户年末无余额。财务成果账户的结构如表10-11所示。

3. 财务成果计算类账户包括的主要账户

"本年利润"账户属于财务成果计算账户。

表 10 - 11

财务成果计算账户

本期发生额：①从各费用账户贷方转入的各项费用的数额　②转入"利润分配——未分配利润"账户贷方的净利润	本期发生额：①从各收入账户借方转入的各项收入数额　②转入"利润分配——未分配利润"账户借方的净亏损

4. 财务成果计算类账户的特点

从财务成果计算账户的结构可以看出其特点：该类账户贷方归集转入的各项收入及结转净亏损，借方归集转入的各项费用及结转净利润，经结转后年末无余额。

（十）计价对比类账户

1. 计价对比类账户的用途

计价对比账户是用来对某项经济业务以不同的计价进行核算对比,借以确定其业务成果的账户。"固定资产清理"账户即为计价对比账户。该账户用来核算企业因销售、报废和毁损等原因转入清理的固定资产净值及其在清理过程中所发生的清理费用、清理收入。该账户在性质上属于资产类的账户。

2. 计价对比类账户包括主要账户

属于计价对比账户的有"材料采购"账户和"固定资产清理"账户。

在库存材料按计划成本进行日常核算的企业,"材料采购"账户就属于计价对比账户。该账户的借方登记材料的实际采购成本、贷方登记材料的计划成本,通过借贷双方两种计价的对比,可确定采购计划的完成情况。"材料采购"账户的结构如表 10-12 所示。

表 10-12

材料采购

本期发生额:①材料的实际采购成本 　　　　　②节约差异,即实际成本小于 　　　　　　计划成本的差异,转入"材料 　　　　　　成本差异"账户的贷方	本期发生额:①材料的计划成本 　　　　　②超支差异,即实际成本大于 　　　　　　计划成本的差异,转入"材料 　　　　　　成本差异"账户的借方

"固定资产清理"账户也属计价对比账户。该账户的借方登记转入清理的固定资产净值和发生的清理费用,贷方登记清理固定资产的变价收入和应由责任人和保险公司赔偿的损失。固定资产清理完毕后,若借方金额大于贷方金额,表现为某项固定资产清理的净损失,应转入"营业外支出"账户的借方,若贷方金额大于借方金额,表现为某项固定资产清理的净收益,应转入"营业外收入"账户的贷方,结转后该账户期末没有余额。"固定资产清理"账户期末若有余额,说明尚未结束清理过程。"固定资产清理"账户的结构如表 10-13 所示。

表 10-13

固定资产清理

本期发生额:①转入清理的固定资产净值 　　　　　　和发生的清理费用 　　　　　②清理结束结转净收益	本期发生额:①清理固定资产的变价收入 　　　　　②责任人和保险公司赔偿的损失 　　　　　③清理结束结转净损失

3. 计价对比类账户的特点

该类账户借贷双方的计价不同,通过借贷方记录的比较可以反映其差异程度。

（十一）调整类账户

1. 调整类账户的用途

调整账户是用来调整某些账户的余额，借以求得实际余额的账户。在会计核算中，由于经营管理方面的需要或其他原因，对于某些会计要素需要用两种不同的数据进行核算，因此，需要设置两个账户，一个账户核算其原始金额，另一个账户核算对原始金额的调整金额，将两个账户余额相加或相减，即可计算出调整后的实际余额。前一个账户称为被调整账户，后一个账户称为调整账户。调整账户和被调整账户相互结合，既全面地反映同一会计要素的具体内容，又为管理提供了各种信息，包括同一会计要素的原始金额、调整金额和调整后实际余额。

2. 调整类账户的种类

调整类账户按其调整方式的不同，可以分为备抵账户、附加账户和备抵附加账户三类。

1）备抵账户

（1）备抵账户的用途。备抵账户又称为抵减账户，是用来抵减被调整账户的余额，以求得被调整账户实际余额的账户。调整方式用下列公式表示：

被调整账户余额—备抵减账户余额＝被调整账户的实际余额

（2）备抵账户包括的主要账户。属于备抵账户的有"累计折旧"、"坏账准备"等。

"累计折旧"账户是"固定资产"账户的备抵账户。"固定资产"账户是被调整账户，"累计折旧"账户是调整账户，用"累计折旧"账户的余额去抵减"固定资产"账户的余额，就得出固定资产净值。这两个账户的关系及其抵减方式，如表 10 - 14 所示。

"坏账准备"账户是"应收账款"账户的备抵账户。"应收账款"账户是被调整账户，"坏账准备"账户是调整账户，用"坏账准备"账户的余额去抵减"应收账款"账户的余额，就得出应收账款净值。这两个账户的关系及其抵减方式，如表 10 - 15 所示。

表 10 - 14

"固定资产"账户与"累计折旧"账户抵减关系表

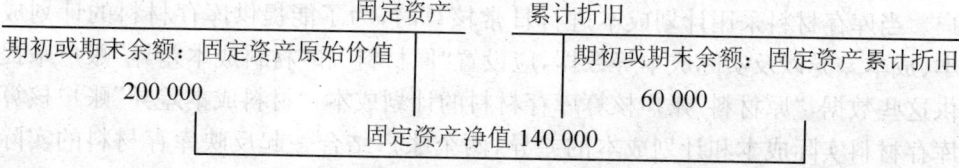

固定资产		累计折旧
期初或期末余额：固定资产原始价值 200 000		期初或期末余额：固定资产累计折旧 60 000
	固定资产净值 140 000	

从上表可知：

固定资产净值＝固定资产原始价值－累计折旧＝200 000－60 000＝140 000(元)

表 10－15

"应收账款"账户与"坏账准备"账户抵减关系表

应收账款	坏账准备
期初或期末余额：应收账款账面余额	期初或期末余额：坏账准备账面余额
50 000	2 500

应收账款净值 47 500

从上表可知：

应收账款净值＝应收账款账面余额－坏账准备账面余额＝50 000－2 500＝47 500(元)

(3) 备抵账户的特点。备抵账户余额的方向与其被调整账户余额的方向正好相反，即被调整账户的余额在借方(或贷方)，备抵账户的余额一定在贷方(或借方)，反之亦然。

2) 附加账户

(1) 附加账户的用途。附加账户是用来增加某一被调整账户的余额，以求得被调整账户实际余额的账户。调整方式用下列公式表示：

被调整账户余额＋附加账户余额＝被调整账户的实际余额

(2) 附加账户的特点。附加账户与其被调整账户的性质相同，账户结构相同，账户余额的方向一致，即被调整账户的余额在借方(或贷方)，附加账户的余额也一定在借方(或贷方)。实际工作中，单纯附加账户使用较少。

3) 备抵附加账户

(1) 备抵附加账户的用途。备抵附加账户也称为备抵补充账户，它既是抵减账户，又是附加账户，具有抵减和附加两种调整作用的账户。

(2) 备抵附加账户的特点。备抵附加账户具有两种调整方式，当调整账户余额的方向与被调整账户余额的方向不一致时，该账户是抵减账户，起抵减调整作用；当调整账户余额的方向与被调整账户余额的方向一致时，该是附加账户，起附加调整作用。

(3) 备抵附加账户包括的主要账户。"材料成本差异"账户就属这一类账户。当库存材料采用计划成本进行日常核算时，为了能提供库存材料的计划成本、成本差异以及实际成本等数据，应设置"原材料"和"材料成本差异"账户来提供这些数据，"原材料"账户核算库存材料的计划成本，"材料成本差异"账户核算库存材料实际成本和计划成本的差异，两个账户结合一起反映库存材料的实际成本。此时,"材料成本差异"账户就是"原材料"账户的抵减附加账户。当"材料成本差异"账户出现借方余额时,则为实际成本大于计划成本的超支差异,加上"原材料"账户的余额,即为库存材料的实际成本。即:

库存材料的实际成本=库存材料的计划成本+材料成本差异(超支差异)

相反,当"材料成本差异"账户出现贷方余额时,则为实际成本小于计划成本的节约差异,去抵减"原材料"账户的余额,即为库存材料的实际成本。即:

库存材料的实际成本=库存材料的计划成本-材料成本差异(节约差异)

"原材料"和"材料成本差异"两个账户的关系及其抵减附加的方式,如表10-16、表10-17 所示。

表 10-16

"原材料"账户与"材料成本差异"账户附加关系表

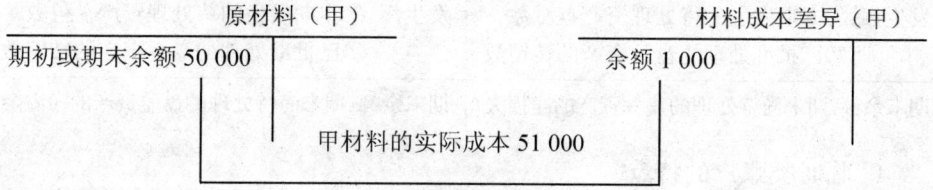

从上表可知:

库存甲材料实际成本=库存甲材料计划成本+该材料超支差异=50 000+1 000
=51 000(元)

表 10-17

"原材料"账户与"材料成本差异"账户抵减关系表

原材料(乙)　　　　　　　　　　　材料成本差异(乙)

期初或期末余额 50 000　　　　　　　　期初或期末余额 1 000

乙材料的实际成本 49 000

从上表可知:

库存乙材料实际成本=库存乙材料的计划成本-该材料节约差异=50 000-1 000
=49 000(元)

(十二)临时类账户

1. 临时类账户的用途

临时账户是用来反映和监督企业在清查财产过程确定的各种财产物资的盘盈、盘亏,以及报经有关部门批后才能处理的盘盈和盘亏的账户。

2. 临时类账户的结构

该账户的借方登记等待处理资产的盘亏数和已批准处理的盘盈资产的转销数;贷方登记等待处理资产的盘盈数和已批准处理的盘亏资产的转销数;余额若在借方,表示各种待处理资产的盘亏数大于盘盈数的差额即净损失;余额若在贷方,则表示各种待处理资产的盘盈数大于盘亏数的差额即净溢余。

3. 临时类账户包括的主要账户

"待处理财产损益"账户属于临时账户。"待处理财产损益"账户的结构如表10-18所示。

表 10-18

待处理财产损益

期初余额:期初尚待处理的盘亏 　　　　资产的净损失	期初余额:期初尚待处理的盘盈 　　　　资产的净溢余
发生额:①本期发生的待处理资产盘亏数 　　　　②已批准处理的盘盈资产的转销数	发生额:①本期发生的待处理资产盘盈数 　　　　②已批准处理的盘亏资产的转销数
期末余额:期末尚待处理的盘亏资产的净损失	期末余额:期末尚待处理的盘盈资产的净溢余

4. 临时类账户的特点

该账户是过渡性账户,当盘盈、盘亏处理前,该类账户一定有余额;当盘盈、盘亏处理后,该类账户就没有余额。

练 习 题

一、单项选择题

1. "制造费用"属于（　）账户。
   A. 资产类　　　　B. 负债类　　　　C. 所有者权益类　　　D. 成本类
2. "长期待摊费用"属于（　）账户。
   A. 成本类　　　　B. 负债类　　　　C. 费用类　　　　　D. 跨期摊配类
3. 用来核算单位与其他单位、个人以及单位内部各部门之间的应收应付款的账户称为（　）。
   A. 调整类账户　　B. 结算类账户　　C. 暂记账户　　　　D. 对比账户
4. "应交税费"属于（　）账户。
   A. 资产类　　　　B. 负债类　　　　C. 所有者权益类　　　D. 损益类
5. "坏账准备"属（　）调整账户。
   A. 备抵　　　　　B. 附加　　　　　C. 备抵附加　　　　D. 权益备抵
6. "长期待摊费用"账户的期末余额表示（　）。

A. 已经分摊尚未支付的费用　　　　　　B. 已经预付尚未分摊的费用

C. 已经支付且已分摊费用　　　　　　　D. 已经计入成本、费用的支出

7. 下列各项中,(　　　)不是会计科目按其反映的经济内容分类的项目。

A. 资产类　　　　　B. 所有者权益类　　　C. 成本类　　　　　D. 结算类

8. 下列各项中,(　　　)不是企业负债类账户。

A. 代销商品款　　　B. 预付账款　　　　　C. 应付利息　　　　D. 应交税费

9. 下列各项中,(　　　)不是损益类账户。

A. 反映收益的账户　　　　　　　　　　B. 反映生产成本类账户

C. 反映销售成本类　　　　　　　　　　D. 反映期间费用的账户

10. 下列各项中,(　　　)不是按用途和结构分类的账户。

A. 资产类账户　　　B. 临时类账户　　　　C. 调整类账户　　　D. 对比账户

二、多项选择题

1. 应在"营业税金及附加"账户核算的税有(　　　)。

A. 增值税　　　　　B. 营业税　　　　　　C. 消费税　　　　　D. 城建税

2. 下列各项中,属于调整类账户的有(　　　)。

A."累计折旧"　　　B."本年利润"　　　　C."坏账准备"　　　D."材料成本差异"

3. 下列各项中,应记入借方账户的有(　　　)。

A. 原材料的增加　　　　　　　　　　　B. 预收账款的增加

C. 预付账款的减少　　　　　　　　　　D. 长期待摊费用的增加

4. 下列各项中,应记入贷方账户的有(　　　)。

A. 计提固定资产减值准备　　　　　　　B. 计提累计折旧

C. 应付利息　　　　　　　　　　　　　D. 管理费用

5. 下列各项中,属于盘存类账户的有(　　　)。

A."原材料"　　　　B."现金"　　　　　　C."银行存款"　　　D."固定资产"

6. 下列各项中,属于成本计算账户的有(　　　)。

A."材料采购"　　　B."生产成本"　　　　C."制造费用"　　　D."管理费用"

7. "长期待摊费用"账户属于(　　　)。

A. 负债类账户　　　B. 资产类账户　　　　C. 跨期摊配账户　　D. 损益类账户

8. 下列账户按用途结构分类,属于债权结算账户的有(　　　)。

A. 应收账款　　　　B. 应付票据　　　　　C. 应付职工薪酬　　D. 应收票据

9. "生产成本"账户属于(　　　)。

A. 盘存类账户　　　　　　　　　　　　B. 成本计算类账户

C. 损益类账户　　　　　　　　　　　　D. 期间费用类账户

10. "固定资产"账户属于(　　　)。

A. 资产类账户　　　B. 盘存类账户　　　　C. 被调整账户　　　D. 调整账户

三、判断题

1. "应收账款"和"预收账款"账户的用途和结构相同,是因为这两个账户的性质相同。

(　　　)

2. "预付账款"账户的余额总是在借方的,所以它肯定是资产类账户。　　　　　　　(　　)

3. "固定资产"账户是"累计折旧"账户的被调整账户。　　　　　　　　　　　　　(　　)

4. 盘存账户可以通过财产清查来检查其账实是否一致,所以其明细账都应提供实物和金额两种指标。　　　　　　　　　　　　　　　　　　　　　　　　　　　　　　(　　)

5. "主营业务成本"、"其他业务成本"、"营业外支出"等账户均属于费用账户。　　(　　)

6. "生产成本"账户和"制造费用"账户均属于成本类账户。　　　　　　　　　　　(　　)

7. 计价对比账户是用来对某项经济业务按照两种不同的计价标准进行核算对比,借以确定企业经营成果的账户,如"材料采购"账户。　　　　　　　　　　　　　　　(　　)

8. 成本计算账户期末应无余额。　　　　　　　　　　　　　　　　　　　　　　(　　)

9. 备抵附加调整账户实际是起备抵作用还是附加作用,取决于被调整账户的余额方向。
　　　　　　　　　　　　　　　　　　　　　　　　　　　　　　　　　　　(　　)

10. 企业的财务成果是根据收入和费用相抵来计算的,所以财务成果账户包括收入账户和费用账户。　　　　　　　　　　　　　　　　　　　　　　　　　　　　　　(　　)

四、实务题

1. 目的:掌握被调整账户与调整账户之间的关系。

资料:中华工厂某年 3 月初"固定资产"账户借方余额为 685 000 元,"累计折旧"账户贷方余额为 108 000 元,3 月份发生下列与固定资产有关的业务:

(1) 开出支票购入不需要安装的新设备一台,价款 40 000 元,运费 350 元;

(2) 毁损设备一台,其原始成本为 15 000 元,累计折旧 5 000 元;

(3) 该月固定资产折旧 4 000 元,其中生产车间固定资产折旧 3 000 元,管理部门固定资产折旧 1 000 元。

要求:

(1) 根据上述经济业务,登记"固定资产"和"累计折旧"账户的月初余额和本月借贷发生额及月末余额;

(2) 计算本月固定资产净值。

2. 目的:掌握账户的结构和用途。

资料:宏达百货批发公司期初库存商品 40 万元,期末库存商品 38 万元,本期共销售 45 万元,"应付账款"(全部为材料账款)期初贷方余额 12 万元,期末贷方余额 10 万元。

要求:计算本期用货币资金的购料款是多少?

五、思考题

1. 什么是账户分类? 账户分类的意义、原则和标准是什么?

2. 什么是账户的经济内容? 账户按经济内容分为哪几类? 每类的作用是什么? 各类的主要账户有哪些?

3. 什么是账户的用途和结构? 账户按用途和结构分为哪几类? 每类的用途和结构如何? 每类的主要账户有哪些?

4. 什么是债权债务结算账户? 为什么需要设置这类账户?

5. 调整账户与被调整账户之间的关系如何? 调整账户有哪些调整方式?

第十一章 会计报表

【学习目标和要求】

1. 了解会计报表的意义和种类；
2. 理解资产负债表、利润表、现金流量表的内容和结构；
3. 掌握资产负债表和利润表的编制方法；
4. 掌握现金流量的概念和现金流量表的结构。

第一节 会计报表概述

企业在日常的会计核算中，利用各种会计核算方法，按照一定的账务处理程序，把一定时期发生的全部经济业务连续系统的登记在账簿中，使会计信息在日常的会计记录中得以反映。尽管账簿中记录的会计信息要比会计凭证中记录的会计信息更系统、更完整，但是，对于信息使用者来说，反映在会计凭证和会计账簿中的信息仍然存在不足，一是日常会计凭证和账簿记录资料数量多不便于使用，每个账户记录的经济业务只能是个别分散地反映某类经济业务，不能全面、总括地反映企业的财务状况和经营成果；二是会计凭证和账簿数量多和分散不利于对外报送和提供会计信息。因此，企业应当在定期对日常核算资料进行整理、分类、计算和汇总的基础上编制会计报表，以便于向会计信息使用者提供会计信息。

一、会计报表的概念和作用

会计报表是以货币为计量单位，根据日常会计核算资料，按照一定的表格形式汇总整理编制的，用以总括反映企业一定时期内的财务状况、经营成果和现金流量的总括性书面文件。

编制会计报表是为了满足报表使用者对会计信息的需求，会计报表的使用者包括企业管理人员、企业职工、现有和潜在的投资者、银行和其他金融债权人、供应商和其他商业债权人、政府有关部门、顾客和社会其他成员等，不同的使用者对会计报表的需要和关心程度也不一样，会计报表的作用因其使用者而异。

具体表现在：

（1）国家宏观管理部门。国家有关宏观经济管理部门，如计划、财政、金融、税务、审计、工商行政、证监会、保监会、体改部门等，都需要全面了解企业的会计信息，为制定宏观经济政策和调节市场提供必要依据。

（2）企业投资者。企业的投资者包括现在的和潜在的投资者，他们需要了解全面的会计信息，包括有助于投资决策的信息，以及评估来自股利、利息、销售、偿付等方面的实得收入和预期现金收入的金额、时间分布及不确定性等信息。

（3）企业债权人。企业的债权人包括为企业提供资金的银行、债券购买者、供货商等，他们需要了解企业的资产负债率、偿债能力、支付能力和现金比率等方面的财务信息，以及举债与还款、取得与支付现金以及可能影响变现能力和偿债能力的信息。

（4）民间审计机构。注册会计师事务所或会计公司是从事审查企业会计报表、验查企业资本等主要业务的社会中介机构。只有经过注册会计师审查并签字的会计报表才是合法有效的。正是为了保证企业会计信息质量，民间审计机构需要全面、深入、细致地了解企业生产经营情况及其成果和财务状况及其变动，确保企业向外界提供真实可靠的会计信息。

（5）企业的职工。企业职工及其利益代表者工会，需要从财务信息中了解企业是否按照正确的方向经营，能否为职工提供稳定持久的工作，企业的福利制度有何变动，以及企业的获利情况和利润增加的同时工资是否提高等。

（6）企业内部管理人员。企业经营管理人员接受企业所有者的委托，负责企业日常经营管理活动，规划企业的未来，执行已定的各项计划与预算，因而必须充分掌握企业各种经济活动信息和财务信息。会计报表应当向企业经营管理人员提供按照所有者利益进行决策时的有用的信息，同时提供经营管理人员在使用所有者委托给他们的企业资源时如何履行受托责任的信息。

二、编制会计报表的基本要求

会计报表的编制，应根据账簿记录和其他资料，对会计资料进行加工后，进一步综合、归纳、整理会计信息的过程。为了保证会计报表真正为投资者、债权人、国家宏观管理部门及其他报表使用者提供有用的决策信息，保证会计信息符合质量要求，编制会计报表必须符合以下基本要求。

（一）内容完整

每个企业都必须按照会计准则规定的报表种类、格式和内容编制会计报表，以保证会计报表的完整性。对不同的会计期间（月、季、半年、年）应当编报的各种会计报表,必须编报齐全;应当填列的报表指标,无论是表内项目,还是补充资料,必须全部填列;应汇总编制的所属各单位的会计报表,必须全部汇总,不得漏编、漏报。某些重要资料,如果不便列入报表的主体部分,以附注的形式加以反映。

（二）数字真实

企业应当根据真实、正确、完整的会计资料,按照企业会计准则规定编制会计报表,不能用估计数代替实际数,更不能弄虚作假,篡改数字,隐瞒谎报,以保证会计报表的真实性。

账簿记录是编制会计报表的主要依据,在编制会计报表时,必须做到:

（1）按期结账。在结账之前,所有已经发生的收入、支出、债权、债务,应该摊销或预提费用以及其他已经完成的经营活动和财务收支事项,都应全部登记入账。

（2）认真对账和进行财产清查。对于各种账簿记录,在编表之前,必须认真地审查和核对,对有关财产物资进行盘点和清查,对应收、应付款项和银行存（借）款进行查询核对,以达到账证相符、账账相符、账实相符。在清查中应对会计报表中各项会计要素进行合理的确认和计量,不得随意更改。

（3）在结账、对账和财产清查的基础上,通过编制总分类账户本期发生额试算平衡表以验算账目有无错漏,为正确编制会计报表提供可靠的数据。在编报以后,还必须认真复核,做到账表相符,报表与报表之间有关数字衔接一致。

（三）便于理解

会计报表需要加以说明的问题,在会计报表附注中用简要的文字加以说明,对会计报表中主要指标的构成和计算方法,本报告期发生的特殊情况,如经营范围变化,经营结构变更以及本报告期经济效益影响较大的各种因素都必须加以说明。

（四）相关可比

企业提供的会计信息应当能够帮助信息使用者对过去、现在和未来事件的结果作出预测,或是能证实或改变先前的预测,以便使用者降低对经济事件的不确定性,增进决策的把握性。

企业报表之间的指标,要尽可能口径一致,以便投资者比较不同的投资机会。同一企业的各个会计期间,也应尽可能保持报表指标的连贯性和可比性,以便分析、比较。

（五）编报及时

会计报表必须按期编制,及时报送,以保证报表的及时性。要保证会计报表编报及时,必须加强日常的核算工作,认真做好记账、算账、对账、财产清查和调整账面工作;同时加强会计人员的配合协作,使会计报表编报及时。但不能为赶编会计报表而提前结账,更不应为了提前报送而影响报表质量。

三、会计报表的种类

会计报表是企业财务会计报告中的主要组成部分,会计报表的内容应当包括资产负债表、利润表、现金流量表等。会计报表可以根据不同标准进行分类,以区别其性质和内容。

(一) 按反映的经济内容分类

(1) 反映财务状况的报表。它是指用来反映在一定会计报告期末企业资产、负债及所有者权益的报表,如资产负债表。

(2) 反映经营成果的会计报表。它是指用来反映企业在一定会计报告期内收入、费用和最终经营成果的报表,如利润表。

(3) 反映现金流量情况的会计报表。它是指反映企业在一定会计报告期内现金流入、现金流出和现金净流量情况的会计报表,如现金流量表。

(二) 按编制报表的时间分类

(1) 年度报表。它是以年度为基础编制的、反映企业全年的财务状况、经营成果和现金流量信息的会计报表。

(2) 中期会计报表。它是以中期为基础编制的、反映企业中期的财务状况、经营成果和现金流量信息的会计报表。中期会计报表一般包括半年度报表、季度报表和月份报表。资产负债表和利润表一般均报送中期报表和年度报表,现金流量表则一般为年度报表。

(三) 按反映资金运动的状态分类

(1) 静态报表。它是指反映的是企业在特定时日即资金运动处于相对静止状态时的会计报表,它用来反映企业经营中资产、负债和所有者权益的状况。资产负债表是典型的静态报表。

(2) 动态报表。它是指反映的是企业在某一个时期内的经营成果和现金流量即资金运动显著变动状态的会计报表。利润表、现金流量表等都是动态报表。

(四) 按编报报表的单位分类

(1) 单位报表。它是指由基层独立核算单位编制的报表;

(2) 汇总报表。它是指由主管部门和财政部门根据基层报表逐级汇总编制的报表;

(3) 合并报表。它是指由控股公司或母公司编制的,将投资企业和接受投资的企业作为一个会计主体,综合反映投资企业和接受投资的企业(即企业集团)整体经营成果、财务状况及其变动情况的会计报表。控股公司编制合并会计报表时,并不是将其所有的被投资企业均纳入合并范围,纳入合并范围的只是控股公司拥有实质性控制权的被投资企业。本章重点是阐述独立核算企业编制的单位会计报表。

（五）按报表提供对象划分

（1）对外提供的会计报表。向外提供的会计报表主要是资产负债表、利润表和现金流量表,其格式和内容需要按照企业会计准则的规定。

（2）对内提供的会计报表。对内部提供会计报表是满足企业内部管理的需要,如"制造费用表"、"商品产品成本表"等,其格式和及编制方法内容由企业根据内部管理的需要自行规定。但两者都必须遵守会计核算的基本原则,保证会计信息的真实、可靠。

上述各种分类中,第一种分类,即按报表反映的经济内容的分类是主要的分类方法,会计报表主要有资产负债表、利润表、现金流量表,下面说明三种报表的格式、内容及编制原理和方法。

第二节　资产负债表

一、资产负债表的概念和作用

资产负债表是反映企业在某一特定日期财务状况的报表。某一特定日期是指编制报表的时间一般是在期末,因此说资产负债表是静态报表。财务状况主要是指企业资产、负债、所有者权益的总额、构成以及各项目之间的分布和构成。资产负债表根据"资产＝负债十所有者权益"这一基本公式,依照一定的分类标准和一定的次序,把企业在某一特定日期的资产、负债和所有者权益项目予以适当排列编制而成。

资产负债表的资料,能够为报表的使用者提供重要的财务信息。主要表现在:

（1）可以了解企业拥有或控制的资产总额及其构成情况。分析这些信息,可以发现企业现在的偿债能力和营运能力,也可以预测企业未来经营前景。

（2）可以了解企业负债数额。分析这些信息,可以判断企业将需要多少资产或劳务偿付债务,了解企业的偿债能力和财务风险,评价企业的财务状况。

（3）可以了解企业的所有者权益项目和结构。分析企业的筹资情况及所有者权益的增减变动,通过所有者权益在企业资产中所占的比重、留存收益的增减变化情况,对企业的举债能力和盈利能力作出判断。

二、资产负债表的内容和结构

（一）资产负债表的内容

资产负债表是按照各项目的流动性排列的，资产和负债应当分别按流动资产和非流动资产、流动负债和非流动负债列示。

1. 流动资产

流动资产是指可以在 1 年以内或者超过 1 年的一个营业周期以内变现、出售或者耗用的资产。在资产负债表上按期变现能力，排列顺序一般为：货币资金、交易性金融资产、应收票据、应收账款、应收利息、应收股利、存货等。

2. 非流动资产

非流总资产是指企业流动资产以外的资产。在资产负债表上按其性质分类列示：可供出售的金融资产、持有至到期投资、长期股权投资、投资性房地产、固定资产、在建工程、无形资产等。其中将于 1 年内到期的非流动资产，应在流动资产中单独列示。

3. 流动负债

流动负债是指企业需在 1 年以内或超过 1 年的一个营业周期内偿还债务。包括短期借款、交易性金融负债、应付票据、应付账款、应付职工薪酬、应交税费、应付股利等。

4. 非流动负债

非流动负债是指偿还期在 1 年以上的各种债务。在资产负债表上的排列顺序是：长期借款、应付债券、长期应付款、其他非流动负债。其中 1 年内到期的非流动负债，应在流动负债中单独列示。

5. 所有者权益（或股东权益）

所有者权益是指企业所有者或股东对企业净资产的所有权。在资产负债表上按实收资本（或股本）、资本公积、盈余公积、未分配利润项目分别列示。

2. 资产负债表的结构

资产负债表由表头、主表和附注三部分组成。表头部分列示报表的名称、编制单位、编制日期和货币计量单位等内容；附注部分列示已贴现的商业承兑汇票和融资租入固定资产原价等项目，作为资产负债表的补充项目，以充分披露信息。

资产负债表的主表部分是资产负债表的核心部分，列示资产负债表的具体内容。资产负债表列示具体内容的结构方式有两种不同：一种是账户式；一种是报告式。

（1）账户式。它是依据"资产＝负债＋所有者权益"的会计方程式，利用账户余额的形式予以排列的方式。即将资产负债表分为左、右两方,左边列示资产项目,右边列示负债及所有者权益项目,左右两方的总计金额相等。我国企业会计准则中就要求企业采用这种格式。其简化格式如表 11-1 所示。

表 11-1

资产负债表

编制单位: 年 月 日 单位

资产	负债和所有者权差
流动资产	流动负债
……	……
非流动资产	非流动负债
……	……
	所有者权益
	实收资本
	资本公积
	……
资产总计	负债和所有者权益合计

(2) 报告式。报告式又称竖式或垂直式,它是将资产负债表由上而下,分别列示其资产、负债、所有者权益项目,采取上下对照平衡原理而设计的一种形式。其简化格式见表 11-2 所示。

表 11-2

资产负债表

编制单位: 年 月 日 单位

项 目
资 产
流动资产
……
非流动资产
……
资产总计
负债及所有者权益
流动负债
……
非流动负债

（续表）

项　目
……
负债合计
所有者权益
实收资本
资本公积
盈余公积
未分配利润
所有者权益合计
负债和所有者权益总计

按现行《企业会计准则》规定，一张完整的资产负债表如表 11-3 所示。

表 11-3

资产负债表

会企 01 表

编制单位：　　　　　　　　　年　　月　　日　　　　　　　单位：元

资产	行次	期末余额	年初余额	负债和所有者权益	行次	期末余额	年初余额
流动资产：				流动负债：			
货币资金	1			短期借款	32		
交易性金融资产	2			交易性金融负债	33		
应收票据	3			应付票据	34		
应收账款	4			应付账款	35		
预付款项	5			预收款项	36		
应收利息	6			应付职工薪酬	37		
应收股利	7			应交税费	38		
其他应收款	8			应付利息	39		
存货	9			应付股利	40		
1 年内到期的非流动资产	10			其他应付款	41		
其他流动资产	11			一年内到期的非流动负债	42		
流动资产合计	12			其他流动负债	43		

（续表）

资产	行次	期末余额	年初余额	负债和所有者权益	行次	期末余额	年初余额
流动资产：				流动负债：			
非流动资产：				流动负债合计	44		
可供出售金融资产	13			非流动负债：			
持有至到期投资	14			长期借款	45		
长期应收款	15			应付债券	46		
长期股权投资	16			长期应付款	47		
投资性房地产	17			专项应付款	48		
固定资产	18			预计负债	49		
在建工程	19			递延所得税负债	50		
工程物资	20			其他非流动负债	51		
固定资产清理	21			非流动负债合计	52		
生产性生物资产	22			负债合计	53		
油气资产	23			股东权益：			
无形资产	24			股本	54		
开发支出	25			资本公积	55		
商誉	26			减：库存股	56		
长期待摊费用	27			盈余公积	57		
递延所得税资产	28			未分配利润	58		
其他非流动资产	29			股东权益合计	59		
非流动资产合计	30						
资产总计	31			负债及所有者权益或股东权益总计	60		

三、资产负债表的编制

（一）"年初余额"的填列方法

"年初余额"栏各项目的数字，应根据上年末资产负债表"期末余额"栏内所列数字填列，如果本年度资产负债表规定的各个项目的名称和内容同上年度不相一致,应对上年年末资产负债表各项目的名称和数字按照本年度的规定进行调整,填入本表"年初余额"栏内。

（二）"期末余额"的填列方法

1. 直接根据总账科目的期末余额填列

例如,交易性金融资产、固定资产清理、长期待摊费用、递延所得税资产、短期借款、交易性金融负债、应付票据、应付职工薪酬、应交税费、应付利息、应付股利、其他应付款、递延所得税负债、实收资本、资本公积、库存股、盈余公积等项目,应当根据相关总账科目的余额直接填列。

2. 根据几个总账科目的期末余额计算填列

例如,"货币资金"项目应根据"库存现金"、"银行存款"、"其他货币资金"科目的期末余额合计数计算填列。

3. 根据总账科目余额减去其备抵项目后的净额填列

例如,应收账款、其他应收款、存货、可供出售金融资产、持有至到期投资、长期股权投资、固定资产、在建工程、无形资产等,根据这些总分类账户的期末余额减去其相应的"减值准备"账户的余额后的净额填列。其中,"固定资产"项目,应当根据"固定资产"总分类账户的期末余额减去"累计折旧"和"固定资产减值准备"总分类账户的期末余额后的金额填列;"无形资产"项目,应当根据"无形资产"总分类账户的期末余额减去"累计摊销"和"无形资产减值准备"总分类账户的期末余额后的金额填列。

4. 根据结算科目的有关明细科目期末余额调整填列

例如,"应收账款"所属明细科目的期末余额为贷方余额时,应与"预收账款"所属明细科目的期末贷方余额,一并填入"预收账款"项目;"预收账款"所属明细科目的期末余额为借方余额时,应与"应收账款"所属明细科目的期末借方余额,一并填入"应收账款"项目;又如,"预付账款"所属明细科目的期末余额为贷方余额时,应与"应付账款"所属明细科目的贷方余额,一并填入"应付账款"项目;"应付账款"所属各明细科目的期末余额为借方余额时,应与"预付账款"所属明细科目的借方余额,一并填入"预付账款"项目。

5. 根据总账科目和明细科目的余额分析计算填列

例如,"长期应收款"项目,应当根据"长期应收款"总账科目余额,减去"未实现融资收益"总账科目余额,再减去所属相关明细科目中将于1年内到期的部分填列;"长期借款"项目,应当根据"长期借款"总账科目余额扣除"长期借款"科目所属明细科目中将于1年内到期的部分填列;"应付债券"项目,应当根据"应付债券"总账科目余额扣除"应付债券"科目所属明细科目中将于1年内到期的部分填列;"长期应付款"项目,应当根据"长期应付款"总账科目余额,减去"未确认融资费用"总账科目余额,再减去所属有关明细科目中将于一年内到期的部分填列。

【例 11 - 1】　利华股份有限公司 20×2 年 12 月 31 日的资产负债表及 20×3 年 12 月 31 日的科目余额表分别如表 11 - 4 和表 11 - 5 所示。

表 11 - 4

资产负债表

会企 01 表

编制单位:利华股份有限公司　　　20×2 年 12 月 31 日　　　　　单位:元

资产	期末余额	年初余额	负债和股东权益	期末余额	年初余额
流动资产:			流动负债:		
货币资金	1 125 040		短期借款	240 000	
交易性金融资产	12 000		交易性金融负债	0	
应收票据	196 800		应付票据	160 000	
应收账款	239 280		应付账款	763 040	
预付款项	80 000		预收款项	0	
应收利息	0		应付职工薪酬	88 000	
应收股利	0		应交税费	29 280	
其他应收款	4 000		应付利息	800	
存货	2 064 000		应付股利	0	
1 年内到期的非流动资产	0		其他应付款	40 000	
其他流动资产	80 000		1 年内到期的非流动负债	800 000	
流动资产合计	3 801 120		其他流动负债	0	
非流动资产:			流动负债合计	2 121 120	
可供出售金融资产	0		非流动负债:		
持有至到期投资	0		长期借款	480 000	
长期应收款	0		应付债券	0	
长期股权投资	200 000		长期应付款	0	
投资性房地产	0		专项应付款	0	
固定资产	880 000		预计负债	0	
在建工程	1 200 000		递延所得税负债	0	

（续表）

资产	期末余额	年初余额	负债和股东权益	期末余额	年初余额
流动资产：			流动负债：		
工程物资	0		其他非流动负债	0	
固定资产清理	0		非流动负债合计	480 000	
生产性生物资产	0		负债合计	2 601 120	
油气资产	0		股东权益：		
无形资产	480 000		股本	4 000 000	
开发支出	0		资本公积	0	
商誉	0		减：库存股	0	
长期待摊费用	0		盈余公积	80 000	
递延所得税资产	0		未分配利润	40 000	
其他非流动资产	160 000		股东权益合计	4 120 000	
非流动资产合计	2 920 000				
资产总计	6 721 120		负债和股东权益总计	6 721 120	

表 11-5

科目余额表

20×3 年 12 月 31 日　　　　　　单位：元

科目名称	借方余额	科目名称	贷方余额
库存现金	1 600	短期借款	40 000
银行存款	628 908	应付票据	80 000
其他货币资金	5 840	应付账款	763 040
交易性金融资产	0	其他应付款	40 000
应收票据	52 800	应付职工薪酬	144 000
应收账款	480 000	应交税费	181 384.80
坏账准备	−1 440	应付利息	0
预付账款	80 000	应付股利	25 772.68
其他应收款	4 000	一年内到期的非流动负债	0

（续表）

科目名称	借方余额	科目名称	贷方余额
材料采购	220 000	长期借款	928 000
原材料	36 000	股本	4 000 000
周转材料	30 440	盈余公积	99 816.32
库存商品	1 697 920	利润分配（未分配利润）	152 574.20
材料成本差异	3 400		
其他流动资产	72 000		
长期股权投资	200 000		
固定资产	1 920 800		
累计折旧	−136 000		
固定资产减值准备	−24 000		
工程物资	120 000		
在建工程	462 400		
无形资产	480 000		
累计摊销	−48 000		
递延所得税资产	7 920		
其他非流动资产	160 000		
合计	6 454 588	合计	6 454 588

根据上述资料，编制利华股份有限公司 20×3 年 12 月 31 日的资产负债表，如表 11-6 所示。

表 11-6

资产负债表　　　　　　　　　　会企 01 表

编制单位：利华股份有限公司　　　　20×3 年 12 月 31 日　　　　　　单位：元

资产	期末余额	年初余额	负债和股东权益	期末余额	年初余额
流动资产：			流动负债：		
货币资金	636 348	1 125 040	短期借款	40 000	240 000
交易性金融资产	0	12 000	交易性金融负债	0	0
应收票据	52 800	196 800	应付票据	80 000	160 000

（续表）

资产	期末余额	年初余额	负债和股东权益	期末余额	年初余额
流动资产：			流动负债：		
应收账款	478 560	239 280	应付账款	763 040	763 040
预付款项	80 000	80 000	预收款项	0	0
应收利息	0	0	应付职工薪酬	144 000	88 000
应收股利	0	0	应交税费	181 384.80	29 280
其他应收款	4 000	4 000	应付利息	0	800
存货	1 987 760	2 064 000	应付股利	25 772.68	0
1 年内到期的非流动资产	0	0	其他应付款	40 000	40 000
其他流动资产	72 000	80 000	一年内到期的非流动负债	0	800 000
流动资产合计	3 311 468	3 801 120	其他流动负债	0	0
非流动资产：			流动负债合计	1 274 197.48	2 121 120
可供出售金融资产	0	0	非流动负债：		
持有至到期投资	0	0	长期借款	928 000	480 000
长期应收款	0	0	应付债券	0	0
长期股权投资	200 000	200 000	长期应付款	0	0
投资性房地产			专项应付款	0	0
固定资产	1 760 800	880000	预计负债	0	0
在建工程	462 400	1 200 000	递延所得税负债		
工程物资	120 000	0	其他非流动负债		
固定资产清理	0	0	非流动负债合计	928 000	480 000
生产性生物资产	0	0	负债合计	2 202 197.48	2 601 120
油气资产	0	0	股东权益：		
无形资产	432 000	480 000	股本	4 000 000	4 000 000
开发支出	0	0	资本公积	0	0
商誉	0	0	减：库存股	0	0

（续表）

资产	期末余额	年初余额	负债和股东权益	期末余额	年初余额
流动资产：			流动负债：		
长期待摊费用	0	0	盈余公积	99 816.32	80 000
递延所得税资产	7 920	0	未分配利润	152574.20	40000
其他非流动资产	160 000	160 000	股东权益合计	4 252 390.52	4 120 000
非流动资产合计	3 143 120	2 920 000			
资产总计	6 454 588	6 721 120	负债和股东权益总计	6 454 588	6 721 120

第三节　利润表

一、利润表的概念和作用

利润表是反映企业在一定期间内（月份、年度）经营成果的会计报表。它是根据收入、费用与利润之间的关系，按利润构成的各项目分项列示。利润表是一种动态报表，主要能向报表使用者提供以下信息：

（1）反映企业在一定时期内取得的主营业务收入、其他业务收入、营业外收入、投资净收益等。

（2）反映企业在同一时期为取得上述收入所发生的全部费用和支出，包括主营业务成本、其他业务成本、销售费用、营业税金及附加、管理费用、财务费用、营业外支出、所得税费用等。

（3）上述收支相抵后，企业在一定时期内形成的净利润或净亏损。

通过利润表反映的收入、成本、费用和支出情况，能够反映生产经营的收益情况和各种耗费情况，表明企业生产经营成果；同时，通过利润表提供的不同时期的比较数字（本月数、本年累计数、上年数），可以分析企业今后利润的发展趋势、获利能力，了解投资者投入资本的完整性。

二、利润表的结构和内容

利润表能够反映企业在一定会计期间的利润形成及其分配情况。利润表按利润形成进行排列，其格式有多步式和单步式两种。我国利润表采用多步式结构。

1. 多步式利润表

多步式利润表是通过多步计算求出当期利润。对利润的形成分以下几个层

次展开,具体如下:

第一步,从营业收入出发,计算出营业利润:

营业利润＝营业收入－营业成本－营业税金及附加－销售费用－管理费用－财务费用－资产减值损失＋公允价值变动收益＋投资收益

第二步,在营业利润的基础上,计算出利润总额:

利润总额＝营业利润＋营业外收入－营业外支出

第三步,在利润总额的基础上,计算出净利润:

净利润＝利润总额－所得税费用

第四步,在净利润的基础上,计算出每股收益。

多步式利润表的内容和格式如表 11-7 所示。

表 11-7

利润表　　　　　　　　　　　　　　会企 02 表

编制单位:　　　　　　20××年　　月　　日　　　　　　单位:元

项目	本期金额	上期金额
一、营业收入		
减：营业成本		
营业税金及附加		
销售费用		
管理费用		
财务费用		
资产减值损失		
加：公允价值变动收益(损失以"－"号填列)		
投资收益(损失以"－"号填列)		
其中：对联营企业和合营企业的投资收益		
二、营业利润(亏损以"－"号填列)		
加：营业外收入		
减：营业外支出		
其中：非流动资产处置损失		
三、利润总额(亏损以"－"号填列)		
减：所得税费用		
四、净利润(净亏损以"－"号填列)		

（续表）

项　目	本期金额	上期金额
五、每股收益		
（一）基本每股收益		
（二）稀释每股收益		

2. 单步式利润表

单步式利润表是将本期所有收入加在一起，然后再把所有费用加在一起，两者相减计算得出当期损益。

其简化格式如表 11 - 8 所示。

表 11 - 8

利润表

编制单位：　　　　　　　　　　　年　　　月　　　　　　　　　　单位:元

项　　目	本月数	本年累计数
一、营业收入和收益		
其中：营业收入		
营业外收入		
营业收入和收益合计		
二、营业费用和损失		
其中：营业成本		
营业税金		
营业费用		
管理费用		
营业外支出		
营业费用和损失合计		
三、利润总额		
减:所得税		
四、净利润（净亏损以"－"号填列）		

三、利润表的编制方法

利润表中各项目列有"本期金额"和"上期金额"两栏。"上期金额"栏内各项数据，根据上年度该期利润表"本期金额"栏内的相关数据填列。如果上年度利润表与本年度利润表的项目名称和内容不相一致，应对上年度利润表项目的名称和数字按本年度的规定进行调整，填入本表"上期金额"栏内。

　　利润表中的"本期金额"栏反映各项目的本期实际发生数,应根据有关损益类账户的本期发生额分析填列。具体如下:

　　(1)"营业收入"项目,反映企业经营业务所取得的收入总额。本项目应根据"主营业务收入"账户和"其他业务收入"账户的发生额计算分析填列。

　　(2)"营业成本"项目,反映企业经营业务发生的实际成本。本项目应根据"主营业务成本"账户和"其他业务成本"账户的发生额计算分析填列。

　　(3)"营业税金及附加"项目,反映企业销售产品、提供劳务等经营主营业务和其他业务应负担的营业税、消费税、城市维护建设税、资源税、土地增值税和教育费附加等。本项目应根据"营业税金及附加"账户的发生额分析填列。

　　(4)"销售费用"项目,反映企业在销售商品或提供劳务等主要经营业务过程中所发生的各项销售费用。本项目应根据"销售费用"账户的发生额分析填列。

　　(5)"管理费用"项目,反映企业发生的各种管理费用。本项目应根据"管理费用"账户的发生额分析填列。

　　(6)"财务费用"项目,反映企业发生的筹资费用。本项目应根据"财务费用"账户的发生额分析填列。

　　(7)"资产减值损失"项目,反映企业计提各项资产减值准备形成的损失。本项目应根据"资产减值损失"账户发生额分析填列。

　　(8)"公允价值变动收益"项目,反映企业核算交易性金融资产、交易性金融负债以及采用公允价值计量的投资性房地产、衍生工具、套期保值业务等公允价值变动形成的应计入当期损益的利的或损失。本项目应根据"公允价值变动收益"账户的发生额分析填列。如为公允价值变动损失,应以"一"号填列。

　　(9)"投资收益"项目,反映企业以各种方式对外投资所取得的收益。本项目应根据"投资收益"账户的发生额分析填列;如为投资损失,以"一"号填列。

　　(10)"营业外收入"项目和"营业外支出"项目,反映企业发生的与其生产经营无直接关系的各项收入和支出。这两个项目应分别根据"营业外收入"账户和"营业外支出"账户的发生额分析填列。

　　(11)"利润总额"项目,反映企业实现的利润总额。如为亏损总额,以"一"号填列。

　　(12)"所得税费用"项目,反映企业按规定从本期损益中减去的所得税。本项目应根据"所得税费用"账户的发生额分析填列。

　　(13)"净利润"项目,反映企业实现的净利润。如为净亏损,以"一"号填列。

　　(14)每股收益项目包括基本每股收益和稀释每股收益,是根据计算结果填列。

【**例 11 - 2**】 利华股份有限公司 20×3 年度有关损益类账户本年累计发生额净额如表 11 - 9 所示。

表 11 - 9

损益类账户 20×3 年度累计发生额

单位:元

账户名称	借方发生额	贷方发生额
主营业务收入		1 000 000
主营业务成本	600 000	
营业税金及附加	1 600	
销售费用	16 000	
管理费用	125 680	
财务费用	33 200	
资产减值损失	24 720	
投资收益		25 200
营业外收入		40 000
营业外支出	15 760	
所得税费用	90 076.80	

根据上述资料,编制利华股份有限公司 20×3 年度利润表,如表 11 - 10 所示。

表 11 - 10

利润表

会企 02 表

编制单位:利华股份有限公司　　　　　20×3 年

单位:元

项　目	本期金额	上期金额(略)
一、营业收入	1 000 000	
减:营业成本	600 000	
营业税金及附加	1 600	
销售费用	16 000	
管理费用	125 680	
财务费用	33 200	
资产减值损失	24 720	

（续表）

项　　目	本期金额	上期金额（略）
加：公允价值变动收益（损失以"－"号填列）	0	
投资收益（损失以"－"号填列）	25 200	
其中：对联营企业和合营企业的投资收益	0	
二、营业利润（亏损以"－"号填列）	224 000	
加：营业外收入	40 000	
减：营业外支出	15 760	
其中：非流动资产处置损失	（略）	
三、利润总额（亏损以"－"号填列）	248 240	
减：所得税费用	90 076.80	
四、净利润（净亏损以"－"号填列）	158 163.20	
五、每股收益	（略）	
（一）基本每股收益		
（二）稀释每股收益		

第四节　现金流量表

一、现金流量表的概念和作用

现金流量表是反映企业一定会计期间内有关现金和现金等价物的流入和流出信息的会计报表，是一张动态报表。它在资产负债表和利润表已经反映企业财务状况和经营成果信息的基础上进一步提供财务状况变动信息，凭此信息有助于企业的投资者、债权人和其他的会计报表使用者了解企业如何获得现金和现金等价物，评价企业支付能力，偿债能力和周转能力，有利于准确预测企业未来的现金流量，分析企业收益质量及影响现金净流量的因素。

现金流量表是以向报表使用者提供一份以收付实现制为基础编制的财务报表，其目的是帮助报表使用者在剔除了权责发生制所存在的缺陷的基础上，更真实地评价企业的财务状况。

二、现金流量表的编制基础

现金流量表是以现金和现金等价物为基础编制的反映企业财务状况变动的

报表,表明企业获得现金和现金等价物的能力。

1. 现金

现金是企业的库存现金以及可以随时用于支付的存款。具体包括:①库存现金,是企业持有可随时用于支付的现金限额,即"库存现金"账户中核算的现金;②银行存款,是企业存在金融企业随时可以用于支付的存款,即与"银行存款"账户的核算内容基本一致,但是不同的是,如果存放在金融企业的存款不能随时支取,则不作为现金流量表中的现金,但提前通知金融企业便可以支取的存款,则包括在现金流量表中的现金范围内。③其他货币资金,是企业存在金融企业有特定用途的资金,如外埠存款、银行汇票存款、银行本票存款、信用证存款、信用卡存款等。

2. 现金等价物

现金等价物是指企业持有的期限短、流动性高、易于转换为已知金额的现金、价值变动风险较小的投资。现金等价物虽然不是现金,但其支付能力与现金的差别不大,可视为现金。现金等价物通常是指购买在 3 个月或更短时间内及到期或即可转换为现金的投资。

三、现金流量的分类

现金流量是指现金和现金等价物的流入和流出,可分为三大类:即经营活动产生的现金流量、投资活动产生的现金流量和筹资活动产生的现金流量。

1. 经营活动产生的现金流量

经营活动,是指企业投资活动和筹资活动以外的所有交易和事项,包括销售商品或提供劳务、购买商品或接受劳务、收到的税费返还、支付职工薪酬、支付各项税费、支付广告费用等。通过经营活动产生的现金流量,可以说明企业的经营活动对现金流入和流出的影响程度,判断企业在不动用对外筹得资金的情况下,是否足以维持生产经营、偿还债务、支付股利、对外投资等。

2. 投资活动产生的现金流量

投资活动是指企业长期资产的购建和不包括在现金等价物范围内的投资及其处置活动。编制"现金流量表"所指的"投资"既包括对外投资,又包括长期资产的购建和处置。投资活动包括取得和收回投资、购建和处置固定资产、购买和处置无形资产等。通过投资活动产生的现金流量,可以判断投资活动对企业现金流量净额的影响程度。

3. 筹资活动产生的现金流量

筹资活动,是指导致企业资本及债务规模和构成发生变化的活动。筹资活动包括发行股票或接受投入资本、分派现金股利、取得和偿还银行借款、发行和偿还公司债券等。通过筹资活动产生的现金流量,可以分析企业通过筹资活动获取现金的能力,判断筹资活动对企业现金流量净额的影响程度。

　　在现金流量表中,对于未特别指明的现金流量,应按照现金流量的分类方法和重要性原则,判断某项交易或事项应当归属的类别或项目,对于重要的项目应单独列示,对于企业日常活动之外的,不经常发生的特殊项目,如自然灾害、保险赔款、捐赠等,应根据其性质分别归并到相关类别中反映。

四、现金流量表的结构和内容

　　我国现金流量表包括正表和补充资料两部分,其基本格式如表 11 - 11 和表 11 - 12 所示。

　　1. 现金流量表正表

　　现金流量表正表采用报告式的结构,按照现金流量的性质依次分类反映企业经营活动现金流量、投资活动现金流量和筹资活动现金流量。

　　表 11 - 11

现金流量表

会企 03 表

编制单位:　　　　　　　　　　20××年度　　　　　　　　　单位:元

项　　目	本期金额	上期金额
一、经营活动产生的现金流量		
销售商品、提供劳务收到的现金		
收到的税费返还		
收到的其他与经营活动有关的现金		
经营活动现金流入小计		
购买商品、接受劳务支付的现金		
支付给职工以及为职工支付的现金		
支付的各项税费		
支付的其他与经营活动有关的现金		
经营活动现金流出小计		
经营活动产生的现金流量净额		
二、投资活动产生的现金流量		
收回投资收到的现金		

（续表）

项　　目	本期金额	上期金额
取得投资收益收到的现金		
处置固定资产、无形资产和其他长期资产而收回的现金净额		
处置子公司及其他营业单位收到的现金净额		
收到其他与投资活动有关的现金		
投资活动现金流入小计		
购建固定资产、无形资产和其他长期资产支付的现金		
投资支付的现金		
取得子公司及其他营业单位支付的净额		
支付的其他与投资活动有关的现金		
投资活动现金流出小计		
投资活动产生的现金流量净额		
三、筹资活动产生的现金流量		
吸收投资收到的现金		
取得借款收到的现金		
收到的其他与筹资活动有关的现金		
筹资活动现金流入小计		
偿还债务所支付的现金		
分配股利、利润或偿付利息支付的现金		
支付的其他与筹资活动有关的现金		
筹资活动现金流出小计		
筹资活动产生的现金流量净额		
四、汇率变动对现金及现金等价物的影响		
五、现金及现金等价物净增加额		
加：期初现金及现金等价物余额		
六、期末现金及现金等价物余额		

2. 现金流量表补充资料

现金流量表补充资料是以净利润为起点，通过对一些项目的调整，将权责发生制原则确认的净利润调整为按收付实现制确认的现金流量。

表 11 - 12

现金流量表补充资料

补充资料	本期金额	上期金额
1. 将净利润调节为经营活动现金流量		
净利润		
加:资产减值准备		
固定资产折旧		
无形资产摊销		
长期待摊费用摊销		
处置固定资产、无形资产和其他长期资产的损失(收益以"一"号填列)		
固定资产报废损失(收益以"一"号填列)		
公允价值变动损失(收益以"一"号填列)		
财务费用(收益以"一"号填列)		
投资损失(收益以"一"号填列)		
递延所得税资产减少(增加以"一"号填列)		
递延所得税负债增加(减少以"一"号填列)		
存货的减少(增加以"一"号填列)		
经营性应收项目的减少(增加以"一"号填列)		
经营性应付项目的增加(减少以"一"号填列)		
其他		
经营活动能产生的现金流量净额		
2. 不涉及现金收支的重大投资和筹资活动		
债务转为资本		
一年内到期的可转换公司债券		
融资租入固定资产		
3. 现金及现金等价物净变动情况		
现金的期末余额		
减:现金的期初余额		

（续表）

补充资料	本期金额	上期金额
加:现金等价物的期末余额		
减:现金等价物的期初余额		
现金及现金等价物净增加额		

练 习 题

一、单项选择题

1. 下列会计报表中,根据"资产＝负债＋所有者权益"这一会计等式编制的表是(　　)。
   A. 资产负债表　　　B. 利润表　　　　C. 现金流量表　　　D. 利润分配表

2. 下列各项中,属于静态报表的是(　　)。
   A. 资产负债表　　　B. 利润表　　　　C. 利润分配表　　　D. 现金流量表

3. 下列各项中,属于年度报表的是(　　)。
   A. 资产负债表　　　B. 利润表　　　　C. 现金流量表　　　D. 试算平衡表

4. "应收账款"所属明细账户有贷方余额,应在资产负债表中(　　)项目内反映。
   A. 应收账款　　　　B. 应付账款　　　C. 预付账款　　　　D. 预收账款

5. 资产负债表中的"存货"项目,应根据(　　)。
   A. "存货"账户的期末借方余额直接填列
   B. "原材料"账户的期末借方余额直接填列
   C. "原材料"、"生产成本"、"库存商品"等账户的期末借方余额之和填列
   D. "原材料"、"生产成本"、"库存商品"等账户的期末借方余额之和减去其相应的"减值准备"等调整账户的余额后填列。

二、多项选择题

1. 资产负债表中,按若干个总分类账户余额填列的项目有(　　)。
   A. "应收账款"　　　B. "货币资金"　　C. "短期借款"　　　D. "存货"

2. 会计报表的使用者有(　　)。
   A. 企业的投资者　　B. 企业的债权人　C. 上级主管部门　　D. 企业职工

3. 现金流量表中的现金是指(　　)。
   A. 库存现金　　　　B. 银行存款　　　C. 现金等价物　　　D. 短期投资

4. 下列各项中,属于现金流量表作用的有(　　)。
   A. 有助于投资者、债权人分析企业过去的资金流转,预测未来的现金流量
   B. 可以使报表使用者清晰、全面地了解企业经营的好坏,以便衡量企业经营管理的成功程度和评价经营者的经营业绩
   C. 有利于正确评估企业的活力能力、偿债能力和风险性因素

　　D. 可以提供某一日期资产总额,反映企业的生产经营规模和拥有的经济资源

5. 下列各项中,属于经营活动产生的现金流入的有(　　)。

　　A. 销售商品、提供劳务收到的现金

　　B. 收到的增值税销项税额和退回的增值税

　　C. 经营租赁所支付的现金

　　D. 吸收权益性投资所收到的现金

三、判断题

1. 资产负债表和利润表都是企业的主要报表,分别反映企业一定时期的财务状况和经营成果。　　　　　　　　　　　　　　　　　　　　　　　　　　　(　　)

2. 资产负债表是根据收付实现制基础编制的。　　　　　　　　　　(　　)

3. 企业购建固定资产发生的支出,在现金流量表中,列作投资活动的现金流量流出。
　　　　　　　　　　　　　　　　　　　　　　　　　　　　(　　)

4. 现金流量表中的现金是指库存现金和银行存款。　　　　　　　　(　　)

5. 资产负债表是根据有关账户的本期发生额填列。　　　　　　　　(　　)

四、实务题

1. 目的:掌握利润表的编制。

　　资料:某公司为增值税一般纳税人,增值税率为 17%,所得税率为 25%,原材料按实际成本计算。7 月份发生下列业务:

　　(1) 1 日,收到国家投入资本 300 000 元,存入银行。

　　(2) 2 日,购入原材料 140 000 元已验收入库,货款和增值税款,以及运输公司运杂费 900 元,全部以存款支付。

　　(3) 5 日,以存款交纳上月欠交的税金 60 000 元。

　　(4) 6 日,仓库发出 A、B 两种材料分别为 6 600 元、14 000 元投入甲产品生产。

　　(5) 12 日,向利华公司出售甲产品 2 000 件,每件售价 1 100 元,货款和发票上增值税款尚未收到。

　　(6) 14 日,向银行借入短期借款 100 000 元,存入银行。

　　(7) 15 日,以存款支付本月职工工资 80 000 元。

　　(8) 16 日,以现金支付行政管理部门零星办公费 800 元。

　　(9) 20 日,以存款支付销售甲产品的广告费用 18 000 元。

　　(10) 31 日,以存款支付短期借款利息 4 000 元。

　　(11) 31 日,计提本月固定资产折旧 40 000 元,其中:生产车间应负担的折旧费用 26 000 元,行政管理部门应负担的折旧费用 14 000 元。

　　(12) 31 日,结转本月职工工资 80 000 元,其中:生产工人的工资 50 000 元,车间管理人员的工资 10 000 元,行政管理人员的工资 20 000 元。

　　(13) 31 日,将本月发生的制造费用 36 000 元转入甲产品生产成本。

　　(14) 31 日,结转本月完工甲产品 500 件,每件单位生产成本 650 元。

　　(15) 31 日,结转本月已销售的 2 000 件甲产品的生产成本。

(16) 将损益类账户余额结转"本年利润"账户。

(17) 按规定计算结转应交所得税。

(18) 按税后利润的10%提取盈余公积金。

要求:

(1) 根据以上业务编制会计分录;

(2) 编制该公司6月份的利润表。

2. 目的:练习会计报表的编制。

资料:宏伟化工厂20××年1月1日总分类账户金额如表11-13所示。

表11-13

总分类账户金额

账户名称	借方金额	贷方金额
库存现金	3 200	
银行存款	128 600	
应收账款	64 000	
其他应收款	1 200	
原材料	247 000	
库存商品	87 000	
固定资产	833 000	
累计折旧		84 000
银行借款		200 000
应付账款		36 000
其他应付款		19 600
实收资本		1 000 000
未分配利润		24 400
合计	1 364 000	1 364 000

1月发生下列经济业务:

(1) 3日,购入原材料20 000元,验收入库,货款未付。

(2) 4日,生产车间领用原材料100 600元,用于生产。

(3) 5日,对外销售产品一批销售价88 000元,货款收入银行。

(4) 8日,用银行存款支付前欠应付账款15 000元。

(5) 12日,采购员王沪借差旅费2 000元。

(6) 14日,从银行提取现金3 000元。

(7) 15日,从银行存款支付全部财产保险费12 000元。

(8) 16 日,用银行存款支付本月生产车间水电费 4 500 元,管理部门水电费 1 600 元。

(9) 18 日,用现金支付杂费报销 1 500 元。

(10) 19 日,从银行存款提取现金 20 000 元。

(11) 21 日,采购员王沪出差回来,报销差旅费 1 840 元,退回余款。

(12) 24 日,出售产品 26 800 元,并用银行存款代农户支付运费 2 200 元,货款未收。

(13) 31 日,本月固定资产应计提折旧 6 000 元,其中生产设备 4 000 元,办公设备 2 000元。

(14) 31 日,本月按期末应收账款余额的 3‰计提坏账准备。

(15) 31 日,结转本月制造费用,转入生产成本。

(16) 31 日,企业结转本月完工产品成本,月末无在产品。

(17) 31 日,结转本月销售产品成本 69 000 元。

(18) 31 日,计算结转本月利润。

(19) 31 日,按本月利润总额的 25%交纳所得税。

要求:

(1) 编制会计分录。

(2) 编制利润表、资产负债表。

五、思考题

　　1. 什么是会计报表? 会计报表有何作用?

　　2. 会计报表有哪些种类? 其编制要求是什么?

　　3. 什么是资产负债表? 它有哪些作用?

　　4. 资产负债表各项目如何填列?

　　5. 什么是利润表? 它有哪些作用? 各项目如何填列?

　　6. 什么是现金流量表? 其编制基础是什么?

第十二章　单式簿记核算方法体系

【学习目标和要求】

1. 理解单式簿记核算方法体系的作用；
2. 掌握单式簿记核算方法及运用。

第一节　单式簿记核算方法体系的作用

单式簿记核算方法与复式簿记核算方法是两套不同的核算方法，两者各有其不可替代的作用，因为每个会计主体的所发生的经济事项有两类：一类是经济事项发生后引起了该主体资金的增减变动，并导致其财务状况、经营成果和现金流量等发生变化，该类经济事项的核算应采用复式记账法，并在会计报表中进行反映和控制；另一类是经济事项发生后未引起或较少涉及该主体资金的实际变动，但却引起了主体承担了相应的责任，该类事项需要采用单式记账法，在相应的登记簿中记录反映和控制。目前单式簿记核算方法体系主要在银行业中采用较多。

一、核算表外科目所涉及的经济活动

核算或反映是簿记最基本的职能，对于单式簿记来说也是如此，它对银行已经发生或完成的表外科目所涉及的经济活动进行事后记录反映，在此基础上，利用事后反映的资料，可以预测和计划未来，进行事前反映；同时，通过对事后反映的内容进行分析，可以进一步解释经济活动的内在联系，了解和把握经济活动变化的内在原因，进行深层次的反映。如商业银行在对承兑申请人审查并同意为其办理承兑业务时，填制"银行承兑汇票"科目收入传票，并在其登记簿中记录申请人名称以及承兑金额等；到期办理划款时，填制"银行承兑汇票"科目付出传票，在销记登记簿时记录划款的时间和金额、申请人名称；并在这种核算的基础上，分析划款是否产生银行垫款，进而分析承兑人的资金能力和履约守信状况等，以决定未来在与该申请人的融资中所采取的对策。

表外科目与表内科目的核算之间却存在着一定的联系。从账务处理上看，

有些表外科目在业务发生时,由于没有引起银行资金的实际变动,只需要编制表外科目收入传票并在登记簿"收入"栏登记,一般不涉及表内科目的核算;但是,表外科目的注销通常是由银行实际资金的变动引起的,当表外科目记"付出"时,大多数情况下需要同时在有关表内科目进行核算。如:商业银行在受理客户到期商业承兑汇票的委托收款时,只需要编制"发出委托收款结算凭证"表外科目收入传票,并在登记簿"收入"栏记录,而当银行收到对方银行划回款项并为客户收妥入账时,一方面作表内科目会计记录,借记"清算资金往来"等有关科目,贷记"吸收存款——收款单位户"科目,另一方面,表外科目需要转销,编制"发出委托收款结算凭证"表外科目付出传票,并在登记簿"付出"栏记录转销。

二、健全内部会计控制制度

监督或控制是核算或反映的继续,在实施会计监督职能时,尽管复式簿记发挥了其重要的作用,但是无论复式簿记的使用多么普遍,并不能排除单式簿记的作用发挥,单式簿记因不受资金平衡的制约,可以根据经营管理的需要灵活地开设相应的登记簿,对经济事项的责任发生和终结等在记录反映的基础上进行有效的控制,对于健全和完善内部会计控制制度起着不可替代的作用。如有价单证一经商业银行签发便具有支款效力,应视同现金一样加强管理,采用单式簿记方法体系,设置有价单证登记簿,按照国库券、金融债券、定额存单、定额本票、定额支票等种类和不同面额立户,反映和监督各项单证的领发和结存情况,管理上实行"证账分管、证印分管"原则,会计管账,出纳管证,相互牵制,相互核对,体现了会计人员岗位责任制、内部牵制制度、稽核制度等多项内部会计控制制度的要求,使得银行内部会计控制制度得以健全和完善。

第二节　单式簿记核算方法体系

单式簿记核算方法体系主要包括簿记核算项目设置与应用、单式记账法、簿记凭证以及账簿、簿记报告等。

一、表外科目

单式簿记核算项目即表外科目,用于核算那些确已发生但尚未涉及或较少涉及企业资金的实际增减变化,不能在会计报表上得到反映的重要业务事项。对于商业银行来说,表外科目核算的内容虽然比较简单,但是所涉及的业务种类较多,按其反映的经济业务的性质划分,目前设置的表外科目主要有以下几种:①重要空白凭证类,用来核算由银行印制、有专门用途的、尚未填写签章的各类空白凭证,如汇票、支票、存单、存折等,这些重要空白凭证需要指定专人负责保管,在印制、运送、领用、注销等手续上有严格的规定;②有价单证类,用来核算银行收到及签发的有固定票面价值的单证,如定额本票、定额存单、已贴现票据和债券等;③代保管有价值品类,用来核算接受客户委托代为保管或委托其他单位保管的有价证券及其他有价值品;④应收款类,主要核算银行各项应收未收款或接受客户委托代收的各种款项;⑤各种担保类及承诺类,主要用于核算银行为客户办理的各类担保及承诺业务。目前商业银行所使用的部分表外科目如表12-1所示。

表12-1

银行表外科目名称表

编号	表外科目名称	编号	表外科目名称
6101	期收款项	6231	未发行债券
6111	应收权益	6241	开出银行承兑汇票
6121	抵押及质押品	6251	开出信用证
6131	未收贷款利息	6261	开出保证凭信
6141	代保管有价值品	6271	有价单证
6201	期付款项	6281	重要空白凭证
6211	应付责任		

【**例12-1**】 某银行柜组领回重要空白凭证支票500本。

收入:重要空白凭证   500

【**例12-2**】 某企业购买支票10本。

付出:重要空白凭证   10

与复式记账法下表内科目的设置不同,表外科目的设置由企业根据经营活动和核算需要自行设置,没有统一的要求。在具体实践中,应当遵循两个原则:一是根据企业新业务发展的需要适当设置表外科目。如商业银行近几年与保险公司开展的保单质押贷款,商业银行按质押保单现金价值的一定比例为客户提供贷款时,除了需要表内科目核算之外,还需要增设"待处理质押保单"表外科目,对质押保单的收存保管和到期处置等情况进行记录和控制。二是适应企业内部会计控制制度的健全与完善的需要,设置有关表外科目。如贷款是商业银行最重要的资产业务且风险较大,因此为了防范风险商业银行需要根据会计准则的要求计提贷款减值准备,同时还需要根据监管部门的规定计提贷款损失准备,由于会计准则和监管规定各自的计提范围和计提方法不同,可以增设相应的"计提贷款减值准备"和"计提贷款损失准备"表外科目,对根据不同的规范所计提的准备金额、发生的贷款损失、损失的核准注销等情况进行记录和控制。

二、单式记账法

单式收付记账法,即对每一项经济业务所引起的变化只在一个账户中进行登记,以"收入"和"付出"为记账符号。当业务发生时记"收入"方,当业务进行注销或减少时记"付出"方,余额表示尚未注销或结清的有关业务事项,且如有余额始终反映在"收入"方。

与表内科目采用的历史成本、重置成本、可变现净值、现值、公允价值等货币量度的计量属性不同,表外科目的记账则是根据业务的特点灵活确定,有的按照业务发生额或凭证的票面额记账,如"代保管有价值品"科目按照有价证券或有价值品的票面金额登记,"贷款承诺"科目则按照银行给予客户的承诺额度进行登记;有些需要控制数量的表外科目则按照假定价格记账,如"重要空白凭证"科目只能按其实物量或按假定一张一元的价格记录反映。值得注意的是,在采用单式记账法时,各商业银行的做法不是完全统一,有些银行采用单式借贷记账法,即以"借"和"贷"作为记账符号。

【例 12 - 3】 某银行经审批客户利华公司提交的贷款承诺申请和有关项目资料后,同意出具贷款承诺额度 30 万元,打印贷款承诺函,登记表外科科目登记簿,即:

收入:贷款承诺　　　　　　　　　　　　　　　　　　　　　　　300 000

同时,按照贷款承诺协议收取手续费 1 000 元,作如下复式会计分录:

借:吸收存款——××存款——申请人户　　　　　　　　　　　　1 000
　　贷:中间业务收入——贷款承诺手续费　　　　　　　　　　　　　1 000

【例 12 - 4】 在贷款承诺有效期内,利华公司申请发放贷款 30 万元,银行收回贷款承诺,办理信贷发放手续,作如下会计分录:

借:贷款——××贷款　　　　　　　　　　　　　　　　　　　　300 000
　　贷:吸收存款——××存款——借款人户　　　　　　　　　　　300 000

同时,销记表外科目登记簿,即:

付出:贷款承诺　　　　　　　　　　　　　　　　　　　　　　　300 000

三、表外科目传票和登记簿

表外科目所使用的记账凭证和账簿不同于表内科目,银行设置专门格式的单式"表外科目收入传票"和"表外科目付出传票",当表外科目涉及的经济事项发生时,通常填制"表外科目收入传票",如表 12 - 2 所示,当其减少或需要注销时,则填制"表外科目付出传票",如表 12 - 3 所示。

表 12 - 2

中国××银行表外科目收入传票

年　　　　月　　　　日

户名或账号	摘要	金额							
		十	万	千	百	十	元	角	分

会计　　　　　　　保管　　　　　　　复核　　　　　　　记账

表 12 - 3

中国××银行表外科目付出传票

年　　　　月　　　　日

户名或账号	摘要	金额							
		十	万	千	百	十	元	角	分

会计　　　　　　　保管　　　　　　　复核　　　　　　　记账

登记簿一般设置为设有"收入"、"付出"、"余额"三栏式,如表 12 - 4 所示,并依据表外科目传票登账。如:当银行同意为客户出具贷款承诺或增加贷款承诺额度时,应填制"贷款承诺"科目收入传票,并在其相应的登记簿"收入"栏进行记录;当银行对客户减少贷款额度、承诺期失效或因故撤销贷款额度、或在贷款承诺有效期内履行承诺并办理发放贷款时,应填制"贷款承诺"科目付出传票,并在其登记簿"付出"栏进行记录,期末余额则表示银行为客户提供贷款承诺的剩余额度。

表 12 - 4

<u>××银行</u>
_____登记簿

户名：   单位：

年		摘要	收入		付出		余额		存放地点
月	日		数量	金额	数量	金额	数量	金额	

四、会计报告

从表外科目所涉及的会计事项来看,目前商业银行将或有事项、承诺及担保类事项的信息按照现行企业会计准则的要求披露在会计报表附注中,而对于其他各类表外科目所涉及的重要信息未作披露,商业银行尚未针对表外科目所涉及的业务编制独立完整的会计报告,有些商业银行则采用以账代表的做法,限制了会计报告在银行内部管理中应有的所用。

商业银行应当针对表外科目核算和监督的业务内容编制独立的内部会计报告,由于单式簿记在商业银行内部会计控制中所起的独特作用,因此单式簿记方法体系下编制的会计报告应当属于内部报告,主要为内部管理者提供决策有用的信息,其中也有一些对外部信息使用者相关的信息,这类信息则按照现行会计准则的要求在对外会计报告附注中加以披露,比如银行承诺类和担保类以及风险管理类的信息等。与对外会计报告不同,内部报告的编制没有统一的要求,银行可以根据表外科目的各类经济事项在管理上不同要求和特点,编制详略得当的内部报告,对于银行无风险或风险较小的一些表外科目的重要事项,可以编制例行报告或实时报告;对于有风险或风险较大的表外科目的重要事项,需要通过如实描述、情况分析、问题揭示、未来预测等,编制该类经济事项的专题分析报告。

第三节 单式簿记核算方法的应用

与前所述,单式簿记核算方法应用于表外科目所涉及的经济业务的核算,尽管相对于复式借贷记账法核算的经济业务来说,单式簿记核算的业务规模不大,但是所涉及的业务范围较多,以下列业务为例,介绍单式记账法的具体应用。

一、重要空白凭证

重要空白凭证类,是由银行印制、有专门用途的、尚未填写签章的各类空白凭证,如汇票、支票、存单、存折等,这些重要空白凭证需要指定专人负责保管,在印制、运送、领用、注销等手续上有严格的规定。对该类业务的核算,需要设置表外科目"重要空白凭证",当银行业务部门领出时,需要依据表外科目收入传票,在其登记簿中记入"收入"方,当办理有关业务时,如签发、注销等,需要依据表外科目付出传票,在其登记簿中记入"付出"方。

【例 12 - 5】　2013 年 1 月 1 日,某行会计部门根据业务需要领取空白定期储蓄存款存折 300 本。根据领用单,填制表外科目收入传票:

收入:重要空白凭证——定期储蓄存折　　　　　　　　　　　　　300 本

【例 12 - 6】　2013 年 1 月 1 日,储户李某存入整存整取定期储蓄存款50 000元,定期 1 年,存入时利率 3.25%。

2013 年 1 月 1 日,李某申请开户时,应填写存款凭证,连同身份证件、现金交于银行柜员。银行柜员审核无误后,根据存款凭证的金额清点现金,根据系统提示录入相关信息,预留密码由客户输入账户密码。交易成功后,打印存款凭证、整存整取定期存折等,登记"开销户登记簿"。以存款凭证代现金收入传票入账的会计分录为:

借:库存现金　　　　　　　　　　　　　　　　　　　　　　50 000
　　贷:吸收存款——整存整取定期储蓄存款李某户　　　　　　　　50 000

银行柜员核对打印的存款凭证、整存整取定期存折等凭证上各项内容。核对无误后,在存款凭证上加盖"业务清讫章",在存折上加盖"存折(单)专用章"。将存折、身份证交客户。存款凭证作为业务凭证送监督中心。同时,编制表外科目付出传票并登记表外科目明细账。

付出:重要空白凭证——整存整取存折　　　　　　　　　　　　1 本

二、有价单证

有价单证是指印有固定面额的特定凭证,包括金融债券、代理发行的各类债券、定额存单、定额汇票及印有固定面值金额的其他有价单证等。银行各级机构应建立健全有价单证的调运、保管、领用、注销和销毁等环节的管理制度,采取有效的监督检查机制,做到控制严密,账实相符。以下以商业汇票贴现业务为例,说明有价单证的核算。

1. 发放贴现款

持票人持未到期的商业汇票来行申请贴现时,应填制一式五联贴现凭证。第一联作"贴现"科目借方凭证,第二联持票人存款账户贷方传票,第三联贴现利息贷方凭证,第四联给持票人作收账通知,第五联为到期卡。盖章后连同汇票一并交银行信贷部门。

贴现银行接到持票人交来的贴现凭证和汇票,应交信贷部门审查。审查无误后,在贴现凭证的"银行审批"栏签注"同意"字样并加盖有关人员名章后,送交会计部门。

会计部门接到贴现凭证及汇票后,按照规定的贴现率计算出贴现利息和实付贴现金额。在贴现凭证有关栏内填上贴现率、贴现利息和实付金额。编制会计分录如下:

借:贴现资产——贴现——面值
　贷:吸收存款——贴现申请人户　　　　　　　　　　　　(实际支付的金额)
　　贴现资产——贴现——利息调整　　　　　　　　　　　(按其差额)

同时,编制表外科目收入传票,登记表外科目明细账:

收入:有价单证——买入票据实务

2. 资产负债表日贴现利息收入的处理

资产负债表日,按计算确定的贴现利息收入,编制会计分录如下:

借:贴现资产——贴现——利息调整
　贷:利息收入

3. 到期收回款项的核算

贴现票据到期,应按实际收到的金额,借记"吸收存款"、"存放中央银行款项"等科目,按贴现的票面金额,贷记"贴现资产——贴现、转贴现(面值)"科目,按其差额,贷记"利息收入"科目。存在利息调整金额的,也应同时结转。其会计分录为:

借:存放中央银行款项
　　贴现资产——贴现——利息调整
　贷:贴现资产——贴现——面值
　　利息收入(差额)

同时,编制表外科目付出传票,登记表外科目明细账:

付出:有价单证——买入票据实务

三、抵押贷款

抵押贷款是指按《担保法》规定的抵押方式,以借款人或第三人的财产作为抵押物而发放的贷款。其特点是可减少银行贷款风险,借款人能以较低的利率获得资金。下列债务人或者第三人有权处分的财产可以抵押:建筑物和其他土地附着物;建设用地使用权;生产设备、原材料、半成品、产品;正在建造的建筑物、船舶等;交通运输工具等。

1. 抵押贷款发放

首先,要办理抵押品入账手续,进行表外科目的核算:

收入:待处理抵押品——××资产××户

其后,编制发放抵押贷款入账的分录:

借:贷款——抵押贷款××户(本金)
　　贷:吸收存款——活期存款××户

若有差额,借或贷:贷款——抵押贷款××户(利息调整)

2. 抵押贷款的到期收回

抵押贷款到期,应由借款单位主动向银行签发转账支票,会计部门审查支付凭证后,据此填制特种转账借、贷方凭证办理转账。会计分录:

借:吸收存款—活期存款还款人户　　　　　　　　(实际归还的金额)
　　贷:应收利息　　　　　　　　　　　　　　　(收回的应收利息)
　　　　贷款——抵押贷款还款人户　　　　　　　　　　(本金)
　　　　利息收入　　　　　　　　　　　　　　　(按其借贷差额)

如果还存在利息调整余额的,还应同时结转。

同时,根据信贷部门的通知办理抵押品退还手续,销记表外科目和抵押品登记簿。

付出:待处理抵押品——××资产××户

四、中间业务

中间业务是指不构成商业银行表内资产、表内负债,形成银行非利息收入的业务。根据我国的《中间暂行规定》,商业银行中间业务可分为以下几大类:支付结算类、银行卡、代理类、担保类、承诺类、交易类、基金托管类、咨询顾问类等。以下介绍其中的代理债券业务和担保类业务的核算。

（一）代理债券业务

1. 代理债券发行业务

代理债券业务主要包括代理发行和代理兑付债券。代理发行债券业务，是指商业银行作为债券代理经纪人，受客户委托代理发行和承销政府债券的业务；代理兑付债券，是指银行接受客户委托对其到期债券进行兑付的债券业务。

代理发行债券业务按发行方式的不同可分为代销方式、余额包销方式、全额承购方式三种。这里主要以国债为例，介绍代销方式的处理。

（1）银行收到国债时，有关业务部门应根据有关债券领用单据填制"重要单证入库单"一式三联，加盖有关印章和经办人名章，连同债券、上级行签发的出库单一并交金库管库员，管库员审核单据清点债券无误后，办理入库。并按与客户约定的价款在表外科目登记簿入账，即：

　　收入：有价单证——××债券户

（2）银行发行债券收到款项时，根据不同的收款方式，确定使用不同的传票。编制会计分录如下：

　　借：库存现金
　　　　吸收存款——××存款——××购买人户
　　　　贷：代理承销证券款——代售国债款项

同时，登记表外科目登记簿，即：

　　付出：有价单证——××债券户

（3）将售出国债所得款项上划。网点日终将款项上划分行，由分行在国债发行结束后集中上划总行。

网点的会计分录为：

　　借：代理承销证券款——代售国债款项
　　　　贷：存放联行款项

分行收到款项时，会计分录为：

　　借：联行存放款项
　　　　贷：代理承销证券款——代售国债款项

分行将资金上划总行时，会计分录为：

　　借：代理承销证券款——代售国债款项
　　　　贷：存放联行款项

总行收到国债资金款项时，会计分录为：

借:联行存放款项

　　贷:代理承销证券款——代售国债款项

　　总行按期向财政部缴付承购的国债款项时,会计分录为:

借:代理承销证券款——代售国债款项

　　贷:存放中央银行款项

　　若代理发行债券有剩余,将未售债券退回时,销记表外科目登记簿,即:

付出:有价单证——××债券户

　　2. 代理兑付债券的核算

　　(1)国债提前兑付的处理。国债提前兑付,代理银行需要垫付资金。国债提前兑付期限在半年内不计息,期限超过半年以上的,应按客户持有国债时间和规定利率档次计付利息,并按本金收取 1‰的手续费。编制会计分录如下:

借:代理兑付证券

　　贷:库存现金

　　　　或吸收存款——××存款——兑付人户

　　　　中间业务收入——代理发行国债手续费收入

　　(2)国债到期兑付的处理。国债到期,商业银行总行收到财政部拨付的国债款项,应及时通过联行系统下划分行,分行与网点进行清算。

　　总行收到财政部拨付的国债款项时的会计分录为:

借:存放中央银行款项

　　贷:代理兑付证券款

　　总行将代理兑付证券款下划分行时的会计分录为:

借:代理兑付证券款

　　贷:联行存款放项

　　分行收到总行下划的代理兑付证券款时的会计分录为:

借:存放联行款项

　　贷:代理兑付证券款

　　国债持有人提交国债凭证、有效身份证件申请国债到期兑付时,代理网点审核无误后,办理兑付手续,打印国债凭证支取款项记录,一式二联利息清单,编制会计分录如下:

借:代理兑付证券

　　贷:库存现金

　　或吸收存款————××存款————兑付人户
　　中间业务收入————代理发行国债手续费收入

　　同时登记表外科目登记簿,即:

　　收入:已兑付债券————××债券户

　　(3)国债兑付后款项上划分行的处理。网点将国债到期兑付或提前兑付后,将网点支付的国债本金和利息上划分行。网点的会计分录为:

　　借:存放联行款项
　　　贷:代理兑付证券

　　同时登记表外科目登记簿,即:

　　付出:已兑付债券————××债券户

　　分行的会计分录为:

　　借:代理兑付证券款
　　　贷:联行存放款项

　　(二)担保类业务
　　担保类中间业务是指商业银行为客户债务清偿能力提供担保,承担客户违约风险的业务。主要包括银行承兑汇票、备用信用证、各类保函等。以下以保函业务为例说明。
　　保函又称保证书,是指银行应申请人的请求,向第三方开立的一种书面信用担保凭证,保证在申请人未能按双方协议履行起责任或义务时,由担保人代其履行一定金额、一定期限范围内的某种支付责任或经济赔偿责任。
　　1.反担保的处理
　　(1)申请人采取交存保证金方式提供反担保。申请人交存保证金的,应提交有关支付票据及进账单一式三联。经办人审查无误后,以支付票据作借方传票,进账单第一联加盖“转讫章”退申请人作回单,第二联作贷方传票,第三联加盖业务章交业务部门。编制会计分录如下:

　　借:吸收存款————××存款————申请人户
　　　贷:保证金存款————保函户

　　(2)申请人也可采取质押、抵押、第三方保证方式提交反担保。
　　2.银行根据申请人要求对外开出保函,同时登记表外科目登记簿,即:

　　收入:开出保函————××客户

3. 收取手续费的处理

《开立保函协议书》生效后,经办行应根据业务部门通知按照《开立保函协议书》的约定及时向申请人收取手续费,填制"业务收费凭证"办理转账。编制会计分录如下:

借:吸收存款——××存款——申请人户

　　贷:中间业务收入——保函费收入

申请人要求撤销或修改保函时,也按照规定收取手续费,会计分录同上。

4. 担保垫款的处理

(1)申请人在合理时间内未能筹足偿债资金,而是经办行垫付款项时,应向保证人和反担保人主张追索权及反担保债权。

①申请人采取交存保证金方式提供反担保的,应首先全额扣划保证金,不足部分列"垫款"科目核算。营业柜台根据有关原始凭证填制特种转账借、贷方传票办理转账。编制会计分录如下:

借:吸收存款——××存款——申请人户

　　保证金存款——申请人户

　　垫款——申请人户

　　贷:境外同业存放款项

同时填制表外科目传票,登记表外科目登记簿,即:

付出:开出保函——××申请人户

②申请人采取质押、抵押保证方式提供反担保的,按质押、抵押信贷方式办理。

(2)收回担保垫款时,申请人填制支付凭证偿还垫款,支付凭证第一联加盖"转讫章"后退客户。编制会计分录如下:

借:吸收存款——××存款——申请人户

　　贷:垫款——申请人户

　　　　应收利息——申请人

5. 保函到期或终止担保的处理

保证期届满经办行未承担保证责任的,或保证存款用于保证项下的支付仍有余额的,经办行应在收回保函后,可根据被保证人的请求将款项从相关账户转出。退还时,申请人提交有关支付票据及进账单一式三联。营业柜台审核无误后,以有关支款凭证作借方传票,进账单第一联加盖"转讫章"退申请人作回单,第二联作贷方传票,第三联加盖"转讫章"交被担保人。会计分录为:

借:保证金存款——申请人户

贷：吸收存款——××存款——××被保证人户

同时填制表外科目付出传票，登记表外科目登记簿，即：

付出：开出保函——××申请人户

表外科目与表内科目的核算之间却存在着一定的联系。从账务处理上看，有些表外科目在业务发生时，由于没有引起银行资金的实际变动，只需要编制表外科目收入传票并在登记簿"收入"栏登记，一般不涉及表内科目的核算；但是，表外科目的注销通常是由银行实际资金的变动引起的，当表外科目记"付出"时，大多数情况下需要同时在有关表内科目进行核算。

练习题

一、单项选择题

1. 单式记账法用于（　　）的核算。
   A. 表内科目　　　　B. 表外科目　　　　C. 资产科目　　　　D. 负债科目
2. 下列会计科目中，（　　）是表外科目。
   A. 银行存款　　　　B. 有价单证　　　　C. 吸收存款　　　　D. 实收资本
3. 下列各项中，是单式簿记核算方法的是（　　）。
   A. 设置表内科目　　　　　　　　B. 以借、贷为记账符号
   C. 填制单式凭证　　　　　　　　D. 登记"登记簿"
4. 下列各项中，属于重要空白凭证的是（　　）。
   A. 贴现票据　　　　B. 储蓄存单　　　　C. 国库券　　　　D. 股票
5. 单式记账法下，需要填制的会计凭证是（　　）。
   A. 单式记账凭证　　B. 收款凭证　　　　C. 付款凭证　　　D. 表外科目传票

二、多项选择题

1. 单式簿记核算方法的作用有（　　）。
   A. 核算　　　　　　B. 控制　　　　　　C. 综合　　　　　D. 汇总
2. 下列各项中，属于单式簿记核算方法的有（　　）。
   A. 设置表外科目　　　　　　　　B. 登记总账
   C. 采用单式记账法　　　　　　　D. 采用复式记账法
3. 单式记账法采用的记账符号有（　　）。
   A. 借　　　　　　　B. 收入　　　　　　C. 贷　　　　　　D. 付出
4. 复式记账法下可以采用的记账凭证有（　　）。
   A. 复式记账凭证　　B. 单式记账凭证　　C. 支票　　　　　D. 银行汇票
5. 下列各项中，属于表内科目的有（　　）。
   A. 存放中央银行款项　　　　　　B. 中间业务收入

　　C. 贵金属　　　　　　　　　　　　　D. 银行承兑汇票

三、判断题

　　1. 对某一笔业务的核算,只能采用一种簿记核算方法。（　　）

　　2. 复式记账法可以取代单式记账法。（　　）

　　3. 单式记账法和复式记账法各有自己的独特作用。（　　）

　　4. 表内科目和表外科目的核算两者之间有一定的联系。（　　）

　　5. 单式记账凭证只能采用单式记账法。（　　）

四、实务题

　　1. 目的:练习簿记核算方法的应用。

　　资料:某储户 2012 年 11 月 11 日存入 5 000 元 1 年期整存整取储蓄存款,要求银行在存款到期后办理自动转存,存入日年利率 3.25％。储户于 2013 年 12 月 28 日支取全部本息,支取日活期储蓄存款利率为年 0.35％。作出有关的会计处理。

　　2. 目的:练习簿记核算方法的应用。

　　资料:2013 年 1 月 31 日,某银行为客户利华科技公司办理票据贴现业务。利华科技公司申请贴现的商业汇票票面金额 100 万元,6 个月后到期。该银行办妥贴现业务,将实付贴现金额转入利华科技公司账户。2013 年 7 月 31 日贴现到期,该银行收到票款 100 万元。设月贴现率为 1.4‰. 做出该银行 2013 年 1 月 31 日办理贴现时、确认各月的贴现利息以及到期款项的会计处理。

五、思考题

　　1. 试比较单式簿记核算方法和复式簿记核算方法的作用。

　　2. 单式簿记核算方法由哪些具体的方法组成?

　　3. 单式簿记核算方法经历了怎样的发展历程?

第十三章 会计工作组织与规范

【学习目标和要求】

1. 了解会计工作组织和要求、会计机构的设置、会计人员的职责与权限;
2. 理解我国会计规范体系和会计职业道德;
3. 掌握会计基础工作规范。

第一节 会计工作组织的意义和要求

会计工作组织是通过管理体制、组织机构、人员配备等一系列的工作,将会计工作这一复杂、细致的系统管理活动有机结合起来,使其发挥会计的职能,保证会计目标的实现,是提供真实、有效会计信息的根本保证。

一、会计工作组织的意义

会计工作具有综合性、政策性强、技术严密的特点,要做好会计工作,必须有专门的组织机构、专职的会计人员,按照国家的法律法规和制度的要求进行。因此,会计工作组织的内容包括:设置会计机构,配备会计人员、建立和执行会计规范体系三个方面。

会计机构是指直接组织领导和从事会计工作的职能部门。建立和健全会计机构,是保证会计工作顺利进行的重要条件。会计人员是指专门从事会计工作的专业技术工作者。任何企业、事业单位都应根据实际需要配备具有一定专业技术水平的会计人员,这是做好会计工作的关键。会计规范体系是指会计法律、法规、制度等的总称。它是组织和从事会计工作必须遵守的规范。

会计工作是经济管理的重要组成部分,为了保证会计工作的顺利进行,不断提高会计工作的质量,科学地组织会计工作具有十分重要的意义。

1. 正确地组织会计工作,能够促进会计工作质量和效率的提高

会计工作的目标是为有关各方提供所需要的会计信息,信息的提供是需要利用一系列专门的会计核算方法和处理程序,需要经过填制或取得凭证、登记账簿、编制报表的各个环节,对有关的数据资料进行计算、记录、分类、汇总、分析、

检查等。所以,会计工作是一项十分严密细致的工作,各个处理程序之间,各种手续之间,各个数据之间都是联系紧密,不得脱节,否则就会影响会计信息的正确性和及时性,最终会导致管理和决策的失误。

2. 正确地组织会计工作,可以保证会计工作与其他经济管理工作的协调一致

会计是一种经济管理活动,会计工作是经济管理工作的重要组成部分,它既有独立的职能,又同其他经济管理工作存在十分密切的联系,并且相互影响、相互制约、相互促进。因此,从宏观上看,会计工作必须服务于国家财政税收工作的管理,加强与金融工作的合作,为国家宏观经济管理提供重要的决策依据;从微观上看,会计工作与各单位的计划、统计工作之间必须保持口径一致,相互衔接,为提高企业微观经济效益提供重要的资料。

3. 正确地组织会计工作,有利于加强企业内部的经济责任制

加强企业内部管理,一个重要的方面就是责权利相结合,即实行责任制。正确地组织会计工作,通过会计反映职能,不仅能够正确地核算采购成本及储备资金占用情况,而且能够核算生产成本及降低的幅度,同时,还能正确地核算销售成果和财务成果。这样,可以促进企业内部各部门更好地履行自己的职责,管好用好资金,达到增收节支、增产增收、提高效益的目的。

4. 正确地组织会计工作,有利于维护国家财经法纪的严肃性

会计工作是一项政策性、原则性、制度性很强的工作,并且许多问题都涉及国家的财经纪律。会计机构及人员必须对企业的经济活动实施监督,认真贯彻执行国家的方针政策、法律法规及制度,敢于揭露和制止违法乱纪、贪污浪费的行为,维护国家财经法纪的严肃性。

二、会计工作组织的要求

为了顺利地开展会计工作、确保会计信息质量,必须按照下列要求科学地组织会计工作:

(一)按照国家颁布的会计法规的统一要求组织会计工作

只有按国家对会计工作的统一要求来组织会计工作,才能使会计提供的信息,既满足国家宏观管理的需要,也满足企业内部管理者、债权人、投资者及其他有关方面的需要。

(二)根据企业经营管理的特点和要求组织会计工作

不同的企业,在组织会计工作时,既要符合国家统一的规定,又要依据本单位的实际情况和经营管理的具体要求,作出恰当的安排,以满足经营管理的需要。因此,会计机构的大小,会计人员的多少,采用何种成本计算方法,采用何种

账务处理程序,设置和运用哪些会计科目,在规定的报表之外还应编制哪些满足内部管理需要的报表等等方面,都必须结合本单位的实际情况,作出具体恰当的安排。

（三）在保证会计工作质量的前提下,坚持成本效益的原则

在组织会计工作时,必须以保证工作质量为前提,提供会计信息必须正确、完整、及时;实行会计监督,必须做到有效、合理、合法。同时,在组织会计工作时也要以成本效益为原则,讲求工作效率。会计机构的设置,会计人员工作的安排,各种凭证、账簿、报表的设计,各项会计手续、程序的规定等都必须遵守这一原则。

第二节　会计机构

会计机构是指直接组织领导和从事会计工作的职能部门。建立和健全会计机构,是保证会计工作顺利进行的重要条件。

一、会计机构的设置

《中华人民共和国会计法》第三十六条规定:"各单位应当根据会计业务的需要,设置会计机构,或者在有关机构中设置会计人员并指定会计主管人员;不具备设置条件的,应当委托经批准设立从事会计代理记账业务的中介机构代理记账。"为了正确地组织会计工作,企业、机关、事业单位等一般都应当设置会计机构。大中型企业和具有一定规模的行政事业单位,以及财务收支数据较大、会计业务较多的社会团体和其他经济组织,应单独设置会计机构;对不具备单独设置会计机构条件的企业、单位,可以在其他机构配备专职会计人员;对于不具备设置会计机构条件的单位,应当委托中介机构代理记账。

二、会计工作岗位的设置

会计岗位是指一个单位会计机构内部根据业务分工而设置的职能岗位。设置合理科学的会计岗位,有利于合理分工,明确岗位责任制,提高会计工作的效率,保证会计工作的秩序化和规范化。财政部颁发的《会计基础工作规范》中要求:"各单位应当建立会计人员岗位责任制。明确会计人员的岗位设置;各会计岗位的职责和标准;各会计工作岗位的人员和具体分工;会计岗位的轮换办法;对各会计岗位的考核办法。"

企业的会计岗位一般分为:总会计师岗位(大、中型国有企业或国家控股的国有企业);会计机构负责人(会计主管人员);出纳岗位;稽核岗位;财产物资核

算岗位；资本、基金核算岗位；收入、支出核算岗位；往来核算岗位；工资核算岗位；成本费用核算岗位；财务成果核算岗位；总账报表岗位；会计档案和会计电算化岗位等。会计工作岗位，可以一人一岗、一人多岗或一岗多人，但出纳人员不得兼管稽核、会计档案和收入、费用、债权债务账目的登记工作。

代理记账是指从事代理记账业务的社会中介机构（代理记账机构、会计师事务所、会计咨询服务公司等）接受委托人的委托办理会计业务。代理记账的业务范围包括：根据委托人提供的原始凭证和其他资料，按照国家统一的会计准则、制度的规定进行会计核算，包括审核原始凭证、填制记账凭证、登记账簿、编制财务报告；向税务机关提供税务资料等。

三、企业会计机构的组织形式

企业会计工作组织形式，一般可以分为集中核算和非集中核算两种。

1. 集中核算组织形式

采用这种形式，整个单位的主要会计核算工作集中在厂级会计部门中进行，包括经济业务的明细核算、总分类核算、会计报表编制和各有关项目的考核分析等；其他职能部门、车间、仓库的会计组织或会计人员一般不进行单独核算，而只负责原始记录和填制原始凭证，并对原始凭证进行初步的审核和汇总，为会计部门的进一步核算提供初始资料。

这种形式的优点是，企业会计部门可掌握全部资料，全面了解与分析经济活动，向管理者及时、系统地提供会计信息，便于及时决策；它的缺点是，会计工作主要集中在会计部门，工作量较大。所以，这种形式主要适用于行政事业单位和规模较小的企业。在这种核算形式下，只需集中设置会计机构、配备专职的会计人员，其他职能部门、车间、仓库一般不设置专职的会计人员。

2. 分散核算组织形式

采用这种形式，会计核算工作一部分仍集中在会计部门进行，将另一部分分散在其他职能部门、车间、仓库等进行。一般情况下，大中型企业采用这种形式，即把某些业务的凭证整理、明细核算、内部会计报表的编制与分析，分散到直接从事该项业务的部门中进行；厂级会计部门则负责全部业务的总分类核算，对各部门报送的资料进行汇总并编制全厂性会计报表，并对企业内部各单位的会计工作进行业务上的指导与监督。

这种核算形式的优点是，各部门能够及时了解本部门的活动情况，便于发现问题，划清责任，纠正错误。在这种核算形式下，其他职能部门、车间、仓库可设置专职的会计人员，并根据需要设置各部门内部的会计机构。

第三节　会计人员和会计职业道德

一、会计人员的职责与权限

(一) 会计人员的职责

会计人员的职责,就是会计人员依法完成会计任务,及时提供真实可靠的会计信息,认真贯彻执行和维护国家财经纪律,积极参与经营管理,提高经济效益。根据《会计法》的规定,会计人员的主要职责主要有如下几个方面:

(1) 进行会计核算。会计人员必须根据实际发生的经济业务事项进行会计核算,填制会计凭证,登记会计账簿,编制财务会计报告。不得以虚假的经济业务事项或者资料进行会计核算。会计人员应根据实际发生的经济业务的事项,按照会计规范确认、计量和记录资产、负债、所有者权益、收入、费用、成本和利润,及时提供真实可靠的会计信息,以维护公众利益,满足投资人、债权人、政府监管部门以及企业管理层的需要,这是会计人员最基本的职责,也是做好会计工作的最起码的要求。

(2) 实行会计监督。会计人员通过会计工作对本单位各项经济业务的合法性、合理性进行监督,维护国家财经纪律。主要监督:建立健全本单位内部监督制度;对违反国家会计法规规定的会计事项拒绝办理或按照职权予以纠正;发现会计账簿记录与实物、款项及有关资料不相符的,按照国家统一的会计制度的规定有权处理的,应及时处理;无权处理的,应当立即向单位负责人报告请求查明原因,做出处理;必须接受有关监督检查部门依法实施的监督检查,如实提供会计凭证、会计账簿、财务会计报告和其他会计资料以及有关情况,不得拒绝、隐匿、谎报。

(3) 拟定本单位办理会计事务的具体办法。会计人员要根据国家的会计法规、制度、财经方针、政策和上级的有关规定,结合本单位的特点和需要,建立健全适合本单位具体情况的会计制度、经济业务处理办法、账务处理程序等。

(4) 参与拟定经济计划、业务计划,考核分析预算和财务计划的执行情况。

(二) 会计人员的工作权限

为了保障会计人员能够顺利地履行自己的职责,国家赋予会计人员必要的工作权限,主要有:

(1) 会计人员有权要求本单位有关部门、人员认真遵守国家财经纪律和财务会计规章制度;对违反经纪纪律和会计制度的行为,会计人员有权拒绝办理,并向本单位领导人报告;对于弄虚作假、营私舞弊、欺骗上级等违法乱纪行为,会计人员必须坚决拒绝执行,并向本单位领导或上级有关部门报告。

(2) 会计人员有权参与本单位编制计划、制定定额、签订经济合同,参与有关生产、经营管理会议。对会计人员所提出的财务收支和提高经济效益等方面的建议,企业领导和有关部门应当认真考虑,合理的意见要加以采纳。

(3) 会计人员有权监督、检查本单位有关部门的财务收支、资金使用和财产保管、收发、计量、检验等情况,本单位有关部门要大力支持协助监督与检查,并要提供资料,如实反映情况。

(4) 会计人员享有继续受教育的权利。按照财政部颁发的《会计人员继续教育规定》,会计人员享有继续受教育的权利和接受继续教育的义务。会计人员每年接受培训的时间累计不少于 24 小时。会计人员的继续教育的主要内容主要包括会计理论、政策法规、业务知识、技能训练和职业道德等。会计人员按照要求接受培训,考核合格并取得相关证明后,应在 90 天内持《会计人员从业资格证书》及相关证明想继续教育主管部门办理继续教育事项登记。

会计人员的职责是考核会计人员是否尽职尽责做好会计工作的标准;会计人员的权限则是会计人员履行职责的重要保证。

二、会计人员的从业资格和专业技术职务

根据《会计法》的规定:从事会计工作的人员,必须取得会计从业资格证书。担任单位会计机构负责人的除取得会计从业资格证书外,还应当具备会计师以上专业技术职务资格或者从事会计工作 3 年以上经验。

会计人员从业资格管理办法由财政部制定,在财政部发布的《会计从业资格管理办法》中,明确规定各单位不得任用不具备会计从业资格的人员从事会计工作。申请取得会计从业资格的人员,应当符合三项基本条件:①遵守会计和其他财经法律、法规;②具备良好的道德品质;③具备会计专业基础知识和技能。

会计从业资格的取得实行考试制度。考试科目及考试大纲由财政部统一制定。会计从业资格考试科目为:财经法规与会计职业道德、会计基础、初级会计电算化(或者珠算五级)。具备国家教育行政主管部门认可的中专以上(含中专)会计类专业学历(或学位)的,自毕业之日起 2 年内(含 2 年),免试会计基础、初级会计电算化(或者珠算五级)。会计从业资格证书是具备会计从业资格的证明文件,在全国范围内有效。持有会计从业资格证书的人员不得转让会计从业资格证书。

会计专业职务是区别会计人员业务技能的技术等级。会计人员的专业技术职务分为会计员、助理会计师、会计师和高级会计师 4 个档次。会计员和助理会计师为初级职务,会计师为中级职务,高级会计师为高级职务。目前,所有职务

均为考试与聘任相结合的考聘制。

（1）会计员的基本条件：初步掌握财务会计基本知识和技能，熟悉并能遵照执行有关财务会计制度，能担负一个岗位的财务会计工作。大学专科或中专学校毕业，在财务会计工作岗位上见习1年期满，并通过全国统一的会计员专业技术职称资格考试。

（2）助理会计师的基本条件：掌握财务会计基础理论和专业知识，熟悉并能正确执行有关的财经方针、政策和财务会计法规、制度，能担负一个方面或某个重要岗位的财务会计工作。取得硕士学位或第二学士学位或研究生班结业证书，具备履行助理会计师职责的能力；大学本科毕业，在财务会计工作岗位上见习1年期满；大学专科毕业并担任会计员职务2年以上；中等专业学校毕业并担任会计员职务4年以上，并通过全国统一的助理会计师专业技术职称资格考试。

（3）会计师的基本条件：系统地掌握财务会计基础理论和专业知识，掌握并能正确贯彻执行有关的财经方针、政策和财务会计法规、制度，具有一定的财务会计工作经验，能解释国家财经制度，担负一个单位或管理一个地区、一个部门或一个系统某个方面的财务会计工作。取得博士学位并具有履行会计师职责的能力；取得硕士学位并担任助理会计师两年左右；取得第二学士学位或研究生班结业证书，并担任助理会计师职务2～3年；大学本科或大学专科毕业并担任助理会计师职务4年以上，掌握一门外语，并通过会计师专业技术职务资格考试。

（4）高级会计师的基本条件：系统地掌握经济、财务会计理论和专业知识，具有较高的政策水平和丰富的财务会计工作经验，能担负一个地区、一个部门或一个系统的财务会计管理工作。取得博士学位，并担任会计师职务2～3年；取得硕士学位、第二学士学位或研究生班结业证书，大学本科毕业并担任会计师职务5年以上，较熟练地掌握一门外语。

确定或晋升会计人员的技术职务，应由本人申请，参加会计专业技术资格考试，考试通过确认资格后，再由有关部门实行聘任。为了保证会计工作的质量，会计人员无论是否被聘担任一定的专业技术职务，都必须有财政部门颁发的"会计上岗证书"，才能从事会计专业工作。

三、会计人员的职业道德

会计职业道德就是会计人员在会计事务中正确处理人与人之间经济关系的行为规范总和，即会计人员从事会计工作应遵循的道德标准。会计人员在会计工作中应当遵守职业道德，树立良好的职业品质、严谨的工作作风，严守工作纪律，努力提高工作效率和工作质量。按照财政部发布的《会计基础工作规范》的规定，会计人员的职业道德的内容包括：

（1）爱岗敬业：会计人员应当热爱本职工作，努力钻研业务，使自己的知识和技能适应所从事工作的要求。

（2）熟悉法规：会计人员应当熟悉财经法律、法规、规章和国家统一会计制度，并结合会计工作进行广泛宣传。

（3）依法办事：会计人员应当按照会计法律、法规和国家统一会计制度规定的程序和要求进行会计工作，保证所提供的会计信息合法、真实、准确、及时、完整。

（4）客观公正：会计人员办理会计事务应当实事求是、客观公正。从事会计工作，不仅要有较高的业务素质，而且要有实事求是的精神和客观公正作风，这样才能提高会计信息质量。

（5）诚实守信、不做假账：会计人员在反映会计事务和提供会计信息时不弄虚，不做假账，为信息使用者提供真实可靠的会计信息。

（6）廉洁自律：会计人员在经济上洁身自好、公私分明，经得起诱惑，加强自身修养，自我约束，自我控制。

（7）保守秘密：会计人员应当保守本单位的商业秘密。除法律规定和单位领导人同意外，不能私自向外界提供或者泄露单位的会计信息。

第四节 会计规范

一、我国会计规范体系

我国现行的会计规范体系是由会计相关法规、会计准则、上市公司信息披露要求和企业自身的会计处理制度构成的。

（一）会计相关法规

会计处理除了要按照会计准则的要求对企业的经济业务进行确认、计量和报告外，还要接受相关法规的约束。主要有：

（1）与规范企业主体产生与管理相关的法规，如《公司法》、《合伙企业法》、《个人独资企业法》、《商业银行法》等。

（2）与规范企业运行和交易秩序相关的法规，如《刑法》、《合同法》、《民法通则》、《企业破产法》、《证券法》、《票据法》、《担保法》、《海关法》等。

（3）与规范会计和审计行为相关的法规，如《会计法》、《注册会计师法》、《审计法》等。

（4）税法和税收条例。我国目前开征的税种主要有增值税、消费税、营业税、资源税、城镇土地使用税、企业所得税、个人所得税、城市维护建设税、土地增值税、耕地使用税、房产税、城市房地产税、车船税、印花税、屠宰税、契税、农业税、牧业税、关税等。每一个税种都有相应的法律条例和实施细则。

　　(5) 上市公司信息披露与管理规定。如《股票发行与交易管理暂行条例》、《企业债券管理条例》、《可转换公司债管理条例》、《上市公司可转换公司债实施办法》、《上市公司信息披露管理办法》等。

　　以上与会计相关的法律、条例、实施细则、规定、办法是由不同部门制定的，这些部门和机构分别为全国人民代表大会、国务院、财政部等各部委、地方政府部门等。

　　(二) 会计准则

　　会计准则，是指导会计核算工作的技术规范。我国的会计准则分为基本准则和具体准则两个层次。

　　1. 基本会计准则

　　我国在 1992 年 11 月由财政部颁布并在 1993 年 7 月 1 日起实施的《企业会计准则》，是基本会计准则，共分 10 章 64 条。2006 年 2 月财政部公布了修订后的《企业会计准则——基本准则》，共 11 章 50 条，在 2007 年 1 月 1 日开始实施。主要有以下几个部分：

　　(1) 总则部分：阐明了会计准则的性质、制定依据、适用范围，规定了进行会计工作的前提条件——会计主体、持续经营、会计分期和货币计量，以及记账基础、记账方法和会计的记录文字等。

　　(2) 会计信息质量要求部分：规定了会计信息应该客观、可靠、相关、可比、及时、明晰，会计信息的提供应遵循重要性原则、稳健原则和实质重于形式原则。

　　(3) 会计要素部分：规定了资产、负债、所有者权益、收入、费用、利润六个要素的概念、内容和确认条件，以及列入财务报表应符合的条件。

　　(4) 会计计量部分：说明了会计计量的概念，介绍了多种会计计量属性，以及企业如何选择计量属性。

　　(5) 财务会计报告部分：简要说明了财务会计报告的定义和组成，以及资产负债表、利润表、现金流量表和会计报表附注的含义。

　　2. 具体会计准则

　　具体会计准则，是依据基本会计准则对各项经济业务的确认、计量和报告作出的具体规定。我国从 1997 年开始，陆续公布了一系列的具体会计准则并进行了部分准则的修订。1998 年 10 月，我国成立了财政部会计准则委员会。至 2001 年底共颁布了 16 个具体会计准则。2005 年财政部公布了 20 多个具体会计准则的征求意见稿，并对已经实行的 16 项具体会计准则全面进行了修订。2006 年财政部正式对外发布新准则体系，包括 1 项基本准则和 38 项具体准则。

38 项具体会计准则如下:

第 1 号 存货	第 20 号 企业合并
第 2 号 长期股权投资	第 21 号 租赁
第 3 号 投资性房地产	第 22 号 金融工具确认和计量
第 4 号 固定资产	第 23 号 金融资产转移
第 5 号 生物资产	第 24 号 套期保值
第 6 号 无形资产	第 25 号 原保险合同
第 7 号 非货币性资产交换	第 26 号 再保险合同
第 8 号 资产减值	第 27 号 石油天然气开采
第 9 号 职工薪酬	第 28 号 会计政策、会计估计变更和差错更正
第 10 号 企业年金基金	第 29 号 资产负债表日后事项
第 11 号 股份支付	第 30 号 财务报表列报
第 12 号 债务重组	第 31 号 现金流量表
第 13 号 或有事项	第 32 号 中期财务报告
第 14 号 收入	第 33 号 合并财务报表
第 15 号 建造合同	第 34 号 每股收益
第 16 号 政府补助	第 35 号 分部报告
第 17 号 借款费用	第 36 号 关联方披露
第 18 号 所得税	第 37 号 金融工具列报
第 19 号 外币折算	第 38 号 首次执行企业会计准则

（三）上市公司信息披露内容与格式

财务报表的编制主要是由会计准则规范，而上市公司的信息披露则是由中国证券监督管理委员会制定的公开发行证券公司信息披露内容与格式准则规范的。公开发行证券公司信息披露内容与格式准则主要是规范招股说明书、上市公告书、年度报告、中期报告、配股说明书等的编制。已经发布的信息披露格式与内容准则包括第 1 号——招股说明书、第 2 号——年度报告、第 3 号——中期报告、第 5 号——股份变动、第 7 号——股票上市公告书、第 10 号——新股发行申请文件、第 11 号——新股发行招股说明书、第 12 号——可转换公司债申请书等。

（四）其他

除了上述会计法规外，我国还专门针对会计基础管理工作、会计人员的继续教育、会计档案、发票管理、交易结算、外汇管理等颁布相应的制度和法规。如：《总会计师条例》、《会计基础工作规范》、《会计人员继续教育暂行规定》、《会计档案管理办法》、《发票管理办法》、《增值税专用发票使用规定》、《外汇管理条例》、

《票据管理实施办法》、《银行账户管理办法》、《支付结算办法》、《国内信用证结算办法》、《银行卡业务管理办法》、《结汇、售汇及付汇管理规定》等。

以上是我国会计规范体系的构成。在这个规范体系之下,各企业要根据国家相关的法规以及企业会计准则和相关制度等规范的要求,结合自身的实际情况制定出本企业的具体会计处理规定,规范本企业的会计工作。

二、会计基础工作的内容

会计基础工作是会计核算和会计管理服务的基础性工作的统称,其内容十分广泛,主要包括:凭证的设计、取得、填制、审核、传递、保管等,账簿的设置、登记、核对、结账等,报表的设置、编制、审核、报送等,会计档案的收档、保管、移交、销毁等,会计电算化的硬件和软件、数据安全、资料保管等,会计监督的基本程序和要求,会计机构的设置要求,会计人员配备和管理要求,会计工作交接的程序,单位内部会计管理制度的建立和实施,等等。其中许多内容在前面章节已经介绍,在此仅简要介绍会计工作交接和会计档案管理的问题。

(一) 会计工作交接

《会计基础工作规范》对会计工作交接作了具体的规定:

(1) 会计人员工作调动或因故离职,必须与接替人员办理交接手续,并将本人所经管的会计工作,在规定期限内移交清楚。会计人员临时离职或因病不能工作且需要接替或者代理时,会计机构负责人、会计主管人员或单位领导必须指定人员接替或代理并办理交接手续。没有办清交接手续的会计人员,不得调动或者离职。

(2) 接替人员应当认真接管移交的工作,并继续办理移交的未了事项。移交后,如果发现原经管的会计业务有违反财会制度和财经纪律等问题,仍由原移交人负责。接替的会计人员应继续使用移交的账簿,不得自行另立新账,以保持会计记录的连续性。

(3) 交接完毕后,交接双方和监交人要在移交清册上签名或盖章,并应在移交清册上注明单位名称、交接日期、交接双方以及监交人的职务和姓名,移交清册页数,以及需要说明的问题和意见等。移交清册一般应填制一式三份,交接双方各执一份,存档一份。

(4) 单位撤销时,必须留有必要的会计人员,会同有关人员办理清理工作,编制决策,未移交前,不得离职。接收单位和移交日期由主管部门确定。

会计工作按照以下程序办理交接:

1. 准备交接工作

会计人员办理移交手续前,必须做好各项准备工作;对已经受理的经济业务,应全部填制会计凭证;尚未登记的账目,应登记完毕,并在最后一笔余额后加盖经办人员印章;整理应移交的各项资料,对未了事项写出书面材料;编制移交清册,列明移交的凭证、账表、公章、现金、有价证券、支票簿、发票、文件、其他会计资料和物品等内容。实行会计电算化的单位移交人员还应在移交清册上列明会计软件及密码、会计软件数据磁盘及有关资料、实物等。

2. 实施交接

(1)现金、有价证券等要根据账簿余额进行点交。库存现金、有价证券必须与账簿余额一致。不一致时,移交人必须限期查清。

(2)会计凭证、账簿、报表和其他会计资料必须完整无缺,不得遗漏,如果有短缺,要查明原因,并在移交清册中注明,由移交人负责。

(3)银行存款账户余额要与银行对账单核对相符;各种财产和债权、债务的明细账余额,要与总账有关账户的余额核对相符;必要时,可抽查个别账户余额,与实物核对相符或与往来单位、个人核对清楚。

(4)移交人经管的票据、印章和其他实物等,也必须交接清楚;移交人员从事会计电算化工作的,要对有关电子数据在实际操作状态下进行交接。

会计机构负责人、会计主管人员移交时,除按移交清册逐项移交外,还应将全部财务会计工作、重大的财务收支和会计人员的情况等向接管人员详细介绍,对需要移交的遗留问题应当写出书面材料。

3. 监交

会计人员办理交接手续,必须有监交人负责监交。其中一般会计人员办理交接手续,由会计机构负责人、会计主管人员负责监交;会计机构负责人、会计主管人员办理交接手续,由单位负责人负责监交,必要时可由主管单位派人会同监交。

交接完毕后,交接双方和监交人员要在移交清册上签名或盖章,该移交清册作为交接双方明确责任的证据。

(二)会计档案及其内容

根据《会计档案管理办法》第五条的规定,会计档案是指会计凭证、会计账簿和财务报告等会计核算专业材料,是记录和反映单位经济业务的重要史料和证据。具体包括:①会计凭证类:原始凭证,记账凭证,汇总凭证,其他会计凭证。②会计账簿类:总账,明细账,日记账,固定资产卡片,辅助账簿,其他会计账簿。③财务报告类:月度、季度、年度财务报告,包括会计报表、附注及文字说明、其他财务报告。④其他类:银行存款余额调节表,银行对账单,其他应当保存的会计核算专业资料,会计档案移交清册,会计档案保管清册,会计档案销毁清册。

在各单位的经济管理工作中,会计档案具有两个方面的作用:一是查证作用,是供事后查阅某个会计事项的处理是否正确的书面证明;二是史料作用,是反映生产经营和管理情况的重要资料。因此,按照《中华人民共和国会计法》的规定,建立会计档案,做好会计档案的管理工作,是企业、单位会计工作的一个不可缺少的组成部分。为此,各企业、单位应运用一定的保管方法,按规定的年限进行保管,建立、健全会计档案的立卷、归档、保管、调阅和销毁等管理制度。

各单位会计档案的立卷、归档、保管、调阅和销毁应当按照《会计档案管理办法》的有关规定进行。

各单位会计凭证应于结账日装订成册,会计报表按月度(或季度)装订成册,活页账簿和卡片账按年度装订成册,在年度终了后,经过检查整理,按归档要求立卷。会计报表归档以后,如果上级主管部门在批复时有所更改,应将此项批复连同更正后的资料一起归入档案。除会计凭证、账簿和报表必须一并归入会计档案以外,凡是各种重要的会计检查报告和会计分析报告也应归入会计档案。

各种会计档案一般由财会部门负责保管 1 年,1 年后由财会部门造具清册移交给本单位档案部门负责立卷保管,并保证会计档案的保密和安全。会计档案的保存期限,按《会计档案管理办法》,分为永久保存和定期保存两种。年度会计报表涉外会计凭证账簿等应永久保存;定期保存的会计资料,保存期限分别规定为 3 年、5 年、7 年、15 年、25 年等 5 种;重要的会计检查报告和会计分析报告的保存期限并无统一规定,一般应视实际需要由各单位自行决定。

各单位保存的会计档案原件,一般不得借出,调阅会计档案,应有一定的手续。单位应设置"会计档案调阅登记簿",详细登记调阅日期、调阅人、调阅理由、归还日期等。调阅人员未经批准不得擅自摘录有关数字。如有特殊需要,需借出档案原件,则须报上级主管单位批准,但不得拆散原件册,并限期归还。

各种会计档案保存期满需要销毁时,应由本单位档案管理部门提出销毁意见,会同财会部门共同编造应销毁会计档案清册,报请有关部门批准后,按规定手续办理销毁。在销毁前,对于其中未了结的债权债务的原始凭证,应单独抽出,另行立卷,由档案部门保管到结清债权债务时为止。建设单位在建设期间的会计档案,不得销毁,以备查用。

各单位按规定销毁会计档案时,应由档案部门和财会部门共同派员监销,监销人员在销毁会计档案以前,应认真进行清点核对,销毁后,在销毁清册上签名盖章,并将监销情况报告本单位领导。

练 习 题

一、单项选择题

1. 会计人员对不真实、不合法的原始凭证应(　　　)。

A. 不予受理   B. 予以退回   C. 更正补充   D. 无权自行处理

2. 在一些规模小、会计业务简单的单位,应( )。

     A. 单独设置会计机构   B. 在其他有关机构中设置会计人员

     C. 不设置会计机构   D. 在单位行政领导机构中设置会计人员

3. 集中核算是把( )会计工作主要集中在会计部门进行。

     A. 各职能部门的   B. 单位的部分

     C. 各生产经营部门的   D. 整个单位的

4. 有关货币资金的内部牵制原则,是指出纳人员( )。

     A. 不得兼管总账的登记   B. 应兼管现金总账的登记

     C. 应负责会计档案的保管   D. 应负责债权债务账目的总分类核算

5. 根据《会计法》的规定,担任单位会计机构的会计主管人员除取得会计从业资格证书外,还应当具备会计师以上专业技术职务资格或者从事会计工作( )年以上经验。

     A. 1   B. 2   C. 3   D. 4

二、多项选择题

1. 会计工作是一项( )的经济管理工作。

     A. 严密细致   B. 会计核算   C. 综合性   D. 数量核算

2. 会计人员的主要职责包括( )。

     A. 进行会计核算   B. 实行会计监督

     C. 拟定本单位办理会计事务的具体方法   D. 办理其他会计事项

3. 会计人员有权参与本单位的( )。

     A. 经营决策   B. 计划编制   C. 定额制定   D. 经济合同签订

4. 会计人员专业技术职务名称包括( )。

     A. 初级会计师   B. 高级会计师   C. 总会计师   D. 中级会计师

5. 根据《会计档案管理办法》的规定,下列会计档案中需要永久保存的有( )。

     A. 总账   B. 日记账

     C. 年度财务会计报告   D. 会计档案保管清册

三、判断题

1. 会计人员对于违反国家统一的财政制度、财务制度规定的收支,可以根据具体情况,酌情办理。   ( )

2. 会计人员对于弄虚作假、营私舞弊、欺骗上级等违法乱纪行为,应拒绝执行,并向本单位领导人或上级机关、财政部门报告。   ( )

3. 各企业、事业和行政机关等单位一般都应单独设置会计机构。但一些规模小,会计业务简单的单位,也可不单独设置会计机构。   ( )

4. 集中核算就是把整个单位的会计工作主要集中在会计部门进行。   ( )

5. 企业的全部会计档案均应永久保存,以便查阅。   ( )

四、思考题

1. 会计工作组织主要包括哪些内容?正确组织会计工作应当注意哪些要求?

2. 会计人员有哪些主要职责与权限? 会计人员的职业道德有哪些?

3. 什么是会计机构? 会计机构有哪些类型?

4. 会计工作的组织形式有哪些?

5. 为什么要保存会计档案? 怎样保管会计档案?

6. 会计档案保管有哪些要求?

7. 什么是会计规范体系? 会计规范体系包括哪些内容?

8. 什么是会计档案? 会计档案包括哪些具体内容? 我国对会计档案的立卷、归档、保管、调阅和销毁有哪些规定?

9. 什么是集中核算和非集中核算? 两者的关系怎样?

参考文献

[1] 财政部. 会计基础工作规范培训教材[M]. 北京:经济科学出版社,1997.

[2] 陈文铭. 基础会计习题与案例[M]. 大连:东北财经大学出版社,2004.

[3] 徐国君. 三维会计研究[M]. 北京:中国财政经济出版社,2004.

[4] 葛家澍. 会计学[M]. 北京:高等教育出版社,2001.

[5] 赵德武. 会计学原理[M]. 大连:东北财经大学出版社,2004.

[6] 刘雪清. 基础会计[M]. 大连:大连出版社,2007.

[7] 李秀莲,等. 基础会计学[M]. 北京:北京大学出版社,2007.

[8] 周慧滨,等. 会计学原理与实务[M]. 北京:北京大学出版社,2007.

[9] 于卫兵. 簿记[M]. 北京:中国商业出版社,1999.

[10] 葛军. 会计学基础[M]. 北京:科学出版社,2004.

[11] 财政部. 企业会计准则 2006[M]. 北京:经济科学出版社,2006.

[12] 财政部. 会计档案管理法[M]. 北京:1998.

[13] 刘斌. 簿记:会计发展的重要阶段[J]. 对外经贸财会,1999(4).

[14] 于卫兵. 金融企业会计[M]. 上海:立信会计出版社,2010.

[15] 于卫兵. 簿记[M]. 上海:立信会计出版社,2010.